ラグビー・ワールドカップの歩き方 上

2003 オーストラリア
2007 フランス

岩切直樹

はじめに

のっけから恐縮ではあるのだが、この本はラグビーフットボールについて書かれた本ではない。いや、ラグビーフットボールについて書かれた本ではあるのだが、より正確に表現すると、ラグビー・ワールドカップについて書かれた本である。

その二つは違うのか？　違う。ラグビー・ワールドカップについて書かれた本だということは、ラグビーフットボールについて書かれた本だということではないのか？　そうとは限らない。ラグビーフットボールとラグビー・ワールドカップとはイコールではない。ラグビー・ワールドカップは、ラグビーフットボール以上である。ラグビー・ワールドカップは、ラグビー以外のさまざまな要素によっても成り立っている。その面白さはラグビーフットボールの面白さを超越している。その魅力はラグビーフットボールの魅力を凌駕している。

僕たちは２００３年の第五回オーストラリア大会からラグビー・ワールドカップを現地観戦するようになって、その魅力に取り憑かれてしまった。病み付きになってしまった。それはもちろん第一に試合そのものに魅せられたからではあるのだが、それがすべてではなかった。そのほかのもろもろの要素にも魅せられたからだった。

はじめに

ラグビー・ワールドカップは、大会そのものが一つの祝祭である。また、それを体験することは一つの旅行である。だからこの本は祭りについて書かれた本であり、同時に旅について書かれた本である。民族の誇りについて書かれた本であり、歴史に立ち会う悦びについて書かれた本である。ある部分では異文化衝突について、ある部分では異文化融合について書かれている本である。時には食事と酒について、時には郷愁と歌について書かれている本である。そしてそれらをひっくるめて、突き詰めて言えば、人と人の出会いと別れについて書かれている本である。

そのように考えていくと、実はそれこそがラグビーフットボールなのだという言い方もできる。もともとラグビーフットボールは、純粋にラグビーフットボールだけで成り立っているスポーツではない。試合やプレイ以外のさまざまな要素によっても構成されているスポーツだ。そのように考えていくと、実はラグビー・ワールドカップはラグビーフットボールそのものだという言い方もできる。ラグビーフットボールの面白さはラグビー・ワールドカップの面白さに凝縮されているという言い方もできる。ラグビーフットボールの魅力はラグビー・ワールドカップの魅力とイコールだという言い方もできる。

回りくどい言い方で恐縮ではあるのだが。

ラグビー・ワールドカップが初めて開催されてから四半世紀の時が流れた。この世界最大のラグビー・トーナメントは、これまでに七つの大会が開かれ、四つの国が優勝カップ（ウェブ・エリス・カップ）を掲げてきた。回を重ねるごとに興行として成熟し、規模を拡大してきた。観客数は、第五回オーストラリア大会が１８０万人、第六回フランス大会が２２４万人、第七回ニュージーランド大会が１４０万人、テレビ視聴者数は約４０億人に上ると伝えられている。スポーツ・イベントとしてはサッカー（ＦＩＦＡ）・ワールドカップと夏季オリンピックに次いで三番目の規模に育ったと報じられている。

そしてこのビッグ・イベント、２０１９年にはこの日本で開催されることになっている。

それなのに、このビッグ・イベントの醍醐味を味わっているファンがこの国には少な過ぎる。ニュージーランド大会の日本からの観客数は約２７００人だったそうなので、現地に観戦に行った日本人は１０００人に満たなかったのではないかと思われる。テレビ中継の視聴率は3・5％を記録（ニュージーランド大会のジャパン対フランス戦）。それ以上に世間やマスコミでちっとも話題になっていない。それは何よりもこの国におけるラグビーフットボールの不人気の結果に違いないのだが、それにしても、ラグビー・ワールドカップの面白さに対して、現在のこの国における注目度はあまりにも不当だと思う。

はじめに

この本の目的は、ラグビー・ワールドカップの魅力を、このビッグ・イベントを観戦することの面白さを、より多くの人に伝えることにある。極端に言えば、ラグビーフットボールのファンを増やそうなどとは思っていない。ラグビーフットボールの本質を理解してもらおうとか、価値を認識してもらおうとも考えていない。ただ、ラグビー・ワールドカップに興味や関心を持って、このビッグ・イベントを楽しむ人が少しでも増えてくれればと願っている。そして、そのためには、ラグビーフットボールの本質や価値を説明するよりも、「こっち」の方が手っ取り早いのではないかと思っている。

我々はいかにしてラグビー・ワールドカップを楽しんできたか？

ラグビー・ワールドカップの魅力が少しでも伝われば著者としてこれほど嬉しいことはない。そこで今はニュージーランド大会の決勝の朝にある現地在住の女性から贈られた言葉でこの本を始めたい。

エンジョイ・ユア・ワールドカップ。

岩切直樹

２０１５年7月１7日

目次

＊一部を除いて敬称を省略しています。
＊選手の所属などは基本的に各大会当時のものです。
＊ウェブサイト、書籍、雑誌、新聞などのさまざまな記事・情報を参考にしていますが、出典の記載はその程度に応じています。

1　ワルチング・シドニー

2003年オーストラリア大会

シドニーへの道

第五回ラグビー・ワールドカップ・オーストラリア大会は２００３年１０月１０日（金）から１１月２２日（土）までオーストラリアで開催された。

ラグビー・ワールドカップの現地観戦は１９８７年の第一回大会の時からの夢だった。その時には「ラグビーマガジン」に広告が掲載されていた旅行会社に問い合わせの電話まで掛けたのだが、準決勝と決勝が教育実習の日程と重なってしまったこともあって（僕は大学四年生だった）断念しなくてはならなかった。その後も毎回さまざまな事由があって行くことができないでいた。けれども第五回大会は比較的距離も近いオーストラリアでの開催。２００３年の初めに相方と「今回こそは行こう」と誓い合い、情報収集を開始した。

２００３年2月上旬に日本国内でチケットを取り扱う代理店が発表される。株式会社キューエイチ・インターナショナル（ＱＨＩ）というカンタス航空の関連会社。早速決勝一試合と準決勝二試合を予約申し込み。すぐに料金表が送られてくる。この会社を通じてラグビー・ワールドカップのチケットを確保するには、主催旅行（パッケージ・ツアー）と企画手配旅行（試合観戦と航空券のみの手配）の二通りの方法があった。少しでも旅費を抑えるために企画手配旅行を申し込もうと思っていたのだが、ウェブサイトを通じてシドニーのリーズナブルなホテルの空室状況を問い合わせると、この時点ですでにどこも満室だという答えが返ってきた。焦り始めたところで、ＨＩＳトラベル・シドニーというところから安宿が予約できるというＥメールが届いた。「クレスト・ホテル」という割合に街中のホテル。ワールドカップの開催中は高くなるという但し書きが付いていたが、それでもツインルーム八泊で904オーストラリア・ドルだった。一泊113ドル、日本円にして8800円くらいである。これは安いと思って早速予約する。しかし、あとから考えればこのホテルはあまりにも安過ぎた。安いには安いだけの理由があったことがあとになってわかった。

ホテルが取れたので企画手配旅行を申し込む。飛行機は、行きは準決勝第一試合前日の11月14日（金）夜に成田を出発して試合当日の15日（土）朝にシドニーに到着する便を、帰りは決勝の11月22日（土）の翌日の23日（日）朝にシドニーを出発して同日夜に成田に到着する便を指定する。

4月の中旬に予約確認書が届いた。試合のチケットはオーケー。ワールドカップの現地観戦がとうとう現実のものになってきた。料金は、試合観戦（前記の三試合に三位決定戦を加えた四試合）が2人分で37万3000円。航空券が2人分で29万3000円。空港税を含めた総額が2人で68万5480円。4月に申込金43万円を入金して、10月に残額を入金。ホテルの料金を7万2000円とすると、全部で75万7480円という計算になる。ちなみに主催旅行で申し込んでいたら、1人につき53万8000円、2人で107万6000円になっていたところだった。

航空券と試合のチケットが送られてきたのは11月の初めだった。ワールドカップのチケットは意外に簡単なもの。グリーンのイラストがデザインされていて、バーコードが印刷されている。席種は、準決勝二試合と三位決定戦がカテゴリーA、決勝がカテゴリーBである。

キックオフのホイッスルが近付いていた。

2003年オーストラリア大会日程

日付		プール			会場	キックオフ
10月10日（金）	1	A	オーストラリア	アルゼンチン	シドニー1	20:30
10月11日（土）	2	D	ニュージーランド	イタリア	メルボルン	14:30
	3	A	アイルランド	ルーマニア	ゴスフォード	17:00
	4	B	フランス	フィジー	ブリスベン	19:30
	5	C	南アフリカ	ウルグアイ	パース	20:00
10月12日（日）	6	D	ウエールズ	カナダ	メルボルン	18:00
	7	B	スコットランド	ジャパン	タウンズヴィル	20:00
	8	C	イングランド	グルジア	パース	20:00
10月14日（火）	9	A	アルゼンチン	ナミビア	ゴスフォード	19:30
10月15日（水）	10	B	フィジー	アメリカ合衆国	ブリスベン	17:00
	11	D	イタリア	トンガ	キャンベラ	19:30
	12	C	サモア	ウルグアイ	パース	20:00
10月17日（金）	13	D	ニュージーランド	カナダ	メルボルン	19:30
10月18日（土）	14	A	オーストラリア	ルーマニア	ブリスベン	16:00
	15	B	フランス	ジャパン	タウンズヴィル	19:00
	16	C	南アフリカ	イングランド	パース	20:00
10月19日（日）	17	D	ウエールズ	トンガ	キャンベラ	18:00
	18	A	アイルランド	ナミビア	シドニー2	20:00
	19	C	グルジア	サモア	パース	20:00
10月20日（月）	20	B	スコットランド	アメリカ合衆国	ブリスベン	19:30
10月21日（火）	21	D	イタリア	カナダ	キャンベラ	19:30
10月22日（水）	22	A	アルゼンチン	ルーマニア	シドニー2	20:30
10月23日（木）	23	B	フィジー	ジャパン	タウンズヴィル	20:00
10月24日（金）	24	D	ニュージーランド	トンガ	ブリスベン	17:30
	25	C	南アフリカ	グルジア	シドニー2	20:00
10月25日（土）	26	A	オーストラリア	ナミビア	アデレイド	15:30
	27	D	イタリア	ウエールズ	キャンベラ	18:30
	28	B	フランス	スコットランド	シドニー1	20:30
10月26日（日）	29	A	アルゼンチン	アイルランド	アデレイド	18:00
	30	C	イングランド	サモア	メルボルン	20:30
10月27日（月）	31	B	ジャパン	アメリカ合衆国	ゴスフォード	19:30
10月28日（火）	32	C	グルジア	ウルグアイ	シドニー2	19:30
10月29日（水）	33	D	カナダ	トンガ	ウーロンゴン	19:30
10月30日（木）	34	A	ナミビア	ルーマニア	ロンセストン	20:00
10月31日（金）	35	B	フランス	アメリカ合衆国	ウーロンゴン	19:30
11月1日（土）	36	B	スコットランド	フィジー	シドニー2	16:00
	37	C	南アフリカ	サモア	ブリスベン	17:30
	38	A	オーストラリア	アイルランド	メルボルン	20:35
11月2日（日）	39	C	イングランド	ウルグアイ	ブリスベン	17:30
	40	D	ニュージーランド	ウエールズ	シドニー1	20:35
11月8日（土）	41	準々決勝1	D1位	C2位	メルボルン	18:30
	42	準々決勝2	A1位	B2位	ブリスベン	20:00
11月9日（日）	43	準々決勝3	B1位	A2位	メルボルン	18:30
	44	準々決勝4	C1位	D2位	ブリスベン	20:00
11月15日（土）	45	準決勝1	準々決勝1勝者	準々決勝2勝者	シドニー1	20:00
11月16日（日）	46	準決勝2	準々決勝3勝者	準々決勝4勝者	シドニー1	20:00
11月20日（木）	47	3位決定戦	準決勝1敗者	準決勝2敗者	シドニー1	20:00
11月22日（土）	48	決勝	準決勝1勝者	準決勝2勝者	シドニー1	20:00

シドニー1：テルストラスタジアム
シドニー2：オージースタジアム

プール・マッチ

第五回ラグビー・ワールドカップ・オーストラリア大会は２００３年１０月１０日（金）２０時３０分（日本時間19時３０分）にシドニーのテルストラ・スタジアムのオーストラリア対アルゼンチンで幕を開けた。名古屋出張から飛んで帰ってＪスポーツのスウィッチを入れると、開会式が始まったところだった。オーストラリア協会のピーター・クリトル会長、ＩＲＢ（国際ラグビーボード。２０１４年に「ワールドラグビー」に改称）のシド・ミラー会長、オーストラリアのジョン・ハワード首相の挨拶に続いて、ラグビー・ワールドカップのテーマ「ワールド・イン・ユニオン」が流れる。歌はオーストラリアのソプラノ歌手デボラ・チータムと、アルゼンチンのテノール歌手ホゼ・クーラ。そしていよいよ開幕戦のワラビーズ対ロス・プーマスが始まる。

オーストラリアがオープニング・マッチの相手に選んだロス・プーマスは、この年ここまでテストマッチ１０戦9勝1敗と絶好調。一方のワラビーズは直前のトライ・ネイションズで1勝3敗、６月にはメルボルンでイングランドにも負けている。波乱の開幕も予想されたこの試合、アルゼンチンは前半から再三再四攻め込むが、②レデスマが再三再四ラインアウトのスローイングでノット・ストレート、⑩フェリペ・コンテポーミが再三再四ＰＧ失敗。ワラビーズは⑩ラーカム、⑧ライアンズ、⑭セイラーが好調で、大会ファースト・トライもセイラーだった。アルゼンチンは徹底してハイパントを上げるが、ワラビーズの防御を抉じ開けられず、７１分にようやくフェイズを重ねてオープンに展開して⑮コルレートがトライしたものの、２４対８でオーストラリアが勝利。ここまで低調だったワラビーズが復調の兆しを掴んだオープニング・マッチだった。この夜は僕の新しい本が納本になったこともあって、試合のあとに相方とシャンペンを開ける。

11日（土）、まずはジョン・カーワン率いるイタリアが母国ニュージーランドに挑戦。しかしイタリアはプールDの二位通過を狙ってメンバーを落としていて、ニュージーランドが70対7と大勝。次のアイルランド対ルーマニアは、ルーマニアが大健闘したが45対17でアイルランドが勝利。続くフランス対フィジーは61対18でフランスが快勝したが、最大の見せ場は42分、自陣深くでパスを受けたフィジーの切り札の⑪ザウザウがあれよあれよと言う間に90メートルを走り切ってそのままトライ！というシーンだった。後半には今大会で現役を引退すると言われているフィジーの「セブンズの神様」ことワイサレ・セレヴィも登場。第四試合の南アフリカ・スプリングボクス対ウルグアイ・ロス・ティロスは72対6でボクスが大勝した。

12日（日）、メルボルンの熱のないゲームでウエールズがカナダを41対10で退けたあと、いよいよスコットランド対ジャパンだ。会場はタウンズヴィルのデイリー・ファーマーズ・スタジアム。Jスポーツのスタジオ解説は桜庭吉彦氏。第一回・第三回・第四回のワールドカップでジャパンのフォワードを支えた、新日鉄釜石最後の日本代表だ。ゲーム前にはバリ島の爆破テロからちょうどこの日で一年になるので犠牲者に対して黙祷が捧げられる。日本時間19時10分にキックオフ。スコットランドがトライ、ジャパンがPG、スコットランドがトライ、ジャパンがPGという展開。前半は6対15。⑩広瀬がPGを2本外したのが残念。でも後半に入ってもジャパンの勢いは衰えない。55分、マイボール・ラインアウトを伊藤が取ってボールがすぐに出る。㉑ミラー、⑫元木、㉑ミラーのループから、⑭大畑、⑮松田とパスが通って、最後は⑪小野澤がトライ！　ゴールキックは逸れたが、11対15と4点差に迫る。しかしラスト20分を切ったあたりから、ジャパンのタックルが目に見えて弱くなる。スコットランドが66分、74分、78分とトライを重ねて、11対32となってノーサイド。スコットランドの拙攻に助けられた面はあったが、そのことを差し引いても素晴らしいゲームだった。それだけに勝ちたかったゲームだったし、勝たなければならなかったゲームでもあった。この日のもう一試合、イングランド対グルジアは、84対6でイングランドが圧勝した。

14日（火）には、アルゼンチンがナミビアに67対14で順当勝ち。15日（水）のフィジー対アメリカ合衆国は、前半はアメリカが⑩ハーカスのPGでリード。後半に入ってフィジーが逆転。でもPGを狙うべきところでタッチを選んだフィジーのキャプテンの⑧ドヴィヴェラタ（ヤマハ）の判断ミスもあって、79分、アメリカの⑥シュバートのトライで18対19となる。観衆が固唾を飲んで見守る中、ハーカスの難しいゴールキックは惜しくもゴールポストを逸れてノーサイド。アメリカのキャプテンの⑦ホッジズがハーカスに駆け寄る。フィジーの選手もハーカスに歩み寄る。スリリングなゲームのエンディングに相応しい良いシーンだった。続いてのイタリア対トンガは、トンガが⑦フェヌキタウ（リコー）がハイ・タックルでイエローカード、⑥アフェアキ（セコム）が頭部の強打で退場、⑮ホラ（神戸製鋼）がトライ目前でノックオンと、日本在籍組が散々。36対12で勝利したイタリアはものすごく喜んでいた。サモア対ウルグアイはサモアが６０対１３で快勝。四回目のワールドカップ出場となる鉄人⑫ブライアン・リマ（セコム）も2トライを上げた。

１７日（金）にはニュージーランドがカナダに６８対6と大勝。１８日（土）の第一試合はオーストラリア対ルーマニア。ブリスベン・サンコープ・スタジアムのデイ・ゲームで場内は極上の雰囲気。僕は原則的にはラグビーフットボールは日光の中で行なわれるべきスポーツ・ゲームだと思っている。それは半分はノスタルジーなのかもしれないけれど、でも、ラグビーからノスタルジーを取ったら何が残るのだ？（というのはもちろん半分くらいは冗談です）試合はワラビーズが走りまくり、⑮マット・ロジャースの3トライを初めとする13トライで９０対8と大勝。

そしてタウンズヴィルのフランス対ジャパン。僕は仕事先の宇都宮から新幹線に飛び乗って、放送開始直前に自宅に帰り着く。日本時間１8時にキックオフ。ジャパンはPGで先制するが、フランスはすぐに2トライを奪う。でも今大会のジャパンはここで一気に崩れてしまうチームではなかった。フランスの攻撃を凌いで、凌いで、凌いで、そのうちに動きが良くなってくる。⑭大畑大介がナイス・タックル。⑦箕内拓郎もナイス・タックル。３１分、フランス陣内２２メートルライン近くのラインアウトで、②坂田が投げたボールを⑥大久保が前でキャッチ、⑨苑田、⑩ミラー、⑫難波と回して、トップ・スピードで走り込んできた⑬ジョージ・コニアがボールを受けて一気に裏に出る。フランスの⑪ドミニシを振り切ってガッツ・ポーズでインゴールに駆け込んでトライ！⑮栗原のゴールも成功して13対２０と7点差に詰める。さらに４０分にPGを決めて4点差、４５分にもPGを決めて

１９対２０となんと1点差。しかしここからフランスは畳み掛けてくる。４６分、５０分と連続トライ。それでも、フランスがもう1トライを取ったあとの６９分、フランスが落としたボールを⑫難波が素早く⑪小野澤にパス、小野澤がタッチライン際を快走してフランスの⑦マーニュを外し、キックしたボールを⑧伊藤がポイントにして、⑱久保が前に出て、⑨苑田、⑬コニア、⑮栗原とパスが通って、栗原が３人を引き付けてラスト・パス。ボールを受けた⑭大畑がそのままインゴールに飛び込んでトライ！このあとフランスがもう1トライを取って、２９対５１でノーサイドとなった。1点差に迫った時にはもちろん夢を見たけれど、冷静に振り返ればジャパンに勝ち目はなかったゲーム。それでも、世界で五本の指に入るチームを「ちょっとは慌てさせた」意義は大きい。ただ、フランスから見れば、完全に試合の作り方を誤った試合ではあった。この日はこのあと、プール・マッチ最高の注目カードの南アフリカ対イングランドがパースで行なわれ、優勝候補筆頭のイングランドが⑩ジョニー・ウィルキンソンの４ＰＧ、２ＤＧ、１Ｇなどで２５対６で快勝した。

１９日（日）は三試合。キャンベラのウエールズ対トンガは、ＰＧで加点したウエールズを、トンガが神戸製鋼の⑮ホラと近鉄の⑧キヴァルのトライで追い掛ける。７４分にもトライを上げてさらに攻めたが、時間切れでウエールズが２７対２０で勝利。次のアイルランド対ナミビアはアイルランドが６４対7で大勝。続いてのグルジア対サモアはサモアがランニング・ラグビーで４６対9と快勝。⑫ブライアン・リマはまたトライを上げた。２０日（月）のスコットランド対アメリカ合衆国はスコットランドが食い下がるアメリカン・イーグルスを３９対１５で突き放す。２１日（火）のイタリア対カナダはイタリアが19対14で接戦をものにする。22日（水）のアルゼンチン対ルーマニアはアルゼンチンが50対3で完勝。

そして23日（木）、タウンズヴィルのフィジー対ジャパン。Jスポーツのスタジオ解説は増保輝則氏。ジャパンが第四回ワールドカップに出場できたのはアジア予選での彼の活躍があったからだ。あのシンガポールでの韓国戦、僕は秩父宮ラグビー場の中にあった「ノーサイド」で観たものだ。試合は日本時間19時キックオフ。この日フライハーフとして先発したワイサレ・セレヴィが開始10分で傷んでニッキー・リトルと交代。フィジーはヤマハの⑪デラサウと⑮リンガイリが、オタゴの⑫ランベニと⑭トゥイレヴが、走る走る。たちまち2トライを連取。それでも28分、スクラムから⑧伊藤がサイドを突いて、⑦箕内が走って、タックルされたところを⑭大畑と⑤パーカーがスウィープして、⑨辻がすぐにボールを出して、⑩ミラーがそのままインゴールに走り込んでトライ！ミラーのゴールも決まって13対16と3点差に迫る。後半もジャパンが攻めるが、トライを取り切れずにいるうちにフィジーがジャパンのミスを突いてトライを重ねて、結局13対41でノーサイドとなった。

翌24日（金）の南アフリカ対グルジアは、グルジアが大健闘したもののスプリングボクスの勝利（46対19）。ウォークライ合戦から始まったブリスベンのニュージーランド対トンガはオールブラックスがトライの山を築いて大勝（91対7）。25日（土）は三試合。オーストラリア対ナミビアは前半終了時点でワラビーズが69対0と大量リード。1995年の第三回ワールドカップでオールブラックスがジャパンを相手に記録した悪夢の「145」の更新なるかというゲームになった。73分の⑮レイサムのトライで128対0になって、この時点であのゲームと得失点差で並ぶ（今まで忘れていたけれどジャパンはあのゲームで17点取ったのだ）。でも142対0となったところでノーサイド。うーん、これだけ取っても「145」は超えないのだなあ。続くイタリア対ウエールズはウエールズが27対15で逃げ切る。そして日程の不平等を証明するかのように、イタリアはこの日を最後にワールドカップから去っていく。続いてのフランス対スコットランドは、フランスが後半に畳み掛けて51対9で大勝した。

26日（日）は、まずはプール戦でいちばん楽しみにしていたアルゼンチン対アイルランド。絶好調のロス・プーマスが前回大会に続いてアイルランドを倒して決勝トーナメントに進出できるかどうかが焦点。しかし接戦にはなったものの、キック主体のものすごく堅いゲームになってしまって、16対15でアイルランドが逃げ切った。決勝トーナメント進出を決めたアイルランドは本当に嬉しそうで、アルゼンチンの英雄⑨ピショットは落ち込みが激しかった。続いてはメルボルンのイングランド対サモア。サモアはPGで先制したあと、ダブルラインのような陣形からブラインド・ウィングがラインに入ってゲイン、ワイドにワイドにボールを展開して、最後は完全に人数が余って、キャプテンの⑧セモ・シティティが左中間にファンタスティック・トライ！　一方のイングランドは⑩ウィルキンソンがPGは外すはパスは決まらないはで不調。イングランドのコーチのウッドワードはさすがにまずいと思ったのだろう。後半、休ませていた⑯トンプソン、⑰ヴィッカリー、⑲ムーディを投入。このあとサモアはスクラムを崩したとして認定トライを宣告され、終盤にイングランドがトライを重ねて、35対22でノーサイドとなった。しかし今大会ここまででいちばん面白かった試合。

27日（月）、いよいよジャパン対アメリカ合衆国。ジャパンはこの試合だけシドニー北部のゴスフォードで戦う。僕はキックオフの17時30分（日本時間）ぎりぎりに帰宅する。国歌斉唱。ちなみに今大会の国歌斉唱は、各国から男女一名ずつ二名の歌手（おそらくはアマチュアの歌手）が出てきて無伴奏合唱の録音をバックに歌うのだが、着ているジャケットが各国の国旗をデザインしたもので、一言で言ってださい。特にジャパンのそれはどうしようもなください。先制はアメリカ。7分、⑩ハーカスが小さなパス・ダミーでディフェンスを抜いてトライ。10分、⑬イロフがジャパンのラインをブレイクしてトライ。ジャパンにとっては最悪のスタート。しかし19分、ラインアウトから⑫元木が縦を突き、さらにフォワードが縦を突く。⑨苑田から⑩ミラー、ミラーが2人を引き付けて⑬コニアにパス、コニアがナイス・ランで突破して⑪栗原にパス、栗原が左中間にトライ！　このあと栗原が1本、ハーカスが2本のPGを決めて10対20でハーフタイム。後半、栗原がPGを3本決めてジャパンが19対20と1点差にすると、アメリカは⑩ハーカスのナイス・パスから⑥シュバートがトライ（G）。しかし57分、ジャパンはアメリカが落としたボールを④木曽、⑨苑田で素早く回して、今大会で初めてスペースがあるところでボールを受けた⑭大畑が3人を抜いてナイス・トライ！　ゴール成功で26対27と再び1点差。文字通りの死闘。大畑がナイス・タックルを連発。

一進一退の攻防。しかしアメリカは75分に⑪ヴァン・ジルがトライ（G）、80分に⑬イロフが抜けてフォローした②カシジャンがトライ、26対39でノーサイドとなる。

惜しかった。ものすごく惜しかった。ジャパンは良くやった。でも勝つことはできなかった。今回のジャパンは過去五回のワールドカップの中でいちばん期待されていなかったチームだった。でも結果としてはいちばん内容を評価されたチームになった。だからどうしても勝ちたかった。けれども勝てなかった。この結果は当然と言えば当然だ。ワールドカップで勝つためにはもっともっと強くならなければならないのだ。もっと強化してもっと準備しなければならないのだ。そういう意味では今回のチームは不足や不備がたくさんあるチームだった。あの時ああしておけばという不手際がたくさんあったチームだった。そしてこれでジャパンも早くも日程を終了して帰国の途に就くことになる。試合後の箕内へのインタビューでは、「ジャパンは今回のワールドカップでいちばん人気のあるチームになりましたね」と現地のインタビュアーが言っていた。こういう言葉はいくらかは慰めになる。でも、それでも、敗北のこの苦さはどうだろう？

28日（火）のグルジア対ウルグアイは、24対12でウルグアイがワールドカップ初勝利。ウルグアイは優勝したみたいにはしゃいでいた。29日（水）のカナダ対トンガは、カナダが24対7で快勝。30日（木）のナミビア対ルーマニアは、ルーマニアが37対7で快勝。アフリカからもっと面白いチームが出てくるとワールドカップが盛り上がるんだけどなあ。なんて、我らがジャパンも「アジアがなあ」と言われているかもしれないが。31日（金）のフランス対アメリカ合衆国は、フランスが４１対１４で快勝した。

１１月1日（土）、高崎出張から急いで帰宅してプールBの二位決定戦、スコットランド対フィジーを観る。スコットランドの⑩パターソンとフィジーの⑩リトルが仲良くPGを失敗したあと、フィジーの自陣２２メートルライン上のラインアウトからのアタックで、「それ」は起こった。⑩リトル、⑫ランベニ、⑩リトル（くるり）、⑭トゥイレヴとボールが回って、トゥイレヴが左に浮かせたパスが⑪ザウザウに渡る。ザウザウはスペースのないタッチライン際を快走。ぐんぐんスピードを上げて３人を抜き、左隅にトライ！ 今大会ここまでで最高にファンタスティックなトライ。スコットランドの名手⑩パターソンが2本のPGを決めたあと、フィジーは自陣のスクラムから果敢に展開。⑧ドヴィヴェラタ、⑦セワンブと繋いだボールを自陣２０メートルで受けたザウザウが８０メートルを一人で走り切ってまたトライ！ これも今大会のベスト・トライの候補の一つ。⑤ナエヴォがザウザウのスパイクを磨くパフォーマンス。ゴールも決まってフィジー8点リードでハーフタイム。ここまではフィジーのペースで、今大会初のアップセットが起こるかどうか？ 後半、スコットランドが３本のPGを決めて逆転すると、フィジーの⑪ザウザウが自分でパントを上げて自分でボールを取るナイス・プレイ、リトルがPGを決めて再逆転。さらにフィジーは1PGを追加したが、７６分、スコットランドはフィジーの反則で得たラインアウトからモールを押し込んでトライ（G）。２２対２０と逆転してノーサイド。今大会のプール戦で最も白熱したゲーム。しかし、アップセットは起こらないなあ。

続いての南アフリカ対サモア、モーメント・オブ・ザ・マッチは62分にサモアの⑫ブライアン・リマがボクスの⑩ホウハートに強烈なタックルで突き刺さった場面だった。試合はボクスが60対10で大勝。終了のあと、メイン・スタンドの前で両チームが一つの大きな円陣を組んで、サモアのキャプテンのシティティが代表して言葉を述べ、全員がグラウンドに膝を付いて祈りを捧げる。本物のノーサイドの風景だった。次のオーストラリア対アイルランドは、ワラビーズが序盤からバックスのムーブを多用、1DGと1トライを奪うが、アイルランドは2PGで付いていく。後半に入って49分にアイルランドはエースの⑬オドリスコルが左隅に飛び込む。ビデオ・レフリーの結果トライ（G）で1点差に迫る。きたぞきたぞ。波乱が起きるかもしれないぞ。しかしワラビーズが1PGを決めたあと、アイルランドはペナルティを得たのにPGを狙わない判断ミス。⑬オドリスコルのDGで再び1点差としたものの、逆転を狙った㉑ハンフリーズのDGは失敗。17対16でワラビーズが薄氷の勝利。

2日（日）はプール・マッチの最終日。イングランド対ウルグアイは、111対13でイングランドが大勝。今大会二試合目の百点ゲーム。そして、プール・マッチの最終戦、プールDの一位と二位を決するニュージーランド対ウエールズ。ウエールズはイタリア戦から10人を交代させて主力を休ませている。国歌斉唱。「ガッド・ディフェンド・ニュージーランド」と「ランド・オヴ・マイ・ファザー」。どちらもラグビーを国技とする国の歌であり、ラグビーとは切っても切れない歌である。開始1分、オールブラックスはいきなり⑪ロコゾコが左タッチラインを陥れてトライ。しかしウエールズは11分、⑩スティーヴン・ジョーンズがショート・パントを蹴って自分でキャッチ、⑪シャンクリンが良く走って、最後は⑬テイラーがトライ。このあとオールブラックスが3トライを上げたが、ウエールズは33分、⑭シェイン・ウィリアムズが密集サイドを見事なステップで突破、最後は⑫パーカーがトライ。さらに38分、⑭シェイン・ウィリアムズの再度の突破から攻め込んでフェイズを重ね、ペナルティを得るとタッチからラインアウトにして、キャプテンの⑦チャーヴィスが飛び込んでトライ。4点差に迫ってハーフタイム。場内にトム・ジョーンズの「デライラ」が流れてウエールズ・ファンは大合唱。どうでも良いことだけれど、当時無名のエルトン・ジョンがコーラスに参加している曲である。ちなみにウエールズがオールブラックスに勝ったゲームは、1905年、1935年、1953年の三回しかない。60年代後半から70年代に掛けての黄金時代——ガレス・エドワーズ、バリー・ジョン、J・P・R・ウィリアムズ、マーヴィン・デイヴィス、フィル・ベネット、ジェラルド・デイヴィスらを擁したあの時代——にさえ一勝もしていない。もしも今日勝つことができれば50年ぶりの快挙ということになる。後半に入ってウエールズは1PGを決めて、45分、ラインアウトの相手ボールを奪うと、途中出場の㉑スウィーニーが突破。ゴール前のラックから左に展開して、最後は⑭シェイン・ウィリアムズがトライ！　ゴールも成功して、ついに逆転である。スタジアムは大興奮。我が家も大興奮。49分にブラックスは⑭ハウレットがトライ、ウエールズはPGを入れて、まだウエールズが4点リードしている。金星のムードが高まってくる。その雰囲気を断ち切ったのは、オールブラックスのフライハーフのキング・カルロスだった。60分、スクラムから⑨マーシャルが右に走ると、⑩スペンサーが左に走って⑲ホラーからパスを受けてそのままトライ。38対37と逆転。このあとブラックスは⑭ハウレットと⑫メイジャーがトライ。ウエールズは防戦一方になってしまって、５３対３７でノーサイドとなった。

さて、これでプール・マッチの全四十試合が終了した。期待していた波乱は起こらなかったが、特に後半にスリリングなゲームが立て続けにあって楽しめた。ここまでの僕のベスト・マッチは、①ニュージーランド対ウエールズ、②イングランド対サモア、③スコットランド対フィジー。もちろんジャパンのゲームは除いてだけれど。

POOL A	オーストラリア	アイルランド	アルゼンチン	ルーマニア	ナミビア	勝	負	分	得点	失点	賞点	勝点
オーストラリア		○ 17-16	○ 24-8	○ 90-8	○ 142-0	4	0	0	273	32	2	18
アイルランド	● 16-17		○ 16-15	○ 45-17	○ 64-7	3	1	0	141	56	3	15
アルゼンチン	● 8-24	● 15-16		○ 50-3	○ 67-14	2	2	0	140	57	3	11
ルーマニア	● 8-90	● 17-45	● 3-50		○ 37-7	1	3	0	65	192	1	5
ナミビア	● 0-142	● 7-64	● 14-67	● 7-37		0	4	0	28	310	0	0

POOL B	フランス	スコットランド	フィジー	アメリカ合衆国	ジャパン	勝	負	分	得点	失点	賞点	勝点
フランス		○ 51-9	○ 61-18	○ 41-14	○ 51-29	4	0	0	204	70	4	20
スコットランド	● 9-51		○ 22-20	○ 39-15	○ 32-11	3	1	0	102	97	2	14
フィジー	● 18-61	● 20-22		○ 19-18	○ 41-13	2	2	0	98	114	2	10
アメリカ合衆国	● 14-41	● 15-39	● 18-19		○ 39-26	1	3	0	86	125	2	6
ジャパン	● 29-51	● 11-32	● 13-41	● 26-39		0	4	0	79	163	0	0

POOL C	イングランド	南アフリカ	サモア	ウルグアイ	グルジア	勝	負	分	得点	失点	賞点	勝点
イングランド		○ 25-6	○ 35-22	○ 111-13	○ 84-6	4	0	0	255	47	3	19
南アフリカ	● 6-25		○ 60-10	○ 72-6	○ 46-19	3	1	0	184	60	3	15
サモア	● 22-35	● 10-60		○ 60-13	○ 46-9	2	2	0	138	117	2	10
ウルグアイ	● 13-111	● 6-72	● 13-60		○ 24-12	1	3	0	56	255	0	4
グルジア	● 6-84	● 19-46	● 9-46	● 12-24		0	4	0	46	200	0	0

POOL D	ニュージーランド	ウエールズ	イタリア	カナダ	トンガ	勝	負	分	得点	失点	賞点	勝点
ニュージーランド		○ 53-37	○ 70-7	○ 68-6	○ 91-7	4	0	0	282	57	4	20
ウエールズ	● 37-53		○ 27-15	○ 41-10	○ 27-20	3	1	0	132	98	2	14
イタリア	● 7-70	● 15-27		○ 19-14	○ 36-12	2	2	0	77	123	0	8
カナダ	● 6-68	● 10-41	● 14-19		○ 24-7	1	3	0	54	135	1	5
トンガ	● 7-91	● 20-27	● 12-36	● 7-24		0	4	0	46	178	1	1

準々決勝・第一試合　ニュージーランド対南アフリカ　11月8日（土）　メルボルン

第三回ワールドカップの決勝と同一カードのこの試合――同時に第四回の三位決定戦とも同一カードの試合でもあるのだが――、結果から言うとニュージーランドの圧勝だった。

試合前のオールブラックスのハカに対して、スプリングボクスも肩を組んで国歌の「ンコシ・シケレリ・アフリカ／ダイ・ステム」（だと思う）を歌って対抗する。ブラックスはキックオフ直後からバックスにどんどん展開して⑭ハウレットや⑪ロコゾコを走らせようとする。両チーム1PGずつを決めたあとの15分、ブラックスはスクラムから⑨マーシャルが右を攻めると見せて左の⑩スペンサーにパス。ボクスのディフェンスにギャップができると、すかさずそこをスペンサーが突いて裏に出る。パス・ダミーを一つ二つ入れてラスト・パス。⑬マクドナルドが難なくトライ（G）。スペンサーのこういうプレイが出てくるとブラックスは勢い付く。しかしブラックスはミスも多く、前半は1トライ止まりで13対6。

後半に入って58分、ブラックスはハーフライン上のフリーキックからパスを回し、フォワードとバックスが一体となって連続攻撃。最後は22メートルライン上から②メアラムが突破してトライ。さらに71分、ボクスのゴール前のスクラムで、⑥ソーン、⑧コリンズ、⑦マコウがボクスの22歳の⑧スミスを捕まえてターンオーバー。⑨マーシャルのパスを受けた⑩スペンサーが股の下からパスを放る妙技を披露して、⑪ロコゾコがトライ。29対9でノーサイド。

オールブラックスはスプリングボクスを相手にフォワードが断然優位に立てたことが次のゲームに向けての大きな収穫。ただ、僕は大会の最初からブラックスに対して抱いていた「これで良いのだろうか?」という思いを拭うことができない。強いことはわかるのだけれど、「緩い」「軽い」と言いたくなる場面が随所にある。これは何なのだろう? 杞憂なのだろうか?

スプリングボクスではこのゲームを最後にユースト・ファン・デル・ヴェストハイゼンが引退。76分にデ・コックに交代してピッチを立ち去るシーンでは大きな拍手が贈られた。これであの輝かしい第三回ワールドカップの優勝経験者は一人もいなくなることになる。一つの時代の終わりである(後日註:この時点では4年後のフランス大会にプロップのオーエス・デュラントが出場することになるとは思いもよらなかった)。

準々決勝・第二試合　オーストラリア対スコットランド　11月8日(土)　ブリスベン

前半はワラビーズの⑫フラットリーとスコットランドの⑩パターソンが3PGずつを決めて9対9の同点。意外な展開だが、この大会良いところがなかったスコットランドが大健闘。後半に入って45分、スコットランドがスクラムから展開したところで、ワラビーズの⑦ウォーがタックルからボールを奪い、⑫フラットリー、④ハリソン、⑬モートロックと繋いで、モートロックが60メートルを独走してダイビング・トライ(G)。これでワラビーズの動きが俄然良くなる。密集でスコットランドのボールをターンオーバー。⑩ラーカムが⑩パターソンのキックをナイス・チャージ。場内は「ワルチング・マチルダ(ウォルシング・マチルダ)」の大合唱。1PGを決めたあとの58分、中央付近のスコットランド・ボールのラインアウトを⑦ウォーが奪って突進。ラックからボールを回して、⑪トゥキリがするするとタックルをかわしてボールをキープ。ラックからボールがこぼれたところに

⑨グレーガンが飛び込んでトライ（G）。63分には5メートル・スクラムから⑧ライアンズがトライ（G）。スコットランドの反撃を1トライ（G）に抑えて、33対16でワラビーズが勝利した。

準々決勝・第三試合　フランス対アイルランド　11月9日（日）　メルボルン

接戦が予想されたゲームだったが、結果はフランスの大勝に終わった。フランスが準決勝に向けて順調に仕上げていることが確認できたゲームだった。

フランスは開始直後の2分、アイルランド陣内42メートルのラインアウトから攻撃。一度ポイントを作り、⑨ガルティエからパスを受けた⑩ミシャラクが右に広く空いたスペースにキック・パス。⑧アリノルドキが難なくキャッチして、⑬マーシュ、⑦マーニュとボールが繋がってあっさりとトライ（G）。見事。1PGを追加したあとの28分、アイルランドのパス・ミスから⑦マーニュ、②イバネス、⑥ベッツェン、⑪ドミニシとボールを繋いで左中間にトライ（G）。32分、ラインアウトから⑨ガルティエが小さなギャップを突いて、③マルコネ、⑧アリノルドキと繋いでトライ（G）。もう1PGを追加して27対0と、前半を終えて予想外の大差。後半も1PGを決めたあとの46分、①クランカの突進から⑩ミシャラクが大きくゲイン、②イバネスがゴール前に迫り、最後は右に大きく振って、⑦マーニュ、⑧アリノルドキ、①クランカとバックス並みのパスが回ってクランカがトライ（G）。37対0。アイルランドは51分に⑫マグス（G）、66分に⑬オドリスコル（G）、79分にもオドリスコル（G）がそれぞれトライを決めるが、43対21でノーサイドとなった。

フランスは、攻めても守っても「スペース」に対する意識がほかのチームとは一味違っている。

75分くらいにアイルランドのデンプシーがキックを蹴ったあと、カメラがグラウンド全体を映し出すシーンがあったが、フランスの選手の「散らばり」が良くわかって興味深かった。彼らはグラウンドのスペースを限りなく消し去ってしまっていた。

アイルランドはこのゲームで闘将キース・ウッドが引退。ノーサイドの笛のあと、同じくこの大会を最後に引退が伝えられているフランスのファビアン・ガルティエと抱き合って互いの健闘を称え合っていた。しばらく互いの背中を叩き合って、一度離れて、さらにもう一度。二人とも名残惜しそうに。良いシーンだった。僕はもしかしたらこういうシーンを観たいがためにラグビーフットボールを観ているのかもしれないと思ってしまうくらい良いシーンだった。

準々決勝・第四試合　イングランド対ウエールズ　11月9日（日）　ブリスベン

戦前はイングランドが大勝するだろうという見方が大勢を占めていて、僕もそう思っていた。ウエールズはオールブラックス戦ですべてを使い果たしてしまったと思っていた。ワールドカップの舞台において劣勢のチームがあのようなゲームを二試合続けて演じることはとても難しい。それに、イングランドもあのゲームを充分に研究して臨んでくるだろうから、もしかしたらウエールズは大敗してしまうかもしれないと思っていた。

開始4分から5分に掛けて、ウエールズが見事な攻撃を披露する。スクラムから左にワイドに展開して⑪シェイン・ウィリアムズまで回し、内側に付いていた⑩スティーヴン・ジョーンズがリターン・パスを受け、大きくゲイン。今度は右にワイドに展開して、⑩スティーヴン・ジョーンズ、⑮ガレス・

トーマス、③アダム・ジョーンズ、⑤ロバート・シドーリと回してゴール前に迫るが、外に2人余っていたのにシドーリが自分でトライを取りに行ってノックオン。さらに6分、イングランドのキック・ボールを⑭マーク・ジョーンズがキャッチ、⑮ガレス・トーマス、⑬マーク・テイラー、⑪シェイン・ウィリアムズと繋いでゲインするが、最後はウィリアムズがボールを蹴ってしまい、タッチインゴールラインを割ってしまう。でもこれは面白いゲームになりそうだぞと思う。イングランドが⑩ウィルキンソンのPGで先制したあとの30分、イングランドの⑫ティンドルが自軍の選手のいないエリアに不用意なキックを蹴ると、ウエールズは⑪シェイン・ウィリアムズ、⑨ガレス・クーパー、⑮ガレス・トーマス、⑪シェイン・ウィリアムズ、⑩スティーヴン・ジョーンズと、繋いで繋いで見事なカウンター・トライ！ 5対3と逆転する。33分にもウエールズはイングランドのペナルティからタッチを選択、ラインアウトからモールを押し込んでキャプテンの⑦チャーヴィスがトライ。10対3。スタジアムは興奮の坩堝。

しかし、後半に入って43分、このゲームを決定付けるプレイが起きる。ウエールズのキック・ボールをイングランドの⑪コーインが取って、⑮ロビンソンにパス。10メートルラインのやや内側でパスを受けたロビンソンは、ウエールズのディフェンスを次々に抜き去って、あっと言う間に6人を置き去りにする。パスを受けた⑬グリーンウッドが右隅にトライ（G）。10対10の同点。このプレイを境にイングランドの動きが目に見えて良くなって、⑩ウィルキンソンが着々とPGを重ねる。特に後半から登場の㉑マイク・キャットが最優秀選手級の働き振り。僕はこの人の顔を見るとどうしても第三回ワールドカップの準決勝でオールブラックスのジョナ・ロムーに張り倒されてトライを献上した「ロムーのカーペット」の場面を思い出してしまうのだが、あれから8年、イングランドにとっては実に頼もしい選手になったものだ。ウエールズは70分に⑳ドゥエイン・ピールの突破からチャンス。最後はキック・パスを選択して、⑲マーティン・ウィリアムズがトライ（G）。しかし28対17でイングランドが勝利した。

終了後、円陣でウエールズのキャプテンのチャーヴィスがチームに向かって語り掛けていた。ここ数年良いところがなかっただけに、ワールドカップでの二つの大健闘は大きな財産になるだろう。場内は「デライラ」の大合唱。70年代のあの栄光をほんのちょっとだけ記憶に留めている一人として、ウエールズの復活を待ち望みたい。

準決勝展望

準々決勝ではフランスの充実とニュージーランドの復調が印象に残った。でももちろん準決勝ではオーストラリアとイングランドも立て直してくるだろう。予想は難しいけれど、今のところはニュージーランドとフランスにやや分があるだろうか？　それで僕の希望的予想は、優勝はフランス。準優勝はニュージーランド。まあ、ここまでくると当たるも八卦当たらぬも八卦だ。今のところは四チームとも優勝の可能性は充分にある。何が起こっても不思議ではないし、その何かを起こせるチームがエリス・カップを掲げるということになるだろう。

そして僕たちはその何かを見届けるためにいよいよシドニーに出発する。

シドニー日記

11月15日(土)

前日の金曜日は早々に仕事を片付けて(本当に片付いていたかどうかは別にして)、東京駅から成田エクスプレスに飛び乗った。天ぷらそばを掻き込んで乗り込んだカンタス22便の機内には、各国各様のラグビー・ジャージが満開。「ラグビー・フライト!」と感嘆の声を上げている外国人もいた。中でも目立っていたのは「YOKOHAMA CLUB」というチーム名の入ったジャージを揃って着ていた白人の一団(YCACだろうか?)。機内の左端と右端とで大声で話しているし、トイレに立った日本人の女性を捕まえて電話番号を聞いているし、何だか知らないけれどマラカスの音まで聴こえてくる。ほかにはイングランドのジャージやスコットランドのジャージを着ている外国人もいる。一方の日本人には圧倒的にワラビーズのジャージが多い。実を言うと僕たちもスーツケースに一着ずつ忍ばせている。カンタス22便は20時50分に成田空港を離陸した。

シドニーまでは約9時間のフライト。こういう夜間飛行ではできるだけ眠っておいた方が良いことはわかっているのだが、僕は夕食後に上映が始まった「チャーリーズ・エンジェル」を最後まで観てしまって、おかげで目が冴えてしまって、ポルトガル語の文献を読み始めてしまったので(どうして僕がシドニー行きの飛行機の中にポルトガル語の文献を持ち込んでいるのかは説明すると長くなるので省略する)、到着までに2時間しか眠れなかった。

シドニー時間で早朝の5時30分に目が覚める。シドニーは今サマータイムで日本との時差は2時間なので日本では夜中の3時30分だ。窓の外には強烈な赤紫色の朝焼けが広がっている。機体はシドニーの北西の方角から着陸体制に入っていく。窓からはハーバー・ブリッジもオペラ・ハウスも見下ろせる。空から見たシドニーの街の第一印象は、森と入り江に囲まれたチャーミングな街。どことなくシアトルに似ている感じがする。原則的には僕はこういう地形の街が好きである。機体が大きく旋回する。窓からは果てしなく広がる平べったいオーストラリア大陸の地平線が見渡せる。その大地のほんの端っこにシドニーという街が拓かれていることがわかる。僕はオーストラリアは二度目、シドニーは初めて。7時35分、シドニー国際空港に無事着陸する。

空港はラグビー一色で、到着ロビーのあちこちにタックル・ダミーやヘッド・キャップが転がっている――などということはまったくなくて、ところどころにポスターくらいは貼ってあるものの、ワールドカップの開催中であることを示すものはほとんど見当たらない。清潔で感じの良い空港。通路の途中に売店があって売場を通り抜けないことには入国できない構造になっているのも、何となく微笑を誘われてしまう。どうしてなのだろう？　これが米国の空港での出来事だったら僕は悪口を3ページくらい書いているはずなのに。

荷物はすぐに出てきて入国審査も難なく終わる。市内まではバスを使うつもりでいたので「バス」の表示に向かって歩いていると、「市内？　バス？　こっちだよ」と声を掛けてきたおじさんがいて、彼のあとに付いて歩いて行く。結局このおじさんの運転するワゴンに乗り込む羽目になる。ほかに8人くらいのイングランド人（たぶん）がいて満席に近かったのだが、運転手のおじさんが「この二人並んで座らせないと離婚しちゃうからさあ」とか何とか言いながらほかの客に席を移動させる。僕たちは無事に助手席に並んで座ることができる。これでしばらくは離婚することもないだろう。

車の窓から見るシドニーの街はやはりとても愛らしい感じがする。建造物の色使いが落ち着いていて好感が持てる。それは言い換えれば「あまりぱっとしない」ということなのかもしれないけれど。とにかく、シドニー。初夏の土曜日の朝。空は快晴で雲一つない。おまけに旅の初日である。気分は浮き立つ――はずなのだが、僕は「このワゴンでいくら取られるのだろう？」と気になって、景色はろくに楽しめなかった。でも乗客の中にはいかにも旅慣れている感じの年配のイングランド人（たぶん）もいるので、それほど吹っ掛けてくることはないだろうと自分を落ち着かせる。

そのイングランド人（やはりそうだった）と運転手とが会話している。運転手は「明日はイングランドが勝つと思う」と言い切って、「おべっかじゃない。本当にそう思う。今日はニュージーランドが勝つと思う。決勝はイングランドとニュージーランドだ」と付け加える。さすがに観光業に従事している人はおべっかじゃないと言いながらおべっかを言うのがうまいよなと感心する。

車は市内に入って行く。シティ（という地域がある）、ダーリング・ハーバー、サーキュラー・キー。海が見えるとやはり良いなあと思う。原則的には僕はこういう景観の街が好きである。中心地はラグビー一色で、メイン・ストリートの交差点には信号機の代わりにゴールポストが設置されている――などということもまったくなくて、ところどころにワールドカップのバナーがはためいているくらいだった。運転手は僕たちに、「市内の移動にはシティレールという電車を使うと良い」と忠告してくれる。「でなければ徒歩だね。タクシーはやめた方が良い。タクシーはすごく高い。ホテルから街の中心まで電車で５分だし、徒歩でも１５分だ。うん、歩くのも良いね。歩くといろいろなものが見れて良い」と話してくれた。でも、このおじさんは自動車の運転を稼業としているのではないのだろうか？ 商売敵の交通機関を推奨してしまって良いのだろうか？ これはあとからだんだんわかってきたことだったのだが、オーストラリア人というのは一般的に商売よりも親切を優先する人たちなのだった。とにかく、「ワールドカップのゲームが行なわれるオリンピック・パークのテルストラ・スタジアムまでは絶対にタクシーは使うな、料金が高い上に、道路がすごく混むんだ」と忠告してくれる。それは良いことを聞いたと僕たちは礼を言う。もちろん最初から電車で行くつもりでいたのだけれど。

車は僕たちが泊まるホテルのあるキングス・クロスという地域に向かう。ところが、キングス・クロスに近付くにつれて街の雰囲気が一変してくる。東京で例えて言うと、台場や豊洲からいきなり新橋とか五反田とかに迷い込んでしまった感じ。そしてその「五反田有楽街」の街並みのど真ん中でワゴンが停まる。「ここだよ」と運転手。彼は何度も「駅の近くだから便利なホテルだ」と言ってくれたけれど、あれは僕たちを慰めるために言ってくれたのだとしか思えない。ほかのホテルで客を降ろす時には「ここはシドニーでいちばん美しい場所だ」とか「ここはシドニーの観光の中心地だ」とか言っていたのだから。

料金は結局16ドルだった。手元の日本のガイドブックによると、空港から市内まではタクシーで25ドル、シティレールで10ドル、バスだと7ドルということだから、まあそれほどの出費でもないのだろう。ちなみにこの時点での為替レートは1オーストラリア・ドル80円くらいである。運転手のおじさんと握手をして別れる。

僕たちが泊まるホテルは「クレスト・ホテル」といって、ある日本のガイドブックでは「中級ホテル」と紹介されている。けれどもこれを中級ホテルとすると世の中のたいていのホテルは高級ホテルということになるのではないかと思う。簡単に言うと寂れている。かなりうらぶれた感じがするホテルである。でも、先にも述べたように僕たちにはこのホテルしか予約できなかったのだから仕方がない。パッケージ・ツアーにしなかったことで二人合わせて30万円は浮かせているわけだから、これはこれで仕方がない。それに考えようによっては、ホテルなんて雨露さえ凌げれば良いのである。あくまでも考えようによってはということだけれど。

ホテルのフロントに行くとチェックインは14時からだと言われる。この時点でまだ9時30分にもなっていない時間だ。もちろんこのことは僕たちは出発前から予想していて、まあ散歩でもして時間を潰すしかないだろうなと以前から相談していた。フロントの女性はにこにこしていてものすごく感じが良い。感じが良過ぎるくらいに感じが良い。もしかしたらこのホテルも見掛けほど悪くはないんじゃないかという気にさせられるくらい感じが良い(この見通しが甘かったことはあとになって判明する)。僕たちはスーツケースだけ預けてホテルのすぐ前のカフェでカプチーノを飲む。それからとりあえずという感じで歩き出す。まあ歩き出すしかないだろうなという感じで。まずはこの「五反田有楽街」から抜け出さなくちゃなという感じで。

最初はシドニーの街の中心部に向かって歩き始めたつもりだったのだが、道路の形状が地図とは明らかに違っている。変だな、おかしいなと思いながら、それでもそのままのんびりと歩き続けていたら、「ワラタス・ストリート」という道路にぶつかった。ワラタというのはニューサウスウエールズ州の州花の名前で、この州のラグビー・チームの愛称も「ワラタス」である(言うまでもなくシドニーはニューサウスウエールズ州の州都である)。そしてうちの相方はこのニューサウスウエールズ・ワラタスの大ファンである。それでそのワラタス・ストリートという道を歩いてみることにする。そういうふうに歩いているから道に迷うのだと言われたら一言もないけれど。

やがて目の前に小さな芝生のグラウンドが現われて、その観客席で一休みする。クリケット・グラウンドなのかラグビー・グラウンドなのかサッカー・グラウンドなのかはわからない。でもとにかくシドニーにはこういう芝生のグラウンドが至るところにある。羨ましい限りである。

それからまた歩き出す。海を見下ろす高台から、高級そうな住宅街を抜けて、海に面した小さな公園に辿り着く。船着場があって、街路表示があって、そこがエリザベス・ベイというところなのだと知る。地図を広げてようやくわかったのだが、ホテルを出て最初に歩き出した方向が間違っていたのだった。僕は基本的には方向感覚は悪くない方だと自認しているのだが、こういうとんでもない間違いを時々やらかすことがある。でもまあ今日は別に困らない。チェックインまで――そして夜のオーストラリア対ニュージーランドのゲームまで――時間はたっぷりとある。

船着場の前ののどかな芝生の公園。小波がちゃぽちゃぽと打ち寄せている。公園にはほかに年配のカップルが一組と子連れのお父さんが一人いるだけだ。初夏の土曜日の朝。快晴。ベンチに座って休んでいるうちに僕はうとうとしてしまう。「チャーリーズ・エンジェル」の呪いである。結局15分ほど昼寝をして目が覚める。それからまた歩き出す。

シドニーという街の山の手の一角をとりあえず歩いてみた第一印象は、やはりなかなか可憐な街。でもその印象は11月という季節的要因にも助けられていたはずだ。シドニーの11月は日本ふうに言うと初夏である。夏の始めの光の溢れる季節である。同時にそれは花の季節でもある。一軒一軒の住居の庭先にはさまざまな花が咲き乱れている。とりわけ美しいのはあちこちに植えられているブラジルのジャカランダの紫だった。それからシドニーという街は鳥の鳴き声が絶えない街でもある。街中の至るところから奇妙な鳴き声の鳥の声が聴こえてくる。うちの相方は街の雰囲気がサンパウロに似ていると言う。僕の感覚ではサンフランシスコに近い感じがする。そしてそう言った途端に目の前に「フリスコ・ホテル」というホテルが現われてびっくりする。

サンフランシスコに似ているということは坂が多いということである。そしてそれは大きな荷物を抱えて歩くには適さないということである。おまけにこの日の空は雲一つない晴天。陽射しは強くて気温は高い（あとで聞いたら摂氏３０度を超えていた）。ところがこの時点では僕はまだ仕事から直行したスタイルである。スーツを着て、長袖のＹシャツを着て、ネクタイこそさっき外したところだけれど、バッグの中にはノート・パソコンも一眼レフカメラも入っている。全部ホテルに置いて来れば良かったと今さらながら思う。

ポッツ・ポイントというところからウルムルー湾へと出て、ニューサウスウエールズ美術館のすぐ近くまで来ていることを知る。ここは出発前から覗いてみるつもりでいた美術館だったので、この機会に訪ねておくことにする。ニューサウスウエールズ美術館の入館料は無料。不思議なもので、無料だと言われると５００円くらいなら払っても良いのになと思ってしまう。そしてこの美術館で僕は生まれて初めてアボリジナル・アートというものに出会った。

ニューサウスウエールズ美術館はオーストラリアでも有数のアボリジニの絵画・工芸のコレクショ

ンを所蔵している美術館だ。うちの相方は以前からアボリジナル・アートに関心があったそうなのだが、僕はどういう形であれ接するのは初めてで、ものすごく驚いてしまった。とても純粋で、繊細で、緻密な感じがする。それでいて伸び伸びしていて、開放的で、大雑把な感じさえする。五感を刺激されるような幾何学模様。意識の奥底の記憶に訴え掛けてくるような色彩。とても感激した僕たちは画集やら絵葉書やらを大量に買い込んでしまった。国内の美術館ではこういうものは一切買わないのだけれど。おまけに地下のフロアではたまたま実演されていたディジュリドゥの生演奏を聴くことができた。

ハイド・パークという公園の周辺にはワールドカップの大きな旗がたくさんはためいていた。僕たちはセント・メリーズ大聖堂を経由してキングス・クロスまで歩いて戻る。早朝の機内食のあとは何も食べていなかったので、ホリデイ・インの屋外のテラス・レストランに入ってピツァとハンバーガーをビールで流し込む。ビールはヴィクトリア・ビター（ＶＢ）という苦めのビール。およそオーストラリアのビールのイメージからはほど遠い味なのだけれど、これが結構おいしい。よって以後は原則的にはビールはこのＶＢを飲むことにする。でもあとで考えてみたらこの時は何を飲んでもおいしく感じていたのだろう。

１４時過ぎにようやくチェックインしてクレスト・ホテルの部屋に入る。予想に違わず取り立てて立派な部屋ではない。それどころか部分部分に過去の宿泊客の「爪跡」が残されている部屋である（何の「爪跡」なのかは不明である）。引き出しは壊れているし、電気スタンドは点かないし、窓もちゃんと閉まらない。でもまあ仕方がない。雨露は凌げそうだし（風のことはわからない）、一見したところ不潔ではなさそうだ。僕はようやくYシャツを脱いで、パソコンをセットして（と言っても今回の旅行では通信の接続はしないのでただ電源を入れるだけだけど）、途中の雑貨屋で買ってきたシドニーの新聞を広げる。

今日は土曜日なので、普通の日刊紙は出ていなくて、週末紙しか売っていない。そのうちの一つである「ザ・ウィークエンド・オーストラリアン」の11月15・16日号は、1面にワラビーズのジョージ・グレーガンの大きな顔写真を載せて、「ワラビーズはブラフに賭けているのか？」という大見出し。以下、「ジ・オーストラリアン」のラグビー・ライターのウエイン・スミス（元オールブラックでブラックスのヘッドコーチも務めたウエイン・スミスとは別人）の記事。

ワラビーズはラグビー・ヒストリーにおける最高に入念な一刺しを準備する1年間を過ごしてきたのだろうか？　それとも彼らは自棄になって、自分たちを一蹴して決勝に進出しそうな勢いのオールブラックスに対する不備を包み隠そうとしているのだろうか？　キャプテンのジョージ・グレーガンとコーチのエディ・ジョーンズは、今年のワラビーズの淡白な姿勢は、今夜テルストラ・スタジアムで包みを解かれる彼らのベスト・ゲームを隠しておくためのついたてでしかなかったのだと、ニュージーランド人に信じ込ませようとしている。『確かに僕たちは今年のブレディスローカップ・シリーズでニュージーランドがカップを取り戻すのを阻止することはできなかった。でも僕たちは最初から1年間のこの時期に視点を置いてきた』とグレーガンは昨日語った。『僕たちは最後の試合では前の試合よりも少しだけ健闘した。その健闘は今になって僕たちの力になると思う』

ジョーンズはワールドカップのこれまでのオーストラリアの瀬戸際のゲーム……対アルゼンチン、アイルランド、スコットランドのゲーム……においても、片目をオールブラックスに向けて臨んできたことを認めている。『チームの展望からではなくて、コーチングの展望からだ』とジョーンズは語った。『我々は対戦したチームに礼を失していたわけではない。だが、今夜の試合こそが問題の試合になることはずっとわかっていたのだ』

47面には元ワラビーズのティム・ホランの寄稿が載っている。ホランは「ワラビーズがオールブラックスに勝てない理由は見付からない」「彼らはスコットランド戦の後半にワールドカップにおける最高に印象的なパフォーマンスをやすやすと示した」と述べて、オールブラックス絶対優勢という予想に異論を唱えている。さらに次のように述べている。「ワラビーズが彼らのプレイにさらに創造性と多様性を付け加えようとしてきたことは明らかなように思う。もし彼らがオールブラックスに勝つとしたら、それこそが決定的な要因になるだろう」。また、「過去数年間ではオーストラリアに大きなアドバンテージがある。今期を除けば我々は概して優勢を保っていたのだ」。結びの言葉は、「今夜のゲームは準決勝だが、選手全員があたかも決勝であるかのように取り組むだろう。もし彼らが今夜勝てなければ、過去数年間のすべてのハードワークと犠牲は意味を失ってしまうように思う。だから選手たちがモチベーションと集中力を持てるかどうかという問題はまったくない」

ほかにもいろいろとゲームの展望が載っているけれど、ここではどうでも良さそうな話題を一つ。この週末の準決勝二試合のオリンピック・パークのフードサービスの従業員は、「ジョニー・ウィルキンソンよりもプレッシャーを受けている」という小記事がある。約20万人のラグビー・ファンに食べ物と飲み物を提供するために、テルストラ・スタジアム周辺で二千以上のキッチンが稼動するという。ビールは24万2千杯の売上げが期待されていて、以下、ホットドッグ3万個、パイ3万枚、ピッツァ1万5千枚、ハンバーガー1万5千個、バンダバーグ・ラム6万杯、グラスワイン3万杯、ハイネケン・ビール4万本、ソフトドリンク7万杯――という売り上げ予想。よしよし。このくらいビールが用意されているのなら、僕がちょっとくらい大目に飲んでも問題はないだろう。

ホテルの部屋で僕は夜のゲームに備えて30分だけ居眠りをした。それからゲームの前にパソコンをもう一度覗いてみようとしたのだが、どういうわけだか立ち上がらない。Windowsが開き掛けてはすぐに閉じてしまう。それどころかそのうちにうんともすんとも言わなくなってしまった。どこをどういじっても動かなくなってしまった。でももう今夜のゲームに向けて出発しておきたい時間である。仕方がないのでパソコンをそのままにして部屋を出ることにする。ちょっと落ち込んでしまう。

16時20分ごろにホテルを出て、キングス・クロス駅からシティレールに乗り込む。銀色の車体の2階建ての電車で、ダウンタウンでは地下、サバブでは地上を走るようになっている。路線にはいくつかの系統があって、要領さえ飲み込めばとても便利なのだが、この時はその要領が飲み込めていなくて、乗り換える駅を間違えてしまった。オリンピック・パーク駅に到着したのは17時27分だった。

駅の改札を出ると目の前にテルストラ・スタジアムがどかんと建っている。言わずと知れたシドニー・オリンピックのメイン・スタジアムである。最近になって「オリンピック・スタジアム」から「テルストラ・スタジアム」に改称されたものだ(後日註：その後「ANZスタジアム」に改称)。ちなみにテルストラという企業はオーストラリアの通信最大手のNTTみたいな企業。最近はこの種の命名権の獲得に熱心で、このスタジアムのほかにもメルボルンの「テルストラ・ドーム」が今回のラグビー・ワールドカップの会場として使われている。

スタジアムの正面前は人、人、人。ものすごく華やいだ雰囲気である。舗道の左右からはバンドの演奏が聴こえている。大きな歓声も聴こえてくる。相変わらず空には雲一つなくて、強烈な太陽光線が照り付けている。お祭りムード一色。いきなり僕たちも興奮状態に突入する。

サポーターたちは思い思いのジャージに身を包んで思い思いのペインティングを顔に施してい

準決勝第一試合当日のシドニー・テルストラ・スタジアム

る。色とりどりである。もちろんいちばん目立つのはオーストラリアのゴールド。でもニュージーランドの黒も結構多い。準々決勝で敗退したはずの南アフリカのモスグリーンもところどころにいる。あとは意外にもイングランドの白がかなり多かった。中には背中に次のような文字がプリントされているTシャツを着たイングランド人がいた。

「6月14日　ウェリントン　イングランド15対13ニュージーランド
6月21日　メルボルン　イングランド25対14オーストラリア」

はいはい、よーくわかりました。

この時間はスタジアムはまだ開場していない。正面前のコカコーラのテントの前は腕立て伏せコンテストで盛り上がっている。ペインティングのサービスがあったり、応援メッセージを書き込むコーナーがあったりする。僕たちはコカコーラのイベントの女の子たちに写真を撮られて、URLを印刷したカードを渡された。その写真がウェブサイト上に掲載されると告げられたのだが、後日確認したらちゃんと掲載されていた。

オフィシャル・スーパー・ストアというテント型の店舗があって、入り口前に長い行列ができていた。3分ほど並ぶと中に入れた。各国のワールドカップ用のレプリカジャージを始め、キャップ、Tシャツ、パーカー、マフラー、ボール、コップ、ボールペンなどなど、ありとあらゆる「グッズ」が売られている。僕は大会全体のプログラムを買う。うちの相方はボールペンを買う。そんなもの買ってどうするんだと僕なんかは思うのだけれど、言うと喧嘩になるので何も言わない。

それからどうやらいちばん盛り上がっている気配がする巨大なテントのある方向に行ってみる。簡単な荷物検査を受けて柵の中に入ると、芝生の上に大きなモニターが設置されている。チケットを持っていなくてスタジアムに入れない人たちはこのモニターでゲームを観戦するのだろう。その横にステージがあるところを見ると、さっき音が聴こえていたバンドはここで演奏していたようだ。なお、これと同じ催しはシドニー市内の各所で行なわれていて、全体が「ラグビー・ライブ」と命名されたイベントであることをあとで知ることになる。

大きなテントはハイネケンのテントで、中は興奮状態だった。大変な数の人が大変な大きさの声で話している。ビールを片手に。各国のジャージを着て。テント全体がわんわんと唸っている感じ。さすがは目標4万本だけのことはある。でもものすごくビールくさい。僕たちも長い列に並んでビールを買って、テントの外の芝生に座って飲む。ワラビーズとオールブラックスのジャージに混ざ

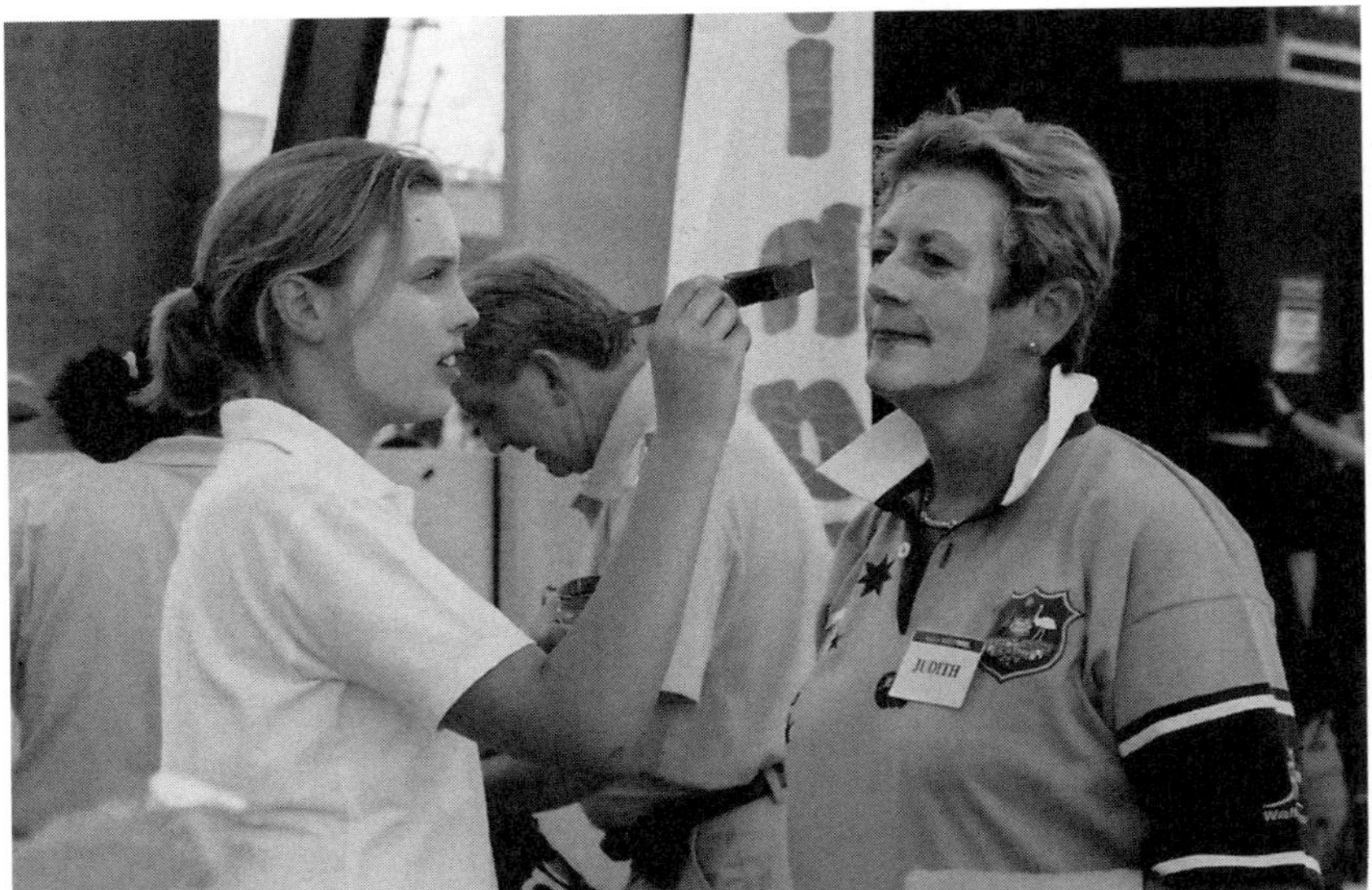

スタジアムの前のフェイス・ペインティングのサービス

って。シドニーの11月の強烈な西陽を浴びながら。

19時ちょうどくらいにスタジアムの中に入る。入り口で荷物検査を受け、チケットのバーコードをリーダーに読ませてゲートをくぐる。僕たちの席はゲートH・アイル125・ロウ8・シート38〜39。メイン・スタンド側のバック・スタンドに向かって左手前側、インゴールの脇のほぼコーナーの位置。チケットでは前から8列目だけれど、実際には5列目である。先端にテレビカメラを備え付けた首長竜みたいな装置がある目の前だった。

19時20分、オールブラックスがぽつぽつと出てきてアップを開始する。今夜のブラックスはなかなか気合が入っているように見える。ワラビーズが出てくるのはもうちょっと遅かった。気合の入り方については遠くて良くわからなかった。スタジアムの通路で売られているハイネケンを四杯買い込んで席に戻り、さあ、準備万端である。

19時48分、スタジアムにジョン・ウィリアムソンの「ワルチング・マチルダ」が流れる。ジョン・ウィリアムソンの「ワルチング・マチルダ」には何だかとても懐かしい温もりがある。思わず泣き出したくなるようなノスタルジーがある。客席は大合唱。場内を歌声が包み込む。圧倒される。身震いする。さっきまであれほど明るかった空はいつの間にかほとんど暮れている。あとはキックオフを待つばかりだ。

モニターでメンバーが紹介される。オールブラックスに続いてワラビーズの選手が発表されると大歓声が上がる。そして、小さな女の子がフィールドの中央にボールを置きに現われる。また大歓声が上がる。観客も乗りに乗っている。

１９時５９分、あのワールドカップのテーマ「ワールド・イン・ユニオン」の今大会用の変奏が流れ始める。選手入場。いきなり全員総立ちになる。僕たちも立つ。鳥肌が立つ。この瞬間、僕は唐突に、ラグビーフットボールというスポーツに巡り合うことができて本当に良かったと思った。

国歌斉唱。ニュージーランドの「ガッド・ディフェンド・ニュージーランド」。続いてオーストラリアの「アドヴァンス・オーストラリア・フェア」。当然後者の方が大合唱になる。でもそれよりも、気合充分のオールブラックスのハカを掻き消した「ワルチング・マチルダ」の大合唱に感動する。ハカが終了しても歌声はやまずに、さらに大きくなって夜空を駆け上っていった。

２０時１３分、キックオフ。

初っ端からワラビーズがボールをキープして攻める。オールブラックスは一見危なげなくそれを止める。でもワラビーズの動きが生き生きしている感じがする。ブラックスはどことなく受けてしまっている感じがする。2分、ワラビーズは⑫フラットリー、⑧ライアンズらがゲインして連続攻撃。⑩ラーカムが３２メートルのＤＧを狙ったが失敗する。

4分、なんとスタジアムに「スウィング・ロウ、スウィート・チャリオット」の合唱が沸き起こる。大挙しているイングランドのサポーターが歌い出したのだ。それはちょっとないでしょうよと僕は思う。あなたがたのゲームじゃないんだからさと思う。案の定、一瞬のどよめきのあとに大きなブーイング。オーストラリアとニュージーランドの双方のサポーターによるブーイングである。ちなみに帰国してからこのゲームのＪスポーツの中継の録画を観たら、この場面で解説の藤島大さんが「こうやってイングランド人は友人を失っていくんですよね」と言っていて、爆笑してしまった。

7分、ワラビーズのラインアウトからブラックスの⑦マコウが突進、さらに右に展開して⑮ムリアイナが右隅に飛び込んだ!と思ったが、ビデオ・レフリー。判定が出るまでにかなりの時間を要したが、結論はインゴール・ノックオン。これは、もしもトライが認められていたら、この試合の結果を、さらには大会全体の結果を左右しかねなかったシーンだった。

けれどもブラックスのチャンスは続く。9分、ゴールまで8メートルのラインアウトから⑦マコウが一度ポイントを作ってバックスに展開。そして、⑩スペンサーが⑫メイジャーと⑭ハウレットの2人を飛ばすロング・パス——これが通ればトライかもしれないという⑬マクドナルドへのラスト・パス——を放ったところに、どんぴしゃりのタイミングで走り込んできたのが、ワラビーズの⑬スターリング・モートロックだった。インターセプト。モートロックはゴールへと一直線。ハウレットもロコゾコも追い着けない。80メートル独走トライ! 割れるような大歓声。オーストラリアのサポーターは飛び上がって喜んでいる。⑫フラットリーのゴールも決まって7対0となる。

このプレイは、ブラックスのバックス・ラインに工夫がなくて、ワラビーズのディフェンスのプレッシャーをもろに受けてしまったために起こったものだった。ゴールを前にしたセット・プレイからのアタックで、ああいう浅いラインでああいう長いパスを放ったら、飛び出してくるディフェンスの餌食になるのは当たり前だ。そして、ブラックスはこのゲームを通じてこの「バックス・ラインの工夫のなさ」を修正することができなかった。

11分、「オージー、オージー、オージー」の大コールが起こる。12分、ブラックスの⑬マクドナルドが大ブーイングの中で42メートルのPGを狙う。失敗。ドロップアウトからワラビーズの⑫フラットリーがナイス・タッチ。ブラックスにしてみればちょっと嫌な感じがする。でもまだ時間はたっぷりとある。

17分、18分と、また「スウィング・ロウ、スウィート・チャリオット」の歌声。そしてブーイング。

20分、ワラビーズの⑮ロジャースがペナルティからロング・タッチ。そのあと一度はブラックスがボールを取るが、⑩スペンサーのキックからワラビーズが逆襲する。⑮ロジャース、⑪トゥキリの素晴らしいゲインでチャンスになって、全員で右へ右へと展開。右中間で⑭セイラーが止められると、今度は左へ左へと展開。⑮ロジャースがポイントを作ってまた右に展開したところで、ブラックスの⑧コリンズがワラビーズの⑤シャープにデンジャラス・タックルのペナルティ。シンビンこそ免れたが、23分、この22メートルのPGを⑫フラットリーが決める。10対0。

24分にワラビーズの⑩ラーカムが「くるり」で抜ける。この夜のラーカムは全盛時代（それはACTブランビーズの全盛時代でもあった）を彷彿とさせるくらい動きが良かった。ブラックスは何とかボールを取り返してタッチで地域を挽回する。

27分、ブラックスの⑨ジャスティン・マーシャルがワラビーズの⑥ジョージ・スミスのノーボール・タックルに倒れる。すぐに復帰したものの、結局これはあとになって「効いた」タックルだった。10メートルライン上のペナルティからブラックスはタッチで攻める。29分、モールを押し込んで得た再度の23メートルのペナルティから今度はPGを狙うものの、⑬マクドナルドのキックはポールに当たって失敗。ブラックスにとっては痛い。

ワラビーズは33分、ブラックスのオフサイドからの15メートルのPGを⑫フラットリーが成功。13対0。場内にスコアがアナウンスされて、ニュージーランドの得点が「ノウト（ゼロ）」と読み上げられると、大観衆が大はしゃぎする。

34分、ワラビーズの⑩ラーカムがちょっと迷ってボールを落としたシーンで、オールブラックスはプロップの①ヒューイットから、⑨マーシャル、⑩スペンサーと速いパスが回って、スペンサーが僅かな隙を突いて4人を抜き去る。最後はキャプテンの⑥ルーベン・ソーンがトライ！⑬マクドナルドのゴールも成功して7対13となる。このスコアのまま前半が終了した。

オールブラックスが優勢だと伝えられていて、僕もそう思っていただけに、ワラビーズが主導権を握ったのは意外だった。でも、この時点ではまだ、後半ブラックスは修正してくるだろうと思っていた。セット・プレイを安定させて、ブレイクダウンを制圧して、プール・マッチで見せていたようなスペースを存分に使ったアタックが決まるようになれば、ブラックスが盛り返すだろうと思っていた。

ハーフタイムにちょっと周辺を歩いてみる。気が付くと、観客は皆立ち上がってビールを飲んでいる。でもどうしてビールを飲むのにわざわざ立ち上がる必要があるのだろう？それが彼らのハーフタイムの習慣なのだろうか？あるいは立ち上がって飲んだ方がビールがおいしいのだろうか？僕も自分の席に戻って同じように立ち上がってビールを飲んでみたが、彼らがそうしている理由はわからなかった。ビールのおいしさについても良くわからなかった。

21時5分、ワラビーズ登場。1分ほど遅れてブラックスも登場。

後半開始。ワラビーズはキックオフでフォワードの反対側にボールを蹴って確保すると、⑬モートロックと⑪トゥキリがナイス・ゲイン。ブラックスの⑧コリンズがノット・ロールアウェイの反則。「ワルチング・マチルダ」の大合唱の中、41分、正面17メートルのPGを⑫フラットリーが決める。16対7。ワラビーズのキックオフの工夫がまんまと成功したことになる。ブラックスはまたまた嫌な感じがする。でもまだまだ時間はたっぷりとある。

直後にオールブラックスはフェイズを十以上重ねる連続攻撃。このゲームで初めてと言っても良いくらいのブラックスらしいアタックだったが、ワラビーズの素晴らしいディフェンスに阻まれてトライは奪えない。結局ワラビーズの⑦ウォーがこぼれ球を確保してターンオーバー。⑮ロジャースが大きく蹴り込んで、ボールはブラックスの⑪ロコゾコに触れてからタッチに出てしまう。僕がオールブラックスまずいかもしれないぞと本気で思い始めたのはこのシーンからだった。まるで4年前の準決勝のフランス戦を観ているようだったからだ。

44分、「ワルチング・マチルダ」の大・大・大合唱。47分、ブラックスはスクラムハーフのマーシャルがケラハーに交代。ケラハーは好きな選手だが、ここは大会を通じて好調だったマーシャルを使い続けたかった場面だった。前半のスミスのタックルがそれほど「効いていた」ということはあとになって知った。

48分、ワラビーズのプロップの③ベン・ダーウィンが首を痛めて退場。担架に固定して運び出すために10分ほどの中断になる。客席には浮かれ騒ぎのウエーブが起こる。でもこのシーンは、このゲームの分岐点としてとても重要なシーンだった。

本来であればこのような中断は、ゲームの流れを大きく変えるきっかけになる可能性がある。この手の中断のあとに攻守や優劣が入れ替わるのは、あらゆるスポーツ・ゲームにおいて——歴史的にも日常的にも——繰り返されている光景だ。このゲームでオールブラックスに「立て直す」ための最後のチャンスがあったとしたらここだった。でも、この中断の間にも、キャプテンのルーベン・ソーンがチームを集めて結束を固めるようなシーンは見られなかった。僕がオールブラックス本当にまずいぞと感じ始めたのはこの中断の時間だった。

そして、再開直後のワラビーズ・ゴール前の5メートル・スクラムで反則を取られたのはオールブラックスの方だった。ワラビーズは直後のラインアウトから⑭セイラーが突進。ブラックスはラックでまたペナルティ。

51分、ワラビーズの⑩ラーカムがブラックスの⑩スペンサーを抜いてワラビーズがゴール前に迫る。⑯ポールも良く前に出て、ゴールまで5メ

ニュージーランド対オーストラリア。後半のブレイクの場面

ートル。ブラックスは何とかこれを止めたが、ラックでオフサイドの反則。５３分、⑫フラットリーが２２メートルライン上からＰＧ成功。これで１９対７。１２点差である。

ここからブラックスは本当に焦り始めたと思う。５５分にはモールを押したあとに⑭ハウレットと⑪ロコゾコで大きくゲインしたが、あと一歩の決め手がなく、トライにはならなかった。その前にワラビーズにオフサイドがあって、５６分、⑬マクドナルドの１５メートルＰＧがようやく決まる。１０対１９。９点差となる。

しかし直後の５８分、ワラビーズの連続攻撃にブラックスがオフサイドを犯して、６０分、⑫フラットリーが２２メートルのＰＧを決める。２２対１０。再び１２点差となる。

このあとブラックスは再三攻撃を仕掛けるが、タッチに押し出されたり、パスが悪くてノックオンしたり。６８分には⑥ソーンが⑮ロジャースにショルダー・チャージ。場内は大ブーイング。

７０分、ブラックスは自陣２５メートルのスクラムからの攻撃で①ヒューイットがノックオン。７１分には自陣２２メートルのスクラムからの攻撃で⑭ハウレットがノックオン。おまけに７２分には⑳ケラハーがラックで痛恨のオフサイド。これでほとんどブラックスの逆転のチャンスはなくなってしまった。まるでニュージーランド中の溜息が聴こえてくるようなシーンだった。７３分の⑫フラットリーのＰＧはゴールを外れたが、時間はあと7分しかない。

７４分にワラビーズはブレイクダウンで⑦ウォーがボールを奪う。このゲーム、フィル・ウォーはモートロックと並んでマン・オブ・ザ・マッチものの働きをしていた。７６分にワラビーズのペナルティがあって、ブラックスは悲痛な速攻を仕掛けるが、最後は⑳ケラハーが⑩ラーカムにタックルされてノックオン。ここでこのゲームの観衆は8万2444人で、これはワールドカップ・レコードだと発表される。

77分にはワラビーズの⑮ロジャースがノックオンしたチャンス・ボールを、ブラックスの⑦マコウが判断悪く蹴ってしまう。ブラックスは⑭ハウレットと⑬マクドナルドが走ろうとするが、攻め手がなくて⑫メイジャーが迷うシーンもあった。ペナルティを得て攻めようとするものの、ゴール前でノックオン。⑩ラーカムがボールを蹴り出したところでノーサイド。22対10でワラビーズが勝利した。

終了と同時に場内にまたジョン・ウィリアムソンの「ワルチング・マチルダ」が流れて大合唱になる。ワラビーズは抱き合って喜んでいる。ブラックスは早々にフィールドから引き上げる。ワラビーズは歓喜のウィニング・ラン。グレーガンやロジャースはバック・スタンドの家族と抱き合っている。場内には「ダウン・アンド・アンダー」(メン・アット・ワーク!)が流れる。これも大合唱になる。

ワラビーズの最大の勝因は、ディフェンスが完璧だったこと。ブラックスのバックスに徹底的にプレッシャーを掛け続け、とりわけアーロン・メイジャーとリアン・マクドナルドの2人を完全に封じ込んで仕事をさせなかった。それに対してブラックスのバックス陣は修正能力が欠如していることを曝け出してしまった。まあ、途中で修正するというのはラグビーのゲームにおいていちばん難しいことの一つではあるのだが、ブラックスがここまでそれができないチームであることをこの大舞台で示してしまったのは意外だった。

　ワラビーズが先制点を上げたこと、着実に追加点を入れたことも大きかった。ワラビーズは開始直後は押し込まれている感があったが、あのモートロックのトライを境に元気になって、どんどんＰＧを積み重ねて、ゲームを支配していった。反対に先制されたブラックスはＰＧを決められずに次第に窮地に追い込まれていった。ラグビーフットボールは得点を取り合うゲームであること、「あとで取れば良い」とか「押しているから取れなくても構わない」と思っていると墓穴を掘るという当たり前のことを改めて認識させられた。

　それに加えてホーム・アドバンテージについて実感させられたゲームでもあった。今回の大会のワラビーズは、オープニング・ゲームのアルゼンチン戦とこの夜のニュージーランド戦は、ホームの観客のあと押しがなければ勝利をものにできていたかどうかわからなかったと思う。そのことを考えると、もしもこの大会が当初の計画通りにオーストラリアとニュージーランドの両方で開かれていたら、もしもこの夜のゲームがオーストラリアではなくてニュージーランドで行なわれていたら——など

45／準決勝／11月15日／シドニー・テルストラ・スタジアム
レフリー：クリス・ホワイト／観客：82444人

	ニュージーランド				オーストラリア	
	10				22	
	7		前半		13	
	3		後半		9	
	1		T		1	
	1		G		1	
	1		PG		5	
	0		DG		0	
1	D.ヒューイット	→17→1		1	B.ヤング	
2	K.メアラム			2	B.キャノン	→16
3	G.サマヴィル			3	B.ダーウィン	→17
4	C.ジャック			4	J.ハリソン	
5	A.ウィリアムズ	→18		5	N.シャープ	→18
6	R.ソーン			6	G.スミス	→19
7	R.マコウ			7	P.ウォー	
8	J.コリンズ	→19		8	D.ライアンズ	
9	J.マーシャル	→20		9	G.グレーガン	
10	C.スペンサー			10	S.ラーカム	
11	J.ロコゾコ			11	L.トゥキリ	
12	A.メイジャー			12	E.フラットリー	→21
13	L.マクドナルド			13	S.モートロック	
14	D.ハウレット			14	W.セイラー	
15	M.ムリアイナ			15	M.ロジャース	→22
16	M.ハメット			16	J.ポール	2→
17	K.ミューズ	1→→1		17	A.バクスター	3→
18	B.ソーン	5→		18	D.ギフィン	5→
19	M.ホラー	8→		19	M.コーベイン	6→
20	B.ケラハー	9→		20	C.ウィタカー	
21	D.カーター			21	N.グレイ	12→
22	C.ラルフ			22	J.ロフ	15→
	0		イエロー		0	
	0		レッド		0	

と想像を働かせてしまった。今回のオーストラリア大会は、もともとはホスト国オーストラリア、サブホスト国ニュージーランドの共同開催となることが１９９８年に決定していた。だがニュージーランドが「クリーンな競技場」（広告の撤去とボックス席の明け渡し）という条件を拒絶したことから話が縺れて、オーストラリア協会が全試合自国開催を提案。２００２年４月１８日のＩＲＢ理事会でオーストラリアの単独開催が決定したという経緯があった。そういう意味では、この夜の勝利は今大会の単独開催を勝ち取ったオーストラリア協会の勝利だったと言えなくもない気がした。

一方のオールブラックスは、ブレイクダウンを完全にワラビーズに支配されてしまっていた。タックル直後のポイントには常にゴールドのジャージの姿が先にあった。繰り返すが、とにかくこの夜のブラックスは何だか動きがぎこちないように見えた。まるで何かの呪縛に掛かっているみたいに見えた。でもそれは、思い起こしてみると、この大会の最初からずっとブラックスを覆っていたムードでもあった。

それにしても、ワラビーズはこのゲームに対してちゃんとプランを持って臨んでいたと思うのだが、オールブラックスはどうだったのだろうか？　プランを持っていなかったということはないと思うのだが、そのプランがあまりにも幼稚もしくは傲慢だったということはないだろうか？

スタジアムを埋めていた８万人の観客はあっと言う間に席を立って帰路に着いていた。僕たちはずいぶん遅くまで席に残ってこのビッグ・ゲームの余韻に浸っていた。スタジアムを出ると例のハイネケンのテントの周りにものすごい数のオージーが集まって盛り上がっていた。オリンピック・パーク駅は大混雑で、なかなかホームに降りられなかった。

キングス・クロスのホテルに戻ってきたのは0時近く。ろくな店が開いていないのでハンバーガーとビールを買って胃袋に流し込む。眠る前に試しにもう一度パソコンを開いてみると、どうにかこうにか復活していて一安心した。

11月16日（日）

起きるのが遅かった上に寝起きにメモの整理をしていたら行動開始が遅れてしまった。10時30分過ぎにホテルを出て、ホテルの近くにあるセガフレードザネッティで朝食。朝から雲が出ている。晴れ時々曇りの空。今日はまずはロックスにあるデヴィッド・キャンピージの店に行ってみることにする。

シティレールに乗るつもりでキングス・クロスの駅に向かって歩き出すと、市内を循環している「シドニー・ツアー」と書かれた2階建ての真っ赤なバスがすぐ先に停まった。あれに乗るのも良いかもねと話していると、運転手が僕たちを手招きする。思わず飛び乗ったのが運の尽き――と言っては大袈裟だけれど、2日間乗り放題・降り放題、好きな時に好きなだけ利用できて、1人30ドルだと言われる。それはちょっと高いんじゃない？と思ったが、もう乗ってしまっていることだし、まあ、それも良いかと思って、料金を払って2階のオープン・シートに陣取る。

確かにバスの2階からの眺望は抜群だし、ほかの交通手段ではなかなか味わえない景観である。街路樹に身を屈めて頭を低くしながら乗るのも面白い（ちょっと危ないような気もするけれど気のせいだろう）。風を受けながらシドニーの街中を進むのも心地良い（ちょっと寒いような気もするけれどこれも気のせいだろう)。こうなったらできるだけ楽しんで元を取ってやろうと思う。

オペラ・ハウスの前でバスを降りて近くまで行ってみる。想像していたように、この種の建造物につきものの「まあこんなものだろうな」という感想しか出てこない。写真で観るよりも薄汚れているような感じさえする。でもこの建物については本当はこの中でちゃんとオペラを聴いてから感想を述べるべきなのだろう。何と言ってもここはオペラ・ハウスなのだから。

このオペラ・ハウスの前にも「ラグビー・ライブ」のスペースがある。試合のある日(この日もそうだ)には音楽のライブがあって、そのあと皆で大画面でゲームを観る、ということになっているようだ。シドニー湾の対岸にはハーバー・ブリッジ。こちらはなかなか風格があって見事な橋である。

サーキュラー・キーをぶらぶらと歩いて現代美術館へ。この美術館にもアボリジニの作品があると知ったので行ってみたのだが、ほんの数点しかなくてがっかりだった。その他の前衛芸術については僕には良くわからなかった。シドニーに限らず世界中どこでもそうなのだけれど、僕にとって心を動かされる前衛芸術に巡り会う確率は、仕事熱心なオーストラリア人に巡り会う確率よりも低いくらいである(冗談です)。

オペラ・ハウス前で

歩きながら僕は腕時計が壊れていることに気が付く。10時33分のところで針が停まっていてぴくりとも動いていない。実は出発当日に相方が「腕時計が停まっていたので自宅に置いてきた」と言い出したので、「僕の腕時計も壊れたらどうなるのだろう?」と一瞬だけ案じたのだった。僕の予感はこういう悪いことに限っては良く当たる。どこかで腕時計を買わなければならない。

ロックスでキャンピージの店を探して歩く。キャンピージの店というのは、ラグビー・ジャージ・メーカー「カンタベリー」の販売店のことである。ここロックスにはかのデヴィッド・キャンピージが経営しているカンタベリー・ショップがあるはずなのだ。そして、複数の証言によると、彼自身が売場に出ていて接客をしているはずなのだ。果たしてキャンポに会うことができるだろうか?

ちなみに僕は1998年のジャパン・セブンズにキャンポが来日した時にプログラムにサインをもらっているのだが、自分の手でべたべたと触っているうちにインクが擦れてしまって、今ではほとんど判別できなくなってしまった(でもあの年のジャパン・セブンズはチェスター・ウィリアムズのサインももらうことができてご機嫌だった)。まあ、サインはどうでも良いのだけれど、できればキャンポにもう一度会いたい。そしてできれば一言話したい。

それで彼のカンタベリー・ショップを訪ねてみたのだけれど、売場にはキャンピージの姿はない。仕方がないからまた来てみることにする。店内の壁面の高いところには、現役時代にキャンピージが交換した各国各選手のジャージが飾られていた。ジャパンのジャージもちゃんとあって、説明を読んだら向井さんのジャージだった。第一回ワールドカップでの対戦の証拠品である。僕はあのゲーム(1987年6月3日シドニー・コンコード・オーヴァルのあのゲーム)のフルバックは沖土井さんだったと記憶していたのだが、考えてみれば向井さんだったんだな。沖土井さんはウィングだったんだな。

あと、ロックスにはアボリジナル・アートのギャラリーもいくつかあって、そういう店も覗いてみた。それほど高くない絵を一枚買おうということになったのだけれど、もっといろいろなギャラリーを覗いてから選ぶことにする。それから露天のマーケットを歩いてみる。うちの相方はエッセンシャル・オイルを買う。花粉症に効果のあるティー・トゥリーという植物は、このニューサウスウエールズにしか生息していない植物なのだそうだ。

それにしてもこのロックス周辺は本当にラグビー一色で、オープン・エアのカフェやパブではラグビー・ジャージを着ていない客の方が少ないくらいである。これは本当の話。しかもその大半は今夜試合のあるイングランドのジャージを着ているサポーターだ。この地域一帯が白いジャージで占領されてしまっている。あちらを向いてもイングランド。こちらを向いてもイングランド。まるでイングランドにいるみたいである。今夜のゲームにどのくらいのイングランド・サポーターが押し寄せるものなのか想像もできない。想像したくもない。

一方のフランスのサポーターも数は少ないけれどいることはいる。そして彼らは擦れ違うオージーたちから、あるいは僕たちのようなその他の国のラグビー・ファンから、「ヴィヴァ！ フランス！」などと温かい声援を贈られている。これはもちろん第一にフランスのラグビーが――ひいてはフランス人が――愛されているからだ。第二にイングランドのラグビーが――ひいてはイングランド人が――愛されていないからだ。少なくともこの時点のシドニーにおいてはそういう構図が成り立っていた。前夜のスタジアムの「スウィング・ロウ」の大合唱の悪影響も大きかったと思う。

でも時には美しいシーンに遭遇することもある。ロックスのオブザーヴァー・ホテルというホテルの前での出来事だった。通り掛かった十数人のフランス人のサポーターたち（全員が青いジャージを着ている）が、道路の反対側のオブザーヴァー・ホテルのオープン・パブに集まっている数十人のイングランド人のサポーターたち（全員が白いジャージを着ている）に向かって、歌を歌い始めた。イングランド人は半分ふざけながら対抗して歌を歌い返していたが、そのうちにフランス人が歌っていた歌を一緒になって歌い始めた。フランス人のサポーターたちは道路を横断し（車が多くてちょっと危ないんだけど）、イングランド人のサポーターたちと肩を組んで歌い始めた。曲名はわからないのだが、シャーリー・マクレーンが「あなただけ今晩は」の中で歌っていた曲。と

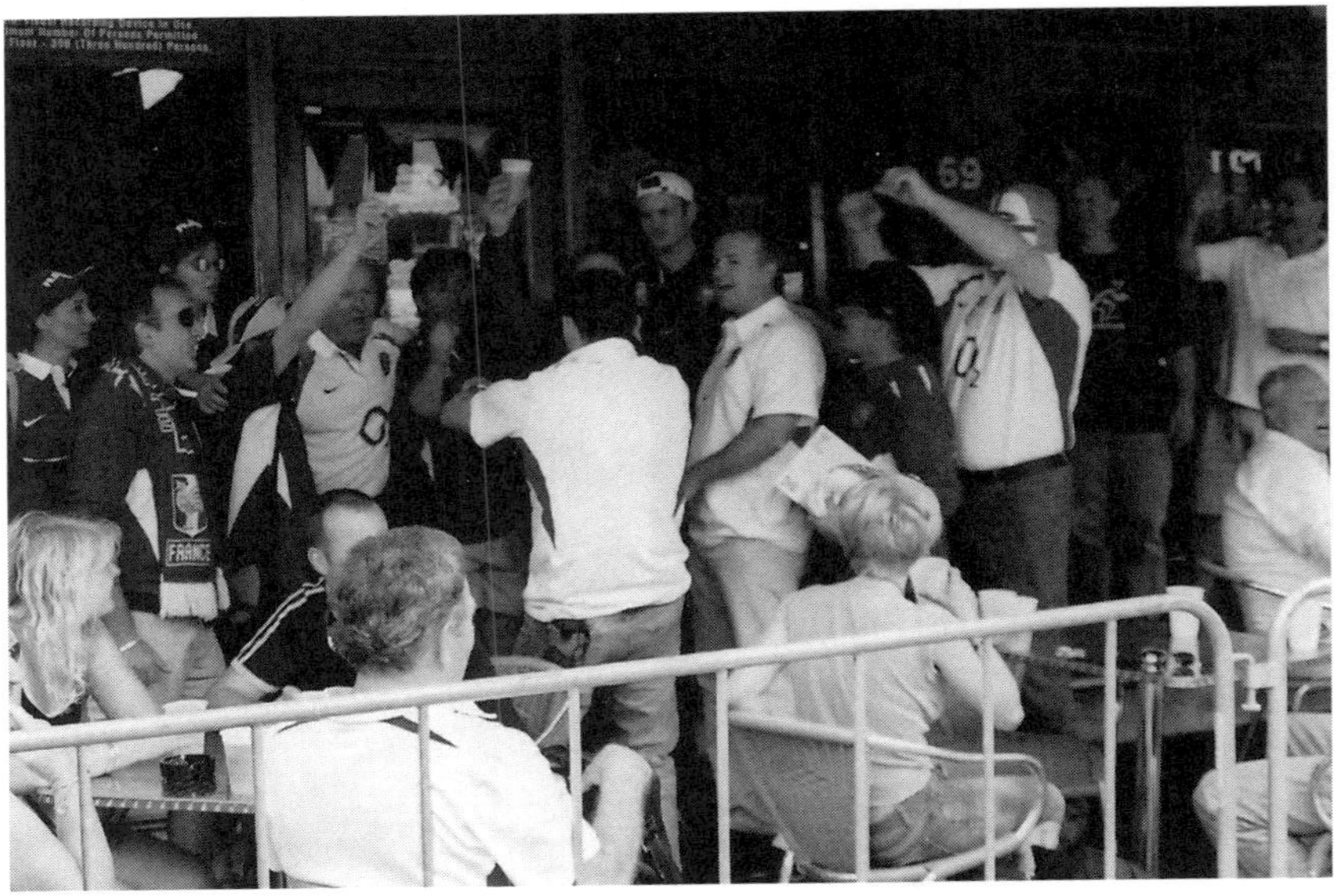

一緒に歌を歌い始めたイングランドとフランスのサポーター

ても楽しい光景だった。ラグビーならではだなあと微笑んでしまう光景だった。

シドニー湾の目の前のオープン・エアのバーで、対岸のオペラ・ハウスを眺めながらビールを飲む。この種の建造物はたいていそうなのだけれど、このオペラ・ハウスも遠くから眺める方がチャーミングである。僕はビールを飲みながら、途中のコンビニエンスストアで買った新聞——今日は日曜日なので日曜紙しか出ていない——を広げて目を通す。

「ザ・サン・ヘラルド」は1面も終面もワラビーズ。1面はトライ直後のモートロックにトゥキリとセイラーが駆け寄っている写真に「イッツ・マジック」という大見出し。終面はノーサイド直後にラーカムとウォーが抱き合っている写真に「ソリッド・ゴールド」という大見出し。

124面には、「ワラビーズ点灯、キーウィーズ消灯」という記事がある。署名は「ザ・シドニー・モーニング・ヘラルド」のラグビー・ライターのグレッグ・グロウデン。「昨夜のオーストラリアは恍惚状態で、ニュージーランドでは灯が消えていた。テルストラ・スタジアムでの魔法の、ほとんど申し分のない偉業によって、ワラビーズのワールドカップの夢は続いている」という書き出し。オーストラリアがブレイクダウンを圧倒的に支配したことを指摘して、ジョージ・

「ザ・サン・ヘラルド」11月16日号1面「イッツ・マジック」

スミスとフィル・ウォーがルーズ・ボールを何度も獲得したことを賞賛している。バックスではトゥキリとモートロックの名前を挙げ、モートロックのトライについては「ちょっと幸運だっただけだと思う」という本人のコメントを紹介。セカンドロウのジャスティン・ハリソンとデヴィッド・ギフィンの「クリーン・ワーク」についても誉めちぎっている。

125面の戦評（署名：フィル・ウィルキンス）は、ジャスティン・ハリソンのラインアウトにおける活躍を強調し、これがフィル・ウォー、ジョージ・スミス、デヴィッド・ライアンズ、ビル・ヤング、ブレンダン・キャノンの疲れを知らぬ動きを引き出して、カルロス・スペンサーとアーロン・メイジャーのバック・ラインの統制を封じ込んだ、という内容。ニュージーランドについては、「ワラビーズが22対10とリードを奪った時点で、オールブラックスは秩序が破綻し、深刻なまでに混乱していた。スペンサーはパートナーのメイジャーの後方に乱暴なパスを投げた」「観衆がラスト10秒のカウントダウンをする中で、メイジャーはオーストラリアのゴールラインの1メートル手前でノックオン。彼は両膝に両手を置き、この世のどのプレイヤーよりも取り乱していた」といささか大袈裟にその悲劇を強調している。

122面の記事（署名：ベン・キンバー）は、ワラビーズの勝利をフォワードの勝利だと断言している。「このワールドカップ・シーズンのほとんどを通じて、オーストラリアのビッグ・マンたちは無個性な、母親のファミリー・セダンみたいなパフォーマンスに転じていた。（中略）ところがオーストラリアは突然ボンネットの下にパワーを見出した。彼らは準決勝の勝利のためにV8エンジンにチューンアップしたようにフィールドを突進した」「ラインアウトは堅固で、スクラムは一歩も譲らなかった。ピック・アンド・ドライブのゲームの随所において、そして守備のラインにおいて、オーストラリアは黒い潮流を撃退するために必要なカードを使った」「それはＡＣＴブランビーズが習得して１９９９年のワラビーズが採用したスタイル……攻撃的なボールの略奪を抹殺し、ボールが攻撃の生命維持器官のように大事に取り扱われたスタイル……を偲ばせた。ニュージーランドが相手に当たる時の当たりは常に軟弱で、自分たちから粉砕して仕方なく後退する精彩のない守備のパターンに陥っていた」

僕がいちばん興味深く読んだのは１２３面に掲載されているマット・ロジャースの手記である。印象的な部分を書き出してみる。

「自分の役割を知ること。それを受け容れること。それを成し遂げること。これが、僕の参加したワラビーズ最高の勝利までの1週間のテーマだった」

「あれほどたくさんの観衆の応援を受けてゲームに臨んで、僕たちはオーストラリアを失望させたくなかった。僕たちもお互いに失望したくなかった」

「何週間も皆と一緒に過ごしてきて、信頼が強まって、本当にそれがものになって、これほど仲の良い仲間たちと勝利を分かち合えたのは最高だった」

「僕たちはただオールブラックスをゲームに入り込ませなかった」

「ゲームの中でオールブラックスがあの容易ならざるバック・ラインで僕たちを襲撃しようとしていると感じたことは一度もなかった。僕たちは彼らがどうやってプレイしてくるかがわかっていたし、彼らはその予想通りにプレイしてきた」
「ディフェンスは昨夜の僕たちにとって常に鍵だった。仲間が仕事に従事するのを後ろから見るのはとても誇らしかった」
「僕たちは試合の大半を点数が取れるポジションで闘った。そして機会を得る度にエルトン・フラットリーがたくさんのゴールを放つのを見るのは最高だった」

また、彼自身がこの大会で落球が多かったことについて、この1週間にたくさんの批判を受けてきたということを書いている。ミシェル夫人がそれでずいぶん心を痛めてきたということも書いている。これについては、「それはただ起こったのであって、僕はそれについて説明できない。でもたぶんそれは過去のことになるだろう」と述べている。

そして最後に「僕たちは昨夜は本当のお祝いをしなかった。なぜならワールドカップはもう1週間あるからだ。それは僕たちの人生の最大の1週間になる。僕にはとても待ち切れない」と結んでいる。

「ザ・サンデイ・テレグラフ」は、1面にロジャースの写真を載せて「素晴らしい［アウサム］」という大見出し。4面には「粉砕的勝利でワラビーズ決勝へ」という見出しに続いて、「昨夜のワラビーズはラグビー・ワールドカップ準決勝における22対10という驚くべき勝利によって、オールブラックスを打ち倒して浮上した。ワールドカップ・レコードの8万2444人の観衆は、ワラビーズがオッズに反してオールブラックスを破るというラグビー・ヒストリー最大のアップセットを目撃した」ということこれまた大袈裟な描写がある。署名はポール・ポッティンガー。

６４面の記事は、オーストラリア国歌の最初の一節「オーストラリア人よ、歓喜しよう！［オーストラリアンズ・オール・レット・アス・リジョイス！］」を大見出しにして、「ワラビーズ約束の地に到達」という小見出し。そうだよな、決勝進出はワラビーズの「約束の地」だったんだよなと改めて思う。署名はピーター・ジェンキンス。この人にはワラビーズに関する著書がある。

「ザ・サンデイ・テレグラフ」11月16日号１面「素晴らしい（アウサム）」

コーチのエディ・ジョーンズとキャプテンのジョージ・グレーガンは、彼らの『ビッグ・スティング』計画を明確に描いていた。彼らはこのゲームが重厚なパフォーマンスになるだろうと予告し、カモフラージュされた戦術を暗示し、チームがどれほどオールブラックスを怖れていないかを強調した。

しかし彼らのタイミングはパーフェクトでなければならなかった。アイルランド戦の幸運な勝利。スコットランド戦のエラー、ボーンヘッド。計算したその日にはまだ間があったのだ。彼らは批判され、見限られてきた。彼らは平凡なチームのように見えた。フォワードの切り崩しの弱さ、今シーズンのこれまでの１２のテストで決め損なってきたバックス。

でも今朝はその連中がヒーローだ。そしてジョーンズは、スイスのすべての時計の大メーカーからの電話に対応しているだろう。彼のタイミングは、最後の最後に、ただただ抜群だった。

同じ面にはピーター・ジェンキンスによる選手評点も掲載されている。9点がモートロックとラーカム、8点がトゥキリ、ウォー、スミス、ハリソン、7・5点がロジャース、セイラー、キャノン、7点がフラットリー、グレーガン、ライアンズ、ヤング、ポール、6・5点がシャープ、ギフィン、6点がダーウィン、バクスターという点数である。

66面には、「ラーカム優勢、オーケー」「キング・カルロス退位」という記事がある。署名はキャメロン・ベル。タイトルからわかるように、スペンサーとラーカムの対決に焦点を当てた記事である。

カルロス・スペンサーは最後のキックを蹴ると、深く息を吐いて周りを見回し、グラウンドを立ち去った。左の膝はきつくテーピングされていた。キックオフの15分前のことだ。このキーウィーのスーパースターはキックオフのためにグラウンドに戻ると、感情を込めて国歌を歌った。それから八カをリードするためにチームメイトの前に立った。そして、何かが起こった。
彼は、並んで立っているオーストラリアをまっすぐに見て、彼らに向かって一歩、二歩、三歩、そして四歩と進み、ブラックスを睨んでいるワラビーズを睨み付けた。それは明らかなメッセージだった。『オーケー、僕をターゲットにしろ。僕にプレッシャーを掛けてみろ。一晩中受けて立ってやる』
彼はワラビーズをものともせずにゲームをスタートさせた。唯一の問題は、ワラビーズも受けて立ったことだった。スターリング・モートロックがオールブラックスのファイブエイスのロング・パスに襲い掛かって、80メートルを疾走して得点したことだった。

そして、スペンサーに比べてラーカムはゲーム前にリラックスしているように見えたと書いている。「もっともラーカムが心配したり混乱したりしているように見えたことがこれまでにあっただろうか？」

さらに、「ワラビーズが自陣から左に右にとボールを回し始めると、4年前のヒーローはディストリビューターの役割を演じた。彼はワラビーズのスピード・マンたちがオールブラックスのディフェンスの外側を陥れるために、左に右にと分析的なパスを投げた。ラーカムはまた、ニュージーランドが彼とエルトン・フラットリーに差し向けてきたランナーたちへのディフェンスでも残業を働いた」

一方のスペンサーについては、「機会を与えられた時には危険に見えた。それは34分に、皮肉にもラーカムのミスのあとにやってきた。キックの代わりにランを選択して、ラーカムはボールを落とし、オールブラックスが襲い掛かった。スペンサーが加わり、左に右にと縫うように走り、パスの穴を開け、キャプテンのルーベン・ソーンがトライして、13対7と点差を縮めた。スペンサーに勝ち点」

でも後半は再びラーカムが優位に立つ。「彼はパスよりはむしろランを選択した。一度のみならずオールブラックスのディフェンスを切り裂いた。52分にはスペンサーを置き去りにして滑走し、彼のブレイクからワラビーズはペナルティを得て、フラットリーが点差を12点とした。ラーカムに勝ち点」

ワラビーズはプレッシャーを掛け続け、スペンサーに良いボールを持たせないことに成功した。残り時間が15分になって、ブラックスは好位置でフェイズを重ねたが、「スペンサーにはフラストレーションが溜まっていた。彼はワラビーズの穴を探して右から左へと流れたが、穴はできなかった」68面には、「グレーガン、喝采に一礼」「キャプテン・ファンタスティック万歳」という記事。有名なジャーナリストのブルース・ウィルソンの署名がある。この年のグレーガンのプレイには批判や疑問もたくさん呈されていたのだけれど、ブルース・ウィルソンもそういう意見を述べてきた一人だったようだ。だが、当然これはグレーガンを賞賛する記事である。

ワラビーズの計略は見事に工夫され、グレーガンの指揮手腕は申し分なかった。特に彼は、キックを最小に抑えるというポリシー……同様にボールを動かすことがすべてだというポリシー……の中枢だった。グレーガンはもちろん問題の核心だったのだ。彼のボールの供給なくしては、そのようなポリシーはあり得なかった。もしも普段の批判がその通りだったとしても……ボールを渡すのが少し遅い、横に引き摺っている……パスは概して長くて正確だった。そして最も重要なことは、彼が起こっていることを正確に把握しているように見えたことだ。

さらに、いくつものフェイズを数珠繋ぎにする継続の能力こそが、「ハーフバックの主要な仕事であり、グレーガンはそれをやってのけた。彼には誇り以外の何ものも感じる理由はない」と結んでいる。65面には「ついにワラビーズ立ち上がる」という記事（署名：マイク・コールマン）。オーストラリアの観客が試合中に歌を歌うかどうかという話題。

オーストラリアは昨夜テルストラ・スタジアムで歌に包まれた……キックオフの前からだ。ワラビーズが昨夜の準決勝で八カにどのように対抗するのかについては、たくさんの推測が囁かれていた。オーストラリアの準国歌『ワルチング・マチルダ』が流れた時に群衆が一緒に歌うのかどうかについてもそうだった。その二つの答えは互いに数秒のうちに明らかになった。

ワラビーズは10メートルラインを跨いで並んでいた。ウェンデル・セイラーはチームメイトよりも少しキーウィーに近付いていた。眼光鋭いカルロス・スペンサーとブラックスは高揚していた。そして、儀式の跳躍のあとにスペンサーの足が地に着いた瞬間に、オージー・ジョーの国民は変化した。

もしテルストラ・スタジアムに屋根があれば彼らはそれを持ち上げていただろう。『ワルチング・マチルダ』は、これまでにもごく稀に、大勢に、大声で歌われたことがあった。でも昨夜の歌のような情熱を込めて、いかさまもでっち上げもなく歌われたことはこれまでに一度もなかった。

オーストラリアのサポーターたちは歌った。他人に言われたからではなく、自分たちが歌いたかったからだ。オーストラリアの群集は座ってばかりいて自分たちは試合に参加しないと、過去には批判されてきた。でも昨夜は違った。あたかも彼らは声の力でワラビーズを物理的に持ち上げて、前進させているかのようだった。(中略)

金曜日にオールブラックスのバスがシドニー空港からホテルまでチームを乗せて移動する時、彼らは道路の脇にゴールドのジャンパーを着た風船式の人形の巨人が並んでいるところを通り過ぎた。グレーガン、ラーカム、セイラー、などなど。

昨夜、すべてのオッズに反して、本物のワラビーズが立ち上がり、巨人のようにプレイをした。友人たちのちょっとした助けを借りて［ウィズ・ア・リトル・ヘルプ・フロム・ゼア・フレンズ］。

さて、新聞を読みながらのんびりしているうちに雲が多くなってくる。もしかしたら今夜は寒くなるかもしれないと相方が言い出して、試合の前に一度ホテルに戻って着替えておくことにする。結果的にこの選択は大正解。もしも薄着のまま試合に直行していたらどうなっていただろうと思うとぞっとする。

このロックスでも「ラグビー・ライブ」が予定されていて、海のそばにライブのスペースがあるほか、こちらは路上にも大きなモニターが設置されている。道路を通行止めの歩行者天国にして開催するみたいである。大掛かりである。でもこの通行止めのおかげで「シドニー・ツアー」のバスの停留所が移動されていて、僕たちはウィンヤードという地域まで移動してからバスに乗らなければならなかった。

ホテルに戻って厚着をして、雨合羽も持参して再出発。腕時計を買う時間がなかったので、持参している小さな目覚まし時計を持ち歩くことにする。もしかしたら荷物検査で時限爆弾と間違われないだろうかとちょっとだけ心配になるけれど、オーストラリア人の荷物検査なんてほとんど何も検査しないのと同じようなものだから（これも冗談です）、その心配は不要だろう。電車に乗る前に駅の入り口の近くのハンバーガー・ショップでハンバーガーを食べたが、これは表現する言葉がないくらいにまずかった。キングス・クロスの駅からシティレールに乗り込んだのは17時少し前。ほどなく小雨が電車の窓を濡らし始める。

電車の中でもう一度新聞を広げ、イングランド対フランスに関する地元の予想をざっと読んでおく。「ザ・サン・ヘラルド」には、「フレンチ・フレアが新しいファンを獲得する」という記事（署名：グレッグ・プリチャード）があって、前ワラビーズ・キャプテンのジョン・イールズの言葉を紹介している。大会前の予想ではイングランドの決勝進出を予想していたイールズは、準々決勝のフランス対アイルランドを観て考えを変えたのだそうだ。「イングランドが嫌いになったわけじゃない。フランスが本当に好きになっただけだ。彼らのフォームは以前から突出していた。僕は彼らが勝つかもしれないと思い始めている」。イールズはフランスのランニング・ゲームの素晴らしさを評価して、それで予想を変えたのだと述べている。「勝者を予想してみると、今のところはフランスが少し良くなりつつあると思う。彼らのアイルランドに対するプレイはとても印象的だった。アイルランドは自分たちの調子でゲームが進んでいれば持ち堪えられるチームだった。でもあのゲームではあまりに焦り過ぎていた」

この記事はさらに今夜の天気が最悪になるかもしれないと予想して、フランスのキャプテンのガルティエの次の言葉を紹介している。「フランス・チームは天気のようなものだ。時には天気は良くて晴れる。時には天気は悪くて雨になる。時には僕らのチームにも雨が降る。でも今のところは晴れているよ」

一方、「ザ・サンデイ・テレグラフ」には、「戦いに血の臭い」という記事（署名：ポウル・マローン)。4年前のワールドカップの決勝でラックの下敷きになって顎と歯茎を切ったデヴィッド・ウィルソンの談話を紹介して、「フランスはまたラフ・プレイをしてくるのではないか?」という論調だ。ウィルソンは次のように言っている。

「このワールドカップではフランスはそういう部分を修正してきたと信用しなければならないが、彼らはディシプリンをテストされるゲームを本当には経験していない。イングランド戦でそれは明らかになるだろう。なぜならイングランドはフランスの倒し方を知っているからだ。もしイングランドがフォワードで優位に立ってリードを奪えば、フランスにフラストレーションが溜まって、過去の闘い方に逆戻りするかどうかがわかるだろう。ラックやモールで彼らが小細工をしようとしても私は驚かない」

デヴィッド・ウィルソンの恨みは相当に根が深いようだ。

17時27分、オリンピック・パーク駅に到着。昨日の雲一つない天候とは打って変わって、どんよりと曇った重たい空からぽつぽつと雨粒が落ち始めている。この空模様は完全にイングランドのムードである。それにしても、天候が違うだけでスタジアム周辺の雰囲気ががらりと変わってしまうのには驚いた。前日の華やいだお祭りムードはどこにもない。同じところにいることが信じられないくらいである。まるでホノルルからモスクワに迷い込んでしまった感じである。

オフィシャル・スーパー・ストアに飛び込んだ途端に激しい雨が降り始める。雷も鳴り始める。最悪の天候である。僕たちと同じように多くの客が雨宿りをしている。うちの相方はこの時間を利用して、今回のワールドカップの参加各国のエンブレムの入ったキャップを買う。持参してきた合羽を被って店を出て、この日はすぐにスタジアムに入ることにする。

18時15分のスタジアムはまだがらがら。しかし雨のスタジアムもなかなかに雰囲気がある。まるでロンドンにいるみたいである。この日の席はゲートG・アイル115・ロウ42・シート20〜21。位置はバック・スタンド側のメイン・スタンドから見て左奥のコーナーのモニターの真下くらい。1階席の後方の42列目で、前日よりは試合の流れが良く見えるところ。雨はほとんど吹き込まない。その雨は幸いなことに少しずつ小降りになってきた。

ところでこのテルストラ・スタジアムの構造についてだけれど、ラグビーフットボールを観戦す

準決勝2日目は雨になったテルストラ・スタジアム

るにはちょっと勾配が緩過ぎる感じがする。今回はずっと1階席で観戦できたので問題はなかったが、2階席や3階席に座ると「遥か彼方のどこか別世界で行なわれているゲーム」を観ている感じがするように思う。ラグビーのゲームはやはり「近くで観てなんぼ」である。

それから「使用実感」としては、客席の内部の横の移動がスムーズにできる通路があれば良いのにと思う。一度外の通路に出ないと左右の行き来ができない構造になっているので、ビールを買いに行って自分の席に戻る時にちょっとだけ不便である。まあ、そういうことを感じるのは僕たちのようなビール飲みだけなのかもしれないけれど。きっとこのスタジアムを設計した人たちはビールを飲まないんだろうな。でも、ビールを飲まないオーストラリア人なんているのだろうか？

あと、以前からテレビで観ていて気になっていた陸上競技用のトラックは、このワールドカップでは完全に見えなくなっていた。どうやら1階席をフィールド側にスライドさせてトラックの部分を見えないようにしたらしい。そういう配慮は好ましいことである。トラックのある競技場でラグビーフットボールを観戦するのは、門限のある女の子と交際するようなものである。

スタジアムの四つのコーナーにはそれぞれに巨大な画面が設置されている。そのうち二つは映像用のモニターで、二つは電光掲示板。どちらの画面も場内のどの位置からもとても良く観える。そして、試合中は映像の画面にゲームの様子がずっと映し出されている。これが良いことなのかどうかは僕にはちょっとわからない。フィールド上のプレイが観えにくい席に座っていると、どうしても画面の方に目がいってしまうからだ。

もう一つ特筆したいのは音響が素晴らしいこと。特に選手入場の時に流れる「ワールド・イン・ユニオン」の変奏の低音の迫力はものすごかった。それにしても、我が国のラグビー・スタジアムの音響はどうしてあんなに貧弱なのだろう？ 秩父宮のバック・スタンドでは、音楽はすかすかで、高音はきんきんで、アナウンスは全然聴こえない。テルストラ・スタジアムを見習って欲しいものである。

時間があるので1階席の外部の通路を一周してみる。そして「メンバーズ・ラウンジ」と表記されている屋内のパブの部分に入り込んでビールを一杯だけ飲んでみる。スタジアムの大画面では、元イングランドのロブ・アンドリューが、続いて元フランスのフィリップ・セラが、フィールド上でインタビューを受けているライブ映像が映し出されている（そう言えば前日にはジンザン・ブルックのインタビューもあった）。アンドリューもセラも僕の若き日のアイドルである。彼らと同じスタジアムにいるだけで嬉しくなってくる。

さらにビールを買い込んで席に戻る。着席した直後に客席から大歓声が沸き起こる。何ごとかと思ってフィールドに目を向けると、ウォームアップのためにイングランドの選手が登場したところだった。時計は19時31分。フランスはその前からアップを開始していたが、出てきた時には歓声は起こっていなかったと思う。

場内に「ボギー大佐（クワイ河マーチ）」が流れる。またシャワーが降り始める。19時46分、イングランドは早々にアップを切り上げる。フランスはまだアップをしている。エディット・ピアフの「ノン、ジュ・ヌ・ルグレッテ・リアン（水に流して）」が流れる。粋な選曲である。続いて「スウィング・ロウ、スウィート・チャリオット」が流れる。もちろん大合唱になる。会場の「白」の割合は昨日の「金」の割合よりも多いくらいだ。全体の七割くらいはイングランドのサポーターである。

選手紹介に続いて、19時56分、「ワールド・イン・ユニオン」の変奏が流れ始める。もう場内は総立ち。19時59分、選手が入場する。大歓声。

そして国歌斉唱。「ガッド・セイヴ・ザ・クイーン」では、イングランドのダラーリオがぼろぼろ泣いている映像がディスプレイに映し出されてびっくりした。続いて「ラ・マルセイエーズ」。電光掲示板に歌詞が映し出されるのでフランス人以外からも歌声が上がっていた。

キックオフ前からまた「スウィング・ロウ」の大合唱。そして、20時4分にキックオフ。

0分、フランスはキックされたボールを⑮ブリュスクが好捕してボールをキープしたが、⑩ミシャラクがミス・キック。フランスにしてみれば、初っ端のこのアタックがうまくいっていたらと、ちょっと悔やまれるプレイだった。

3分、フランス・ボールのスクラム。ここでイングランドはワン・プッシュして、⑨ドウソンがプレッシャーを掛け、フランスのナンバーエイトのアリノルドキのノックオンを誘う。見事。ゲーム全体に大きな影響を与えるファースト・スクラム。5分、イングランドはハーフライン上のフランスのスクラムをまた押して、マイボール・スクラムにする。見事。これでこのゲームにおけるスクラムの主導権は完全にイングランドが握ってしまった。

7分、フランスは自陣ゴール前のスクラムで仕掛けが早過ぎて、フリーキックからイングランドが速攻。8分、ラックのサイドを一度⑨ドウソンが突いてから、⑦バックが球出しをして、⑩ジョニー・ウィルキンソンがDGを決める。イングランドが3対0と先制だ。

しかしフランスは、ワン・プレイを挟んだ9分、イングランド陣内20メートルのラインアウトから⑥セルジュ・ベッツェンがいきなり抜け出して、そのまま一気にインゴールに飛び込んだ。イングランドの⑭ロビンソンと⑥ヒルがタックルに行って、トライかノックオンか微妙なところ。ビデオ・レフリーに長時間を費やしたが、結局トライ！ミシャラクのゴールも成功。7対3となる。数少ないフランスのサポーターは大喜び。

11分、フランスはラインアウトから⑩ミシャラクのナイス・キックで攻めるが、⑫ジョジオンがノックオン。これは取っていればビッグ・ゲインに繋がったはずのプレイだった。この時間帯はフランスのペース。13分にはモールを押してチャンスを広げ、バックスに回してループで攻めるが、⑭ルージュリーがノックオン。14分にはイングランドにオブストラクションの反則があり、15分、⑩ミシャラクが左中間37メートルのPGを狙う。ところがちょうど強くなった雨と風の中で、ボールはポストを外れてしまう。

19分、イングランドのラインアウトからフランスが攻めて、⑪ドミニシが持ち込んでラックを形成するが、イングランドのキャプテンの④マーティン・ジョンソンが横から入って手を使う反則。しかし20分、⑩ミシャラクはこの左中間30メートルのPGをまた外してしまう。

22分にはフランスの⑪ドミニシがシンビン退場。イングランドの⑭ロビンソンを止めようとして、思わず足を出してしまったのだ。せっかくフランスがペースを作っていたのにぶち壊し。だが23分、その42メートルのPGを⑩ウィルキンソンが失敗。フランスはまだまだついている。

28分、フランスにノックオン・オフサイドがあって、29分、その25メートルPGを⑩ウィルキンソンが今度は成功。６対７とする。

３１分、フランスは⑫ジョジオンがゲインしてから⑬マーシュのキックで攻め込んで、ボールはインゴールへ。⑭ルージュリーが押さえればトライだったが、あと一歩のところで及ばなかった。イングランドの虚を突いた一瞬の攻撃だったのだが。フランスは自分たちに流れがあるうちにトライを取っておきたいところだった。

３３分、フランスはシンビンが終わった⑪ドミニシに代わって㉒ポワトルノーが入る。規律に反したドミニシに対するコーチのラポルトの厳格な処置。３７分、イングランドのフォワードがモールをじわじわと押し、⑩ウィルキンソンが２２メートルＤＧを成功。９対７。イングランドの逆転だ。

フランスとしては最低でもこのまま前半を終えたかったが、３９分、③ヴィッカリーを始めとするイングランド・フォワードのピック・アンド・ゴーに対してペナルティを犯してしまう。⑩ウィルキンソンの４１メートルのＰＧがまた決まって、１２対７となったところでハーフタイム。

前半はフランスにも流れがあったのだが、イングランドはフォワード戦で完勝。後半はジョニーのキックでさらに得点を重ねていくのではないかという気配である。ハーフタイムには雨の客席に「雨に歌えば」が流れて、スタジアムの雰囲気

雨の中ＰＧを狙うジョニー・ウィルキンソン

が一瞬だけ和む。そして21時2分、後半のキックオフ。

40分、フランスの㉒ポワトルノーがパントをナイス・フェアキャッチ。しかし速攻を仕掛けてゲインしたあとにノット・リリース・ザ・ボール。41分、イングランドの⑩ウィルキンソンがこの45メートルのPGを失敗する。フランスはまだついている。けれども45分、今度はフランスの⑩ミシャラクが42メートルのPGを失敗する。

48分にはフランスのオフサイドがあるが、49分、イングランドのサポーターが「ジョニー・ウィルキンソンの歌」を大合唱する中で、⑩ウィルキンソンが37メートルのPGをまた失敗。フランスはまだちょっとだけついている。

52分、今度は⑥ベッツェンが⑩ウィルキンソンにレイト・タックルでシンビン退場。ウィルキンソンにプレッシャーを掛け続けることが至上命令だったフランスにとって、ベッツェンの10分間退場は致命的だった。これでゲームは大きくイングランドに傾いてしまった。

⑩ウィルキンソンは54分に大ブーイングの中で22メートルのPGを成功。58分にはラインアウトからモールを押して⑦バックがサイドを突いたあとに23メートルのDGを成功。一方、フランスの⑩ミシャラクの60分の43メートルPGは僅かにショート。ウィルキンソンは62分にも40メートルのPGを成功。21対7となる。

63分にはシンビンが終わった⑥ベッツェンが⑲ラビに交代。同時に⑩ミシャラクが⑳メルスロンに交代。この夜のミシャラクには良いところがほとんどなかった。

その⑳メルスロンは66分にイングランドのディフェンス・ラインが早く前に飛び出した裏のスペ

ースにショート・パント。⑫ジョジオンがこれを取ってチャンスになる。このゲームで初めてと言っても良いくらいのフランスらしい鮮やかな攻撃だったが、最後はハンドリング・ミス。でも、最初からメルスロンを使っていたらどうなっていただろうとちょっと思わせるプレイだった。

６９分にはイングランドの⑨ドウソンが⑳ブラッケンに交代。この夜のドウソンは随所で効いていた。個人的にマン・オブ・ザ・マッチとして推したい。イングランドは７２分に⑩ウィルキンソンが２２メートルのＰＧを決めて２４対７と差を広げる。これでフランスは２トライ２ゴールを上げても追い着けない点差になってしまった。

７４分にはイングランドの⑩ウィルキンソンのＤＧをフランスがナイス・チャージしたが、カウンター・アタックを仕掛けるべきそのボールを⑮ブリュスクがノックオン。７５分、イングランドは⑩ウィルキンソンが絶妙のパントをゴール前に上げるが、㉑ティンドルがキャッチするもののタッチダウンが認められずにトライはならなかった。

７６分、この夜の観客が８万２３６４人だと発表される。そして７８分、イングランドは①ウッドマンに代わって⑰ジェイソン・レナードが登場。前半開始直後に③ヴィッカリーの鼻血によって一時出場していたレナードは、この日の出場でフランスのセラの１１１キャップを抜いて、１１２キャップの世界記録を達成していた。歴史的瞬間。この交代による正式出場はコーチのウッドワードからのプレゼントである。そしてほどなくノーサイド。スコアは２４対７のままだった。

もちろん天候の影響が大きかったわけだけれど、フランスのワイドに展開するユニークなラグビーがこの日はほとんど見られなかった。とりわけ前半はあまりにも蹴り過ぎだった。フランスがこういう戦い方――持ち味がまったく発揮されない戦い方――で敗退するのは残念。あと、ミシャラクのゴールキックのミスはやはり痛かった。

それに加えてフランスはあの二つのシンビンで完全にリズムを失ってしまった。「ザ・サンデイ・テレグラフ」におけるデヴィッド・ウィルソンの予言が的中したことになる。ウィルソンの個人的体験に基づく発言は、個人的体験に基づいているだけに的を射ていたのだ。レフリーもちょっとナーバスになっていたのかもしれないけれど。

対するイングランドは、スクラムでの完勝で勝利を大きく引き寄せた。そして、フォワードでボールをキープしてウィルキンソンのキックで得点するという戦法に徹していた。つまらないと言えばつまらないけれど、こういう大舞台でそれがちゃんとできるということは、そしてちゃんと勝てるということは、見事としか言いようがない。どちらにしてもここまで来ると自分たちのラグビーができるチームが圧倒的に有利に決まっている。最後まで徹底するということもラグビーのゲームにおいてい

46／準決勝／11月16日／シドニー・テルストラ・スタジアム						
レフリー：パディ・オブライエン／観客：82346人						
	フランス				イングランド	
	7				24	
	7		前半		12	
	0		後半		12	
	1		T		0	
	1		G		0	
	0		PG		5	
	0		DG		3	
1	J.クランカ	→17		1	T.ウッドマン	
2	R.イバネス			2	S.トンプソン	→16
3	S.マルコネ			3	P.ヴィッカリー	→17
4	F.ブルース			4	M.ジョンソン	
5	J.チオン			5	B.ケイ	
6	S.ベッツェン	→19		6	R.ヒル	→19
7	O.マーニュ			7	N.バック	
8	I.アリノルドキ			8	L.ダラーリオ	
9	F.ガルティエ			9	M.ドウソン	→20
10	F.ミシャラク	→20		10	J.ウィルキンソン	
11	C.ドミニシ	→22		11	B.コーイン	
12	Y.ジョジオン			12	M.キャット	→21
13	T.マーシュ			13	W.グリーンウッド	
14	A.ルージュリー			14	J.ロビンソン	
15	N.ブリュスク			15	J.ルーシー	
16	Y.ブリュ			16	D.ウェスト	2→
17	O.ミルー	1→		17	J.レナード	3→
18	D.オラドゥー			18	M.コリー	
19	C.ラビ	6→		19	L.ムーディ	6→
20	G.メルスロン	10→		20	K.ブラッケン	9→
21	D.トライユ			21	M.ティンドル	12→
22	C.ポワトルノー	11→		22	I.バルショウ	
	2		イエロー		0	
	0		レッド		0	

ちばん難しいことの一つである。でも、つまらないよなあ。

僕はスタジアムから駅まで、フランスのジャージを着ているサポーターを見付けては、「残念だったね」と声を掛けて肩を叩いて歩いた。中に一人、とても喜んでくれたおじさんがいて、「ジャパンも良いチームだった。素晴らしいチームだった」と英語で返してくれて、「4年後にフランスで会おう」と握手をして別れた。

23時10分、ホテルに帰着。通りの向かいにあるギリシア人が経営しているらしい惣菜屋で口に合いそうなものを買い込んで、またビールで流し込む。食べ終えるか終えないかのうちに睡魔に襲われて意識を失ってしまう。

11月17日（月）

今日から3日間はゲームがない。僕たちは今回の旅行では試合観戦のほかには計画らしい計画を持ち合わせていないので、これから3日間は何も予定がないということになる。自分の国にいてもこういう状況はまずないのだけれど、他人の国にいてこういう状況になるとはねえ。まあ、のんびりと気の向くままに1日1日を過ごすことにする。

朝からまたパソコンの調子が悪くて、この日もホテルを出るのが11時ごろになってしまった。今日は市内のまだ足を踏み入れていない地域を歩いてみることにする。「シドニー・ツアー」のバスのチケットもあと一日使えるので、できるだけ利用してできるだけ元を取ってやろうという作戦だ。

ホテルの前からバスに乗って、ピアモントで降りてダーリング・ハーバーまで歩く。この日のシドニーは陽射しがないわけではないけれど、朝から雲が多い。そして相変わらず風が強い。その上にその風がとても冷たいときている。僕は薄着をして出てきてしまったのでかなり寒く感じる。それにしても、天候の変化によって印象がこれほど異なる街も珍しい。晴れた日のシドニーはまるでサンディエゴのようである。曇った日のシドニーはまるでアンカレッジのようである。この二つが同じ街だとはとても信じがたい。

ハーバーサイド・ショッピングセンターという商業施設のフードコートでブランチ。僕はチキン・シェルニツを、相方はTボーン・ステーキを食べる。この人は朝から元気である。ステーキなんて好きだったの?と訊ねると、シドニーに来てまだ食べていなかったからとけろりとして答える。答えになっていないけれど、面倒なので追求しない。

ショッピングセンターの通路に、ワラビーズの前キャプテンのジョン・イールズがモデルになっているVISAの大きな広告ポスターが吊り下げられている。ショッピングセンターの中の酒屋には、イールズがビールの箱を抱えてハンドオフをしているVBビールのポスターが貼り付けられている。ラグビー・ワールドカップに関連するポスターとか垂れ幕とかはシドニーの街の至るところで目にできるわけだけれど、このワールドカップ・キャンペーンの——それからそれに便乗した企業広告の——言わば広告塔の役割を果たしているのがジョン・イールズだ。開会式に登場したことからもわかるように、2年前までワラビーズのキャプテンだったイールズは、現時点でのオーストラリアのラグビー・ユニオンの最大のヒーローなのだ。ただ、これらの広告でイールズが着ているジャージは黒とか紺とかのぱっとしないものが多くて残念。どうせならワラビーズのジャージを着せてあげていれば効果は絶大だったと思うのだが、契約の問題でそういうわけにはいかなかったのだろうか？

このショッピングセンターの外側には、南アフリカのスプリングボクスのエンブレムを大きく掲げた「ウォーター・シェッド・ホテル」というホテルがあった。南アフリカのファンが大挙して宿泊しているらしくて、ボクスのスローガンである「アワ・ブラッド・イズ・グリーン」という言葉が掲げてあって、ちょっと怖い。「君たちは昆虫か？」と突っ込みを入れたくなる。ホテルの前面のパブにはたくさんの人が集まってわいわいやっている。断っておくけれど、ボクスはすでに9日も前にブラックスに敗れて今回のワールドカップから去っているのだ。けれども今回シドニーでこのモスグリーンのジャージと擦れ違う回数は決して少なくなかった。南アフリカがニュージーランドに負けも劣りもしないラグビー王国であることが少しは理解できた気がした。

ちなみに、コックル湾の対岸に向かって歩いて行くと今度はワラビーズのバーがあって、店内ではゲームの映像を流していた。でもこちらは客も少なくて静かなものだった。まあ、今はシドニーのすべてのバーがワラビーズのバーみたいなものだから、ボクスのホテルのパブと単純な比較はできないけれども。

そう言えば、僕たちが泊まっているホテルの南側にはオールブラックスの旗をたくさん掲げたおそらくはニュージーランド人が経営しているバーがあるのだけれど、気になって覗いてみてはいるものの、昨日も一昨日もひっそりと静まり返っていて、営業しているのかしていないのかわからなかった。まさか一昨日のゲームのあとに店を畳んでしまったということはないと思うのだが――いやいや、それもあるかもしれないな。

この日の「ザ・デイリー・テレグラフ」は終面にジョニー・ウィルキンソンのキックの体勢の写真を載せ、「3点作戦」という大見出しでイングランドを皮肉っている。ピーター・ジェンキンスのコメントは、「黄金のブーツの男はイングランドをワールドカップの決勝の旧敵オーストラリアとの対決に蹴り込んだ」

30面には、「イングランドはジョニーの足次第」という署名のない記事がある。

イングランドのコーチのクライヴ・ウッドワードは昨夜、過去4年間のワラビーズの優勢は、土曜の夜のドリーム・ファイナルでは問題にならないと語った。オーストラリアの三度目のワールドカップへの挑戦は、昨夜、イングランドのジョニー・ウィルキンソンがキックのレーダーのスウィッチを入れ、チームの全得点を挙げて準決勝のフランス戦に勝利したことによって、これまでで最も厳しいものになった。オーストラリアのコーチのエディ・ジョーンズと論争しているウッドワードは、決勝はワラビーズと戦いたかったと言った。

ウッドワードは、「このチームはどんな相手にでも、どこでも、いつでも、どんなコンディションでも勝てると確信している」と自信を述べている。マーティン・ジョンソンは、「先週のウィルキンソンのプレイには、僕には不当としか思えないたくさんの非難があった。彼は世界最高のフライハーフなんだぜ?」と不満を述べている。当のウィルキンソンは、「僕は満足している。国を代表しているということは、皆の所有物になるということなんだから」といつものように優等生的なコメントを述べている。

３１面には「ガルティエはレ・ブルーにアデューを告げる準備」という記事がある。署名はルパート・ギネス。「かねてからワールドカップ後の引退を計画していたフランスのキャプテンのファビアン・ガルティエは、木曜日の三位決定戦でプレイするかどうかをまだ決めていない」。ガルティエのコメントは、「（コーチの）ベルナール・ラポルトや（マネジャーの）ジョー・マーゾとはまだ（それについて）話していない」。この発言の中の括弧は原文のままで、ガルティエの無口ぶりを誇張して表現して面白がっているのだと思う。しかしラポルトはゲーム後の記者会見で、「彼はフランス・ラグビーのためにすべてのことをやってくれた」と、すでに労いの言葉を贈っている。え？ガルティエは三位決定戦には出ないの？もう一試合観れると思っていたのに。昨夜が最後だとは思っていなかったのに。

昨夜のゲーム、ペナルティはイングランドの7に対してフランスは１３、加えてフランスにはイエローカードが2枚あった。ラポルトは、２３分のクリストフ・ドミニシのジェイソン・ロビンソンへの足技は、「故意と言うよりも反射的なものだ」と述べている。また５２分のセルジュ・ベッツェンのジョニー・ウィルキンソンへのタックルについては、「彼はすでに注意を受けていたからね」と語っている。

雨と風のコンディションについては、ガルティエは「このチームはもっとずっとうまくプレイする力があると思う。言い訳を探すわけではないけれど、コンディションは我々のゲームには不利だった」と述べている。決勝の行方については、「それは重要なことじゃない。最高のチームが勝つまでだ。僕はサポーターじゃない。良いラグビーが観たいだけだ」と語っている。

30面にはブルース・ウィルソンの「二つの半球が決勝で激突」という記事がある。「ワールドカップは今決勝を迎え、ついに最古の疑問に対する答えを必要としている。すなわち、南北の格差はあるのか？　そしてそれは縮めることができるのか？」

この記事は、南北格差の問題がこの3年間のイングランドの「明らかな宿命」だったと述べている。また、準決勝でイングランドのラグビー・スタイルはブーイングを浴び、ワラビーズはオールブラックスを相手に走り回ったが、「ワラビーズもワン・トライしか決めていないのだ」と指摘。「オーストラリアはエルトン・フラットリーのキックでブラックスに勝ったのだ。イングランドがウィルキンソンのキックでフランスに勝ったのと同じように」と表現している。

さらに、イングランドは「南北に大きな格差はないことと、南北という要素は神話であること」を証明する必要があるとして、結局、最後の問題は得点であること、「どうやって取るかではなく、どれだけ取るか」が問題なのだと書いている。

ジョニー・ウィルキンソンがその鍵である。昨日のフランスは彼を封じ込めてイングランドのフロントファイブに対処することに失敗した。イングランドがまったくトライが取れそうになかったのは小さな問題だ。彼らはウェットのコンディションの中で、ドライのコンディションのオーストラリアよりも多くの得点を挙げたのだ。さあ、『ラグビー哲学の究極のテスト』のスタンバイである。

そのほかにはワラビーズの対オールブラックスの勝利についての記事がまだまだたくさん掲載されている。スポーツ面の表紙の25面には、トライ直後のモートロックが観客席を指差している写真に、「次はお前だ」というコピー。もちろん同じページにはウィルキンソンの写真を載せている。あと、どうでも良い話だけれど、3面に写真が載っているラーカムの奥さんのジャクリーンという女性は可愛いなあ。

なお、4面にはニュージーランド国内の反応についての小さな記事がある。

昨夜のニュージーランドは長く暗い雲の地［ランド・オヴ・ザ・ロング・ダーク・クラウド］（岩切註：マオリ語でニュージーランドを意味する「Aotearoa」という語——長く白い雲の地という意味——をもじっている）だった。しばらくはこの状態が続きそうだ。

ニュージーランドの各紙の見出しは、「サンデイ・ニューズ」が「世界の終わり［ジ・エンド・オヴ・ザ・ワールド］」、「サンデイ・スター・タイムズ」は「世界の間抜け［ワールド・チャンプ］」（もちろんチャンプはchumpであってchampではない）。各紙は、「オールブラックスのブランド価値はまたもや傷付いている」「オールブラックスはいちばん重要な場面で勝つことができない」「ニュージーランドの経済さえも短期のしゃっくりに入りそうだ。キーウィーたちがどうしてこんなことになったのかを思案している間は」と報じているという。

こういう記事を読んでいるとこっちまで気分が落ち込んでくる。

さて、有名なシドニー水族館に入ってみる。入館料は1人当たり24ドルと結構高かった。でも評判通りにとても良くできた水族館だった。個人的にベストを挙げるとしたら、初っ端に登場するカモノハシ（Platypus）。実は僕は幼稚園に通っていたころにこの動物の存在を知った瞬間に恋に落ちてしまい、飼いたくて飼いたくて仕方がなくて、毎日のようにこの奇妙な動物の絵をクレヨンで描いていたという暗い過去がある。だからこれは30年越しの念願の対面である。カモノハシは水槽の中を元気に泳ぎ回ってえびを食べていた。それにしても不思議な動物である。じっと見ていると何だかまた飼いたくなってくる。

あとは有名な鮫の大水槽の迫力がものすごいのだが、個人的に注目したのは、ツバメウオ（Teira Batfish）というあまりぱっとしない魚だった。オールブラックスのコーチのジョン・ミッチェルにそっくりなのだ。本当に見れば見るほど良く似た顔をしている。水槽の前でしばらく笑いが止まらなかった。でもミッチェルも気の毒な人である。大事な大事な大会で優勝を逃した上に、わけのわからない魚に似ていると僕のような海外のラグビー・ファンに笑われるなんて。オールブラックスのコーチというのはやはりとても大変な仕事なのだ。

水族館をあとにして、先刻通過したワラビーズのバーでビールを飲んで一服。それから今度はシティという区域まで歩いてシドニー・タワーの展望台に上ってみる。僕は初めて訪ねる海外の街ではたいていこの種の展望台に上ってみるのだけれど、このシドニー・タワーの展望台は上ってみる価値が充分にあった。シドニーという街がどれほど複雑な地形をしているか——どれほど入り江が入り組んだ構造をしているかが一望のもとに把握できた。シドニーの地形は「シアトルに似ている気がする」と前にも書いたけれど、本当に10年ほど前に上ったシアトルのスペース・ニードルを思い出した。

そのあとは安物の腕時計を探して街をぶらぶらと歩いてみる。時計をなくして初めて気が付いたのだけれど、シドニーという街にはほとんど時計が設置されていない。ところが、折角時計を買う気になって街を歩いてみたのだが、そのうちに雨が落ちてきて、途中からどうでも良くなってきてしまった。シドニーは物価の高い街である。東京の五割増しくらいは絶対にする。「安物の腕時計」もまったくないわけではないのだけれど、8ドルとか10ドルとかいう値段を見ていると、「これなら旅行中は目覚まし時計を持ち歩いて、東京に

シドニー・タワーの展望台からシドニーの街を一望

帰ってからもっとまともな腕時計を買う方が良いや」という気持ちになってきてしまった。

ウールワースを覗いたりしてぶらぶらしたあと、「シドニー・ツアー」のバスでホテルに戻ろうと停留所で待ってみたのだが、全然バスが来ない。待てど暮らせど来ない。もう日も暮れてきたこともあって、食事をしてからホテルに戻ることにする。とうとうこのバスは「元を取ってやった」という感じが全然しなかった。残念である。

海のそばまで行ってみようということになって、サーキュラー・キーまで歩く。結局、オペラ・ハウスの近くの海べりのテラス・レストランで食事することにした。「シドニー・コーヴ・オイスター・バー」という店。シャルドネを飲みながら、僕はプラウンを、相方はロブスターを食べる。味はまあまあいける。それよりも何よりも、目の前に広がるシドニー湾の夜景が美しい。ハーバー・ブリッジにはラグビーボールのイルミネーションが点灯されている。でも途中から雨がひどくなってくる。風もひどくなってくる。そしてすごく寒くなってくる。本当に死ぬほど寒くなってきて、僕は半袖のシャツ一枚という格好だったので、ぶるぶる震えながらその新鮮な車えびを平らげた。

シティレールでホテルに戻り、すぐ近くのスポーツ・バーでビールを一杯だけ飲む。バーのテレビでは準決勝のワラビーズ対ブラックスの試合を映している。それが終わると今度はイングランド対フランスの試合を流し始める。これはおそらくケーブルテレビの放送で、一流のホテルに泊まっていれば部屋で観ることもできたのかもしれないけれど、まあ今回は言っても始まらない。イングランド対フランスは最後まで観ないで部屋に帰る。そして眠る。

それにしても、準々決勝終了時点での僕の予想は、優勝がフランス、準優勝がニュージーランドだったのに、どちらも準決勝で敗れてしまうとは。両チームとも準々決勝のパフォーマンスは素晴らしかったのに。ラグビーってわからない。決勝の行方？　わからない。流れとしては「我らがワラビーズがにっくきイングランドをやっつける」というムードがシドニーの街中に漂い始めているのだけれど、僕の予想はことごとく外れているからな。決勝に関しては予想はしないことにする。

11月18日（火）

朝から曇っている。また寒くなりそうな雰囲気である。僕たちは今回の旅行では1日くらいはビーチで過ごそうと話し合っていたのだが、今日はこの天気なので諦める。その代わりにポート・ジャクソンの対岸のノース・シドニー方面に渡ってみることにする。

相方の目的地はタロンガ動物園。僕の目的地は――別にない。対岸までの交通機関に何を使うかで相方と意見が合わない。結局、シティレールで行くことになる。

11時過ぎに出発。キングス・クロスからタウンホールへ。乗り換えて対岸のノース・シドニーへ。途中でハーバー・ブリッジを渡る。電車の中では新聞に目を通しながら過ごす。

「ザ・デイリー・テレグラフ」の1面は、ジョニー・ウィルキンソンの写真を通行禁止の標識に重ねて、「ジョニーを止めろ」という見出し。以下、ピーター・ジェンキンスの記事。

彼は世界最高収入のラグビー・プレイヤーで、両足にロケット発射装置を持った、礼儀正しく話をする完璧主義者で、土曜の夜のワラビーズとワールドカップの栄光の間に立ち塞がる男である。

ではオーストラリアはどうやってジョニー・ウィルキンソンを止めるのか？ ワラビーズのタイトル防衛の寿命を蹴り飛ばす、年間1200万ドルを稼ごうとしている24歳のイングランドのファイブエイスを？

イングランドのチーム・マネジメントは、日曜の準決勝のあとにファンの群れに周りを取り囲まれたウィルキンソンにセキュリティを手配したのだそうだ。「今やジョニー・ウィルキンソンの周りにはセキュリティを置かなくてはならない。昨夜あの場にいたら、バスから降りた途端に完全に取り囲まれてしまった彼を見ることができただろう。我々には彼の周囲にいて彼を用心する人たちが必要だ」とクライヴ・ウッドワード。「我々はセキュリティをとても真剣に考えている。それについては我々はプロフェッショナルだ」

ジェンキンスはこの記事で、ゲームにおいてジョニー・ウィルキンソンを封じ込めるために重要なことは次の二つだと述べている。一つはゴールを狙える地域でペナルティを与えないこと。もう一つは彼の周りのフィールドにフランカーが突き刺さること。

ベン・チューンは語る。

「ウィルキンソンの頼りはフォワードだ。彼の前にはとても良いフォワードがいる。彼らによってウィルキンソンのプレッシャーは緩和されている。フォワードは彼に素晴らしいプレイをするのに必要な時間を与えている。ウィルキンソンのキックがポムたちをフィールド・ポジションに動かし、彼はDGを放ち、

ＰＧを蹴る。でももしイングランドのフォワードが優位に立てなければ、フランカーが彼の尻尾を捕まえるだろう。もしウィルキンソンにそういうプレッシャーを与えることができれば、彼のプレイは崩れるだろう。オーストラリアのバックロウ、特にジョージ・スミスとフィル・ウォーが、ウィルキンソンを最優先に狙ってこないはずはない。彼らは狂人のように走り回るだろう。ウィルキンソンの夜を不快なものにするだろう」

終面はイングランドの選手たちが声援に応えて頭上で拍手をする写真に、「僕たちが退屈だと思う人は手を挙げて」という見出し。これも署名はピーター・ジェンキンス。「かつてのテストマッチのスターたちは、イングランドは退屈で、彼らのプレイ・スタイルは邪道だという烙印を押している。そして、エンタテインメントを支持するためにワラビーズにワールドカップを勝ち取って欲しいと嘆願している」という書き出しで始まっている。

ラッセル・フェアファックスの言葉。

「イングランドは勝つためにここに来ていて、いかにしてそれを成し遂げるかについてはまるで気にしていない。でも彼らは土曜日のようなパフォーマンスによってゲームを殺している。天気のせいばかりにはできない。彼らはトーナメントの間ずっとそういうプレイをしている。イングランドはひどく退屈だ。もし対抗するスポーツの勢力にラグビー・ユニオンの価値を貶めるための攻撃手段を与えたいのなら、あの準決勝のゲームを何度も何度も観せることだ。もし試合の広告が欲しいのなら、現時点でのワールドカップの最高の広告は、土曜日の準決勝（岩切註：オーストラリア対ニュージーランド）のゲームを観せることだ。ファンはポムたちが日曜の夜に食事を出すところを観たいのではない。ラグビー純正主義者でさえもコンテストが観たいのだ。キックのフェスティバルなど観たくはないのだ。ワラビーズにとって決勝に勝つことはオーストラリアのラグビーのために良いだけではない。ラグビー全般のために良いことなのだ。人々は楽しみたいのである。ラグビー・ファンであろうと非ラグビー・ファンであろうと、スペクタクルが観たいのである」

続いてブレット・パプワースの言葉。

「フランスとニュージーランドは明らかに退屈ではなかった。そして彼らは大会から消えてしまった。イングランドは彼らの強みでプレイしている。観客にとっては退屈かもしれないが、彼らは勝つことしか気にしていないのだ」

トウタイ・ケフは、「ポムたちは美しくはない。でもとても効果的だ。あのようにプレイできるチームはほかにない。彼らは敵陣22メートルの内側での締め付け技を持っている」

アンドリュー・スラックは、「イングランドがワールドカップで可能な限りうまくプレイしているとは思わないが、彼らは聡明にプレイしている」

どうやら、本格的なイングランド・バッシングが始まった様相である。ちなみにポム（pom）というのはイングランド人に対してオーストラリア人が用いる蔑称のこと。Prisoner of Mother England の頭文字らしい。

７６面のデヴィッド・キャンピージの手記も同様の論調。「我々は１２年前にポムたちに張ったりをかました。そのことがワールドカップを勝ち取るのに役に立った」という書き出しで始まる。

1991年のイングランドは観ていて飽き飽きするチームだった。最初から最後まで10人ラグビー。僕もたくさん発言した。ほかの人も発言した。オーストラリアが準決勝でキーウィーズに勝ったあと、ニュージーランドのコーチのジョン・ハートが、決勝ではオーストラリアの勝利をどれほど期待しているかとコメントしたのを覚えている。彼は耐えられなかったのだ。イングランドが彼らのプレイ・スタイルでタイトルを勝ち取るのを目の当たりにすることに。（中略）すべてのプレッシャーがポムたちに効き目があった。我々はイングランドはボールを動かせないのだと嘲った。それで彼らはどうしたか？ 自分たちの人生最大のゲームに登場して、ゲームをワイドに展開しようとしたのだ。彼らはわかっていなかった。彼らはまさにそうするように誘き寄せられたのだ。たとえそれを違ったふうにしか思い出せなかったとしても。

（中略）

イングランドにとっての問題は、『オーストラリアを負かすためにベストのスタイルは何なのか？』である。コーチのクライヴ・ウッドワードはどちらの道を取るべきかを知っていると思う。不幸にも、それは『コーナーにキックを蹴って』のルーティンになるだろう。気紛れ［ファンシー］はなし、閃き［フラッシュ］もなし。退屈？ たぶん。でも、彼らの目は優勝に向いている。彼らは雨乞いだってするだろう。

同じページにはフランスのコーチのベルナール・ラポルトの談話も紹介されている。

「イングランドは彼らのゲーム・スタイルに忠実に来るだろう。でももしオーストラリアがニュージーランドに対してしたようなプレイをすれば、彼らにも勝つチャンスはある。イングランドはより完成されているし、より大きなフォワードを持っている。でもバックスにはオーストラリアのトゥキリ、セイラー、フラットリーのような火力がない」

78面には決勝の笛を吹くことになったアンドレ・ワトソンとジョージ・グレーガンの大きな写真が載っている。ワトソンとグレーガンは長期戦の最中で、グレーガンは2001年のスーパー12でワトソンといざこざを起こしている、というピーター・ジェンキンスの記事。ACTブランビーズとオタゴ・ハイランダーズのゲームの最中にワトソンに立ち向かったグレーガンは、「二度と私にそんなふうに口を利くな」と怒鳴りつけられた——という話が紹介されている。

23面にはクライヴ・ウッドワードとエディ・ジョーンズの比較がある。

1980年代の初め、彼らは実はシドニーのクラブ・ラグビーの相対するチームでプレイしていた。一人はオーストラリアに恋をした風変わりな走り回るセンターとして。もう一人は第二次世界大戦のロマンス小説ふうの実話のエキゾティックな背景（岩切註：両親の恋愛のこと）を持つフッカーとして。

そして、「ジョーンズは親しみやすい普通の種類の男だが、ウッドワードは普通などと非難されるような人間ではない」とある。どうやらウッドワードは昔からかなりの変人だったようだ。それはそうだろうな。とりわけオーストラリア人とは馬が合わなかっただろうな。

二人の男の間の明らかな敵意は、２００1年にトゥイッケナムでイングランドがオーストラリアを破った時に遡る。ゲームのあとの常套文句……素晴らしいテストマッチだった、優秀な相手だった、全般的にとても良いショウだった……の代わりに、ウッドワードは簡潔に言った。『彼らは（オーストラリアは）当然の報いを受けたのだ』

それが、美しくない関係の始まりだった。伝えられているところでは、その関係はウッドワードが強く感じて声高に表現している確信……『南半球のチームはサイン・プレイのダミー・ランナーの使い方において実質的な不正をしている』という確信に基づいている。

「ザ・シドニー・モーニング・ヘラルド」にも、「噛み合わないエディとクライヴ」という大きな記事が載っている。２００1年のウッドワードの発言（イングランドがオーストラリアを破った直後の発言）も詳しく載っている。

「彼ら（オーストラリア）は何一つ新しいことをしてこなかった。それがトライ・ネイションズでの戦い方だ。彼らの最初のトライにはうんざりさせられた。あれはやってはならないことだからだ。彼らはボール・キャリアの前にデコイ・ランナーを走らせるという、エディ・ジョーンズ爺さんのトリックをやったのだ。あれは赦されない。彼らは12ヵ月前にも同じことをしている。ペナルティが多過ぎるとか、ゲームをスロー・ダウンしているとか、その手のことは全部メディアでのプロパガンダだ。そして彼らはそれ相当の報いを受けた。彼らは負けたんだ」

ジョーンズは、「クライヴは今週の早い段階でその声明を作ったのさ。とりわけその部分はね。でも彼は明らかに間違っている」と応じている。

さらに、ウッドワードが編集した「オーストラリアのデコイ・ランニング戦術」のビデオについてレフリーのポール・ホニスと話し合いを持ったかと訊かれたジョーンズは、「まだだよ。どうも、彼はまだクライヴのビデオを観ていて僕たちに会う時間がないらしい」と答えている。これはもちろん、「ポール・ホニスはワラビーズのデコイ・ランニングのビデオに夢中になっている」という意味のジョークである。

そして、トライの得点がないイングランドを評して、ジョーンズは2003年になって、「イングランドはまだプレミアリーグ・サッカーのスタイルでプレイしている。相手の側に倒れ込んでいるし、セット・プレイはとても少ない。寝そべって取れるものを得ようというやり方だ」と述べている。

ところが、ワールドカップに入ってからは、この二人、手のひらを返したように相手に賛辞を贈っている。まずはウッドワード。

「オーストラリアの仕留め［スティック］にはすごく驚いた。エディ・ジョーンズとジョージ・グレーガンはそれをものにしてきたんだ。僕はこの2年間彼らは勝って当然のチームだと言ってきたし、そのことは一つも変わっていない。彼らの昨日の前半のパフォーマンスはトーナメント全体の最高の40分だった。傑出していた」

続いてジョーンズ。

「イングランドのセット・ピースを支配する方法はとても印象的だった。彼らはボールの保有権を支配してフランスにものすごいプレッシャーを掛け、絶好のフィールド・ポジションを得て、その機会を得点に換えていった。ゲイン・ラインを超えたところからのフランスのアタックを止める方法は傑出していた」

しかし、「腹の中はいかに?」である。

さて、ノース・シドニーでシティレールを降りて、タロンガ動物園の方向、モスマン・ウォーフというところまで行くバスに乗る。

地元の住民を乗せたバスはビジネス街から高級住宅街へと入っていく。高級住宅街と言ってもエリザベス・ベイなどとはまた異なった雰囲気。当然に一軒一軒の敷地はこちらの方がずっと広い。庭もちゃんとある。集合住宅は少ない。そして街全体がどことなくゆったりとしている。僕はシドニーの中心部にはとても住む気になれないけれど（それは都内で言えば山手線の内側に住むようなものだ）、こういうところならば住んでも良いかもしれないと思う。ここにはちゃんと生活があるような気がする。

そのうちにバスはメイン・ストリートから離れて丘を下る。ほどなくモスマン・ウォーフに到着してバスを降りる。人気のないフェリー発着所。ヨットの停泊する小さな入り江。僕たちのほかにはほとんど誰もいない。売店でカプチーノを買って飲む。ほっとする時間。ほっとする空間。長時間いたわけではないのだけれど、このウォーフは今回の旅行では忘れられない場所の一つになった。

それからモスマンのメイン・ストリートに徒歩で戻る。いつの間にか空は青空で、気温も上がっている。こんなことなら今日ビーチに行っておけば良かったかもしれないとちょっと思う。

メイン・ストリートに戻ったころには時計は１２時３０分を回っていて、屋外のテラスが賑わっている「ホーソーン・コテージ・カフェ」というカフェ・レストランに入る。僕はハンバーガー、相方はスモーク・サーモンのオープン・サンドウィッチ。うまい。すごくうまい。さすがに賑わっているレストランだけのことはある。それにしても客の大半は２０代から５０代くらいの女性である。男の客は僕を含めて３人しかいない。平日の正午過ぎにこういう洒落たレストランで主婦たちがぺちゃくちゃ喋りながらランチを食べている図というのは、どこの国でも同じだなあと思う。

ところでこれはこの店に限った話ではないのだが、シドニーは蝿がものすごく多い街である。この店もその典型だったのだけれど、屋外で食べたり飲んだりしていると、どこからともなく何十匹もの蝿が集まってくる。何もしていなくても何匹かは飛んでくる。道を歩いていても一匹や二匹はやってくる。そういう蝿たちを払い除けながら食べたり飲んだり話したり歩いたりするのは、慣れるまではちょっと面倒である。閉口させられる。ただ、僕は途中から考えを改めたのだけれど、東京だって昔は蝿が多かったのだ。人の集まるところに蝿が集まるのは当然のことなのだ。こういうものだと思って受け容れれば良いのである。蝿が多いと言ってシドニーを非難する必要はないのである。

近くに書店があったので地図を購入する。僕は初めて訪問する街に到着するとまず最初に地図を買うタイプの人間なのだけれど、今回はラグビーのゲームのことで頭が一杯で、地図のことはまったく気にしていなかった。でもやはりちゃんとした地図がないと不便である。UBDという地図会社（らしい）の市内地図を買ったのだが、これは通りの名前のインデックスが記載されていないので、せっかく買ったのに不便だった。

それからタロンガ動物園まで歩く。大屋敷の並ぶ田舎道。遠くにオペラ・ハウスもハーバー・ブリッジもシドニー・タワーも見える。鳥が鳴いていて、花が咲いている。楽しい散歩である。空は晴れ渡り、気温はさらに上がってきた。こんなことなら今日ビーチに行っておくべきだったと今度は強く思う。

やがてタロンガ動物園に到着する。入園料は1人当たり25ドル。これはちょっと高いよなあと思う。入るとすぐにワラビーとカンガルーのゾーンがあって相方がはしゃぐ。この人はこれ（ワラビー）が目的で動物園に来たがっていたのだ。

ところで、ワラビーというのは一種類や二種類の種目の名称ではなくて、いくつもの種類が存在するということを僕たちは初めて知った。園内でメモしてきただけで、レッド・ネックド・ワラビー（赤首ワラビー）、スウォンプ・ワラビー（沼地ワラビー）、アージル・ワラビー（俊敏ワラビー）、ブライドルド・ネイルテイル・ワラビー（肩輪爪尾ワラビー）、イエロー・フッテッド・ロック・ワラビー（黄足岩山ワラビー）というのがいる。ワラビーがカンガルーに比べるとかなり小さな生き物であることくらいはわかるのだが、また、それぞれにからだの色が少しずつ違っていることくらいはわかるのだが、それ以上にどこがどう違っているのかは僕には良くわからない。というのも、彼らの大半は日陰に寝そべっていて顔も良く見えなかったし、大きさも良くわからなかったからだ。

それにしても、ワラビーにしてもカンガルーにしても、それからそのほかの動物にしても、オーストラリアの動物たちはどうしてこうも「病気なんじゃないだろうか？」と思えるくらいに眠たそうにしているのだろう？ 動作のきびきびしたオーストラリアの動物に巡り会う確率は、時間を厳守するオーストラリア人に巡り会う確率よりも低いくらいである（これも冗談です）。

で、これらのワラビーの中でいちばん利発そうでいちばん好印象だったのは——あくまでも「ほかのワラビーと比べて」という比較論でしかないのだが——アージル・ワラビーだった。説明の

タロンガ動物園のワラビーだかカンガルーだかの一匹

表示には「びっくりした時の動きがとても速い」と紹介されていた。でも、「びっくりしないと速くない」というのでは試合には使えないですよね、エディさん。

タロンガ動物園ではこのほかにまたカモノハシと対面できたことと、生まれて初めてコアラを目の当たりにしたことが印象に残ったくらいで、ほかに特筆すべきことはほとんどなかった。強いて言えば園内の海側からのシドニーのダウンタウンの眺めが抜群に良かったことくらいである。うちの相方はワラビーのゾーンを出たあとは何だかやる気がなくなってしまったみたいで、大きなあくびをして早く帰りたがっている。もしかするとあの眠り病が移ってしまったのではないかと心配になる。

帰りはフェリーでサーキュラー・キーまで一直線。これは爽快だった。そして、一昨日と同じロックスの海べりのオープン・エアのバーで、対岸のオペラ・ハウスを眺めながらビールを飲む。相談の結果、夕食はチャイナ・タウンに行くことにする。

早速、シティレールでセントラル駅に移動。駅からチャイナ・タウンまでは徒歩で5分ほどだった。「地元の中国人がいちばん多く入っている店にしよう」と選んだのが、「スーパー・ボウル・チャイニーズ」という店。店名からして良いでしょう？　これが大正解だった。何もかもすごくうまかった。食後にダーリング・ハーバーを散歩して、タウンホール駅からシティレールでホテルに帰る。ホテルの周りでもう一杯飲みたい気分でもあるけれど、大人しく部屋に入って眠ることにする。

ちなみにホテル周辺の「五反田有楽街」的雰囲気は夜になると当然により強烈なものとなる。怪しげな看板が怪しげな色で点滅して怪しげな音楽が鳴り響き、怪しげな呼び込みが怪しげな通行人に怪しげな言葉で話し掛けるようになる。特にホテルの北東側には見るからにいかがわしい店が軒を連ねている。それぞれがどういう商売なのかは確認していないので報告のしようがないけれど、どれもこれもがものすごくいかがわしいということだけは保証できる。つくづくとんでもないところに宿を取ってしまったものだと思う。

11月19日（水）

前夜早めに寝たので朝はこの旅行では初めて早く起きる。5時40分に目が覚めて部屋の窓から日の出を見る。朝の天気が前日と同じ感じ——雲は多いが空が明るい——なので、今日も晴れると勝手に決め込む。予定通りビーチに行くことにする。

シドニーの街の近くにはボンダイという有名なビーチがあるのだが、僕たちは日本のガイドブックで紹介されていたマンリーという街のビーチに行くことにした。その方がのんびりできるかなと直感的に思っただけである。フェリーで行くというところが相方の気に入ったようでもある。朝食は昨夜のチャイニーズ・レストランでタッパウェアに詰めてもらった残り物の鶏肉を部屋で摘む。8時に部屋を出発する。

シティレールでサーキュラー・キーに出て、9時発のフェリー「コロライ号」でマンリーに向かう。このフェリーは最高だった。空は青空。海は内海で凪いでいる。それにしてもシドニーというのはポート・ジャクソンという蛸壺みたいな入り江の奥の奥に拓かれた、難攻不落の天然の良港である。このことは海の上に出ると本当に良くわかる。

フェリーは30分でマンリー・ウォーフに到着する。商店街を抜けるとすぐにビーチが目の前に広がる。ちょっと唐突な感じがするくらいに素朴なビーチである。見方によっては殺風景なくらいに飾り気のないビーチである。

砂浜に下りる階段のところにイングランドのコーチのクライヴ・ウッドワードにとても良く似たおじさんがいた。スポーティなウェアを着てキャップを被ってサングラスを掛けていて、本人もウッドワードを意識しているようでおかしかった。本当に良く似ていて、中年の女性と談笑していて、サングラスの奥の彼の目が僕の目とちょっとだけ合う。僕と相方とは「あの人ウッドワードにそっくりだ」「そっくりさんショウに出れそうだね」などとひそひそと話しながら脇を通り過ぎた。

朝のビーチはまだ人が少なくて、プライベート・ビーチに毛の生えたような感じだった。砂浜の上に横になって贅沢な気分を満喫する。道路に沿って松の木が植えられていて、どことなく我が国の田舎の浜辺に似ていないこともない。目の前には遊泳禁止の看板が立っていて泳げる場所は限定されていたのだが、僕たちは海には数回しか入らなかったので、そのことはどうでも良かった。陽が高くなると人の数も多くなってきて、優雅な気分は多少は薄れてしまったが、余分な装飾のまるでない、「由緒ある田舎のリゾート・ビーチ」という感じで、僕たちには天国そのものだった。結局夕方の6時過ぎまでビーチの上で過ごすことになった。

出掛けに売店で買ってきたニュージーランドの週刊新聞をビーチで読む。「ザ・ニュージーランダー」の11月19日号。1面の見出しは「夢は終わった」。試合後にスタンドに力なく座り込む上半身裸のジェリー・コリンズの写真が大きく掲載されている。「カップの喪失はキーウィーにめまいを起こさせた」という小見出しがあって、次のような記事が載っている。

先週シドニーでオールブラックスがオーストラリアに壊滅的な敗北を喫したあと、ニュージーランドは国中が喪に服している。たくさんのファンがほかの人やものにフラストレーションをぶちまけていて、その結果拘留されている。警察の報告では、ゲームの間はまだ穏やかだった。でも一たびゲームが終わると、警察はたくさんの無秩序な犯罪に対応しなければならなかった。(中略)

とりわけ、オールブラックスのコーチのジョン・ミッチェルは解雇の要求の矢面に立っている。ほかの人たちはヘレン・クラーク首相の次の言葉に対してまだ余裕があるのだが。『ニュージーランド人は私たちがより良いチームに打ち負かされたことを受け容れなくてはなりません。良いシーズンでしたが、オーストラリアが私たちをとても強力なディフェンスで破ったことを理解しなくてはなりません』

一流のスポーツ心理学者は、敗北は国家の成熟の本当のテストだと言っている。オリンピック・ゲームの心理学者ギャリー・ハーマンソンは、ラグビー・ファンにとってあのような高い期待のあとに二日酔いのような段階を経験するのは自然なことだと言う。『我々にとっての問題はそれをいかに取り扱うかである。我々が4年前（岩切註：前回ワールドカップ準決勝のフランス戦の敗戦）よりも成熟した国家になっていることに期待している』とハーマンソン医師は語る。彼は、人々は苦しむだろうと言う。『ちょっとした衝撃と狼狽の感覚は常にある。ラグビーは我々のアイデンティティと我々が何者であるかの重要な部分なのだ』

しかし彼は人々が『ジョン・ミッチェルと彼のチームのような標的』に怒りを投影することなく失望を

切り抜けることを希望している。では、喪に服しているサポーターに対するハーマンソン医師のアドバイスは？

『それは簡単なことではないし、しばらくは惨めな気持ちがするのを認識することだ。けれども視野を広く保ち、そして思い出すことだ。ワールドカップがまだ終わっていないことを。それがどんなものであろうと、ワールドカップの残りのゲームを楽しみなさい。もしあなたが内面から破綻して非難の対象の人間を探すようであれば、あなたはトラブルに見舞われるだろう』

人生は続いていくのだし、どのような示唆から見ても経済は持ち堪えるだろう、なぜなら敗北は取るに足らないことなのだから、とカンタベリー雇用者商工会議所のチーフ・エグゼクティブのピーター・タウンゼンドは言う。（中略）彼は言う。『結局それはゲームなのだ。そしてそれは我々の大半の多忙な生活においては小さな失望なのだ』

一つとして慰めになっていない記事である。僕がニュージーランド人だったら最後まで読まないで破り捨てているに違いない記事である。今回の結果に打ちひしがれているニュージーランド人の感情を逆撫でしているとしか思えない記事である。

終面のスポーツ面には、ジョン・ミッチェルのアップの写真に「私は辞めない」という見出しが付いている。「ミッチェル、オールブラックスのコーチ続投に熱意」という小見出しに続いて、次のような記事がある。

喧嘩腰のジョン・ミッチェルは、オールブラックスが彼の在職中最悪の敗北でワールドカップから墜落したにも拘らず、コーチを続けたがっている。しかし、ワールドカップ後の契約の更新が問題になっているミッチェルは、金曜日までに仕事を離れることもできたのだ。ラグビー・ユニオンのチーフ・エグゼクティブであるクリス・モラーは、金曜日にシドニーでオールブラックのコーチのポジションを話し合う記者会見が開かれることを確認した。ミッチェルは土曜の夜のオールブラックスの対オーストラリアの22対10の敗戦のあと、コーチすることが好きだし、辞任するつもりはないと語っている。（中略）

ミッチェルの態度に対しては、二人の準々決勝経験者が準決勝の敗北後ただちに支持を表明している。4年前に準決勝でフランスに敗れたオールブラックスの元コーチ・ジョン・ハートは、ミッチェルはコーチとして残るべきだと語った。ワラビーのコーチのエディ・ジョーンズも、彼らは今年のワールド・ラグビーに新しいスタンダードを示したと言って、ミッチェルのもとにおけるオールブラックスのプレイを称えている。（中略）

ミッチェルとアシスタント・コーチのロビー・ディーンズは、2001年のトライ・ネイションズのあとにウエイン・スミスの後任になり、以来27のテストマッチでオールブラックスをコーチしてきた。彼らのチームは22勝4敗1分けだった（敗戦はイングランドとオーストラリアに2敗ずつ、引き分けはフランス戦）。今年はブレディスロー・カップを1998年以来初めて奪い返し、今年と昨年のトライ・ネイションズにも優勝している。81パーセントという勝率にも拘らず、ミッチェルにはおそらくまだかなりの圧力が掛かるだろう。とりわけオールブラックスが明日の三位決定戦で負けたりすれば。

ミッチェルはラグビー・ユニオンの中にたくさんの敵を作ってきた。彼はハートのようにオールブラックスのコーチングとマネジメントのすべての面に亘って完璧なコントロールを引き受けてきた。『私はこのチームとあのパフォーマンスについて説明する責任を負っている。けれども弁解はしない。我々は今夜は正しくやり遂げられなかっただけだ』とミッチェルは土曜日に語った。

オールブラックスがワールドカップの準決勝で敗れたのは三度目である。そして優勝を期待されていながら手ぶらで帰国するのはこれが四度目である。今回の敗戦はオールブラックスがビッグ・ゲームで窒息してしまうという主張を増強している。

スキッパーのルーベン・ソーンは準決勝の前にそれを否認した。そしてミッチェルは試合のあとにもう一度それを否定した。『我々は窒息などしていない。より良いチームに打ち負かされただけのことだ。それは我々自身の実行能力の問題だ。我々はチョーカー（岩切註：息の詰まった人間のことだが、高い襟という意味もある）ではない。これはただの言葉遊びだけれど』

スポーツ面には、「シドニーで消灯［ブラックド・アウト・イン・シドニー］」という見出しの記事。その次の面には、「ジョージのせいで怒っている」という大見出しに、「マーシャルはスミスの『けちな一発』に鬱憤をぶちまける」という小見出しがある。トニー・スミスの記事。

「怒れるオールブラックスのハーフバック、ジャスティン・マーシャルは、彼のワールドカップを終わらせた『けちな一発』のために、ワラビーのフランカーのジョージ・スミスに恨みを抱き続けるだろう」という書き出し。

マーシャルは前半遅くに、ブラインドサイドのボールに関係のないところで、スミスに肋骨を折られた疑いがある。このカンタベリーの頑丈者は後半早くにフィールドを去らなければならなかった。そして翌日もまだ怒っていた。彼のトーナメントが無残に終わってしまったのに、スミスが実質的に無罪放免になったことに対してである。

マーシャルによれば、スミスはその「けちな一発」について謝らなかった。マーシャルの談話。

「正直に言って、ゲームのあとも彼とは何もしたくなかった。彼はおそらく違った見方をしているだろう。でも僕の見方では、あのようにボールも持っていないのに殴られるのは、とりわけそれでゲームから外に追い遣られたのだから、あれは破壊行為だった。ああ、間違いなく僕は彼に恨みを持ち続けるだろう。それはどうしようもないことだ。彼は僕を不法に殴ったんだ。（中略）僕が覚えているのは、ボールをパスして、ラックに向かって、で、『バシッ』。僕は彼を見えさえしなかった。そしてそれが僕のトーナメントを一瞬でぶち壊したんだ」

「ゲームを終えるだけならたやすくできた。ボールに到着してクリアしてパスするだけならば。でもコンタクトができなかった。コンタクトはしたくなかった。すごく痛かったんだ。そしてそれはチームの名を汚すことになる。だから僕は代わったんだ。そのことは僕をそれ以上に打ちのめした。チームの名を汚さないためにフィールドを去らなければならなかった事実だけじゃなくて、もし僕がそこに残っていたら、違ったことができたんじゃないかと感じた事実においてもだ」

さらに次の面には、「上手なコーチ、上手な試合、そして敗退［アウトコーチド・アウトプレイド・アンド・アウト］」という見出しの記事。署名はジム・ケイス。

４年前もかなりひどかったが、今回は一層ひどい。少なくともオールブラックスはフランスに対しては数発のショットを撃った。少なくとも１９９９年には彼らは能力があることを示した……それが４４分間だけだったとしても。

でも土曜日のオールブラックスは人を欺くのが得意であることを示しただけだった。上手なコーチをして、上手な思考をして、上手な試合をして、彼らは、より理性的で、より情熱的で、より献身的なワラビーズにぶちのめされ、打ち負かされた。

さらに不愉快なのはオーストラリアがすでにワールドカップの役員会議でニュージーランドを打ち負かしていたことだ（岩切註：もちろんオーストラリアにワールドカップの単独開催を許したことを指している）。現在の彼らはタイトルを勝ち取ることから８０分間遠くにいるに過ぎない。けれどもそれはこれが三度目なのだ。

ニュージーランドが優勝を勝ち取ったのは１６年前の１９８７年だった。そしてオールブラックスがもう一度トロフィーにチャレンジする機会を得る２００７年には２０年になってしまう。ニュージーランド・ラグビーの評判はぼろぼろになり、血は確実に流れている。

ジョン・ミッチェルはオールブラックのコーチに留まりたいと言う。彼の記録は印象的である。２７の

テストで22勝。しかし彼は肝心な時に失敗した。土曜日の夜のオーストラリア戦である。（中略）

プール・ゲームでのオールブラックスについてはいくつかの懸念があった。ウエールズとの試合にはたくさんの過失があり、フィニッシュする能力はなく、いくつかの警報ベルが鳴らされていた。しかしそれらの心配は、準々決勝で素晴らしいフォワードの努力が対南アフリカの包括的な勝利の道を敷いた時に忘れられていた。実際にはそのゲームはオールブラックスの破滅を証明することになった。彼らのピック・アンド・ゴーは素晴らしかった。そして彼らがテルストラ・スタジアムのための兵器工場に積み込んだのはそれがすべてだった。

彼らはワラビーズがその試合を観て、オールブラックスがどれほどジェリー・コリンズほかの激突でアドバンテージ・ラインを超えることに依存しているかに気が付いたとは考えなかったのだろうか？

ミッチェルとバックス・コーチのロビー・ディーンズ……コーチやビデオ分析の専門家のほか、ラグビー・ユニオンから望むものは何でも備えた軍団を伴っていた……は、もしプランAが機能しなければプランBはどうするべきかを考えるのをやめたのだろうか？

プランAよりも、土曜日の夜の物証をジャッジしよう。ミッチェルとディーンズはフォワードを動かし続ける必要について1年間話し合ってきた。でも彼らは本当に必要な時にそれを正確に行なうことに失敗した。

ワラビーのコーチのエディ・ジョーンズはそのような過失を犯さなかった。彼は自分のチームが7月に50対21で打ちのめされるのを見て、変化のために何が必要なのかを知った。オールブラックスのバックスリーにボールをキックするのをやめて、ラックでターンオーバーさせないこと。ボールを所有し続けること。それはオーストラリアが21対17で敗れた8月のオークランドではほとんど機能していた。土曜の夜はそれを精錬し、完成させ、見事に遂行し、機能させていた。

ワラビーズは前半にはラックの所有率を55対12で支配した……フラストレーションを感じたオールブラックスは馬鹿げたミスをした……ワラビーズはタックルに身を投げ打つ時には忍耐強く情熱的で、オールブラックスはペナルティを重ねた。

不愉快な現実は土曜の夜にオーストラリアがニュージーランドより賢く、より良く準備していたことである。ちょうど彼らの協会の幹部たちが昨年そうだったように。

ニュージーランドの協会の幹部たちは役員会議室でワールドカップの開催権を失うという代償を払った。今、ジョン・ミッチェルはどうなるのだろうか？

これらの記事は当然にニュージーランドの失望と悲嘆を伝えているわけだけれど、この「ザ・ニュージーランダー」を読んで、僕はちょっと意外な感じを受けた。それは、これらの記事のトーンが、どこか落ち着いていると言うか、取り乱していないと言うか、常識的な反応のような気がしたからだった。彼らが哀しんでいないと言うのではないし、怒っていないと言うわけでもないのだけれど、少なくとも前回大会のフランス戦の直後のようにどうしようもないほど打ちのめされてはいないのではないかという感じがした。極端な言い方をすれば、彼らはこの敗北を「どこかで予感していた」のではないかという印象を受けた。もうちょっと穏やかに言い換えれば、「怖れていたことが本当に起こってしまった」と思っているのではないかという感想を持った。

でもそれは考えてみればより深刻な事態でもある。キーウィーたちが負けることに慣れてしまったのだとすれば。オールブラックスがそういうチームになってしまったのだとすれば。ラグビー王国ニュージーランドと彼らの誇りのオールブラックスは、どこに向かおうとしているのだろうか？

それから、「ザ・デイリー・テレグラフ」と「ザ・シドニー・モーニング・ヘラルド」もざっと読む。「ザ・デイリー・テレグラフ」の終面には「不機嫌なご老体たち［グランピー・オールド・メン］」という見出しのピーター・ジェンキンスの記事がある。

第一にテストマッチ・デビューは13年前。第二にすでにゴールデン・オールディーズ・ラグビーをプレイする資格がある。第三に月面歩行以前の生まれ。でもこのイングランドのおじさん軍団［ダッズ・アーミー］のフォワードは、ワールドカップの決勝でワラビーズから命を搾り取る戦闘計画を練り続けている。

イングランドのフォワード12人（4人はリザーブ）のトータル・キャップは560、平均年齢は30歳。「ジェイソン・レナードとドリアン・ウェスト……それともドリアン・グレイだったっけ？（岩切註：オスカー・ワイルドの「ドリアン・グレイの肖像」（1890年）のことを言っているのだと思う）……はビートルマニアが猛威を振るった1960年代には就学を前にした年齢だったのだ」と皮肉っている。そして、トウタイ・ケフの次の言葉を紹介している。

「サモアとウエールズは、イングランドがワイドに攻撃するチームに対しては隙だらけであることを示した。おじさん軍団をグラウンドの端から端まで走らせるからだ。イングランドはあの二試合でとても苦労をした。それはウィルキンソンのキッキング・ゲームが困難を乗り越える経験となった」

ケフはまた、マーティン・ジョンソンについて、「フィールドの上ではいささか我慢のならない奴になることもある」と述べている。「攻撃性とダーティ・プレイの間にはとても明確なラインがあるけれど、ジョンソンはそれを限界まで押し曲げようとしている」

あとは数字的・分析的な記事があるので紹介しておく。まずはエルトン・フラットリーとジョニー・ウィルキンソンの今大会ここまでのゴールキック比較（90面）。ペナルティゴール成功率はフラットリー85・0％、ウィルキンソン76・0％。コンバージョン成功率はフラットリー80・0％、ウィルキンソン90・9％。合計ではフラットリー82・5％、ウィルキンソン80・6％。ドロップゴールはウィルキンソンは9本蹴って7本成功の77・8％だけれど、意外なことにフラットリーは1本も蹴っていない。しかしとにかく、数字の上では、フラットリーもウィルキンソンと同等のグレイト・キッカーであることが示されている。

それから準決勝での四チームのスタッツが載っている（89面）。ボールを持って走ったゲインの距離では、モートロックの196メートルがぶっちぎりの一位（回数は14回）。セイラーの111メートル（17回）、ラーカムの109メートル（9回）、ムリアイナの83メートル（11回）、トゥキリの82メートル（10回）があとに続いている。

そのほかに三面記事的な話題を拾うと（5面）、「ザ・デイリー・テレグラフ」の「ストップ・ザ・ジョニー・Tシャツ」を着た同紙の特派員が、記者会見を終えたジョニー・ウィルキンソンに歩み寄って「これどう思う？」と訊いたのだそうだ。ジョニーは答えずに、目を逸らし、急いで立ち去ったという。でも、ポム・バッシングも良いけれど、ここまでいくと悪ふざけの度が過ぎるのではないかという気がする。どこぞの海岸にその「ストップ・ザ・ジョニー・マーク」を配した「危険　退屈なラグビー・チームがここでトレーニングしています」という看板が登場したという話も――「ザ・デイリー・テレグラフ」の「やらせ」だとは思うけれど――笑う気になれない。

イングランドの「ザ・タイムズ」のサイモン・バーンズという記者はこう書いている。「オーストラリアには三つの偉大なインターナショナル・チーム・スポーツがある。クリケットと、ラグビー（二つのルールの）と、ポム・バッシングだ。中でも最大なのは最後の一つで、我々にはポム・バッシングの最大の祝典に対する心構えができている」。これに対して「ザ・デイリー・テレグラフ」は、「昨日イングランド・ラグビー・チームは退屈だとリポートしましたが、これは不正確でした。イングランドは国中が退屈なのです。誤りをお詫び致します」と、攻撃の手を緩めていない。

「ザ・シドニー・モーニング・ヘラルド」のラグビー・ワールドカップの1面（21面）は、グレーガンがレフリーの近くでは口を閉じていると誓ったというグレッグ・グロウデンの記事。見出しは、「沈黙は金と緑なり」。もちろんゴールドとグリーンはワラビーズのチーム・カラーである。

それから同じページにはエディ・ジョーンズと記者（グレッグ・グロウデン）との一問一答が載っ

ている。これがまた怖ろしくつまらない記事なのだけれど――いったいエディ・ジョーンズの好きな映画とか好きな音楽とかを質問してどうするのだ？――掻い摘んで紹介しておく。

●エディ・ジョーンズはクライヴ・ウッドワードと1984年に対戦したことがある。選手としてのウッドワードについての記憶は、「とても器用で、とてもスタイリッシュ」で、「上手な左足のキッカー」だった。

●高いレベルのコーチでいることがいちばん楽しいのは、「いつでもそうだけど、選手たちの成長だね。若いプレイヤーが成長してより良いプレイヤーに、希望的にはより良い人間になるのを見るのが好きだ。二番目にはチームが良いゲームをすることだけど、たぶんその楽しみは3時間くらいしか続かなくて、そのあとは次のゲームに入り込んでいる」

●「お気に入りの格言やものごとがうまくいかない時のモットーはありますか？」という問いには、「僕が考えていた通りのことを読んだことがある。『より仕事に適格であるために挑戦する毎日』。これはコーチングとは何かということでもあると思う。自分がなれる以上良くはなれないんだからね。その仕事を続けなくちゃいけない」

●世界中で好きな場所については「絶対に日本。たぶん僕のリラクセーションの唯一の源泉だ」と答えている。

もう一つ、5面には「スウィング・ロウ、スウィート・チャリオット」についての面白い記事がある（署名はスティーヴ・ミーチャムとピーター・ムンロ）。前夜、クーギーズ・ビーチ・パレス・ホテルというホテルに3000人のイングランド人が集まって、この歌を練習していたというのだ。配布された歌詞カードにはもっともらしく「ランド・オヴ・ホープ・アンド・グローリー」、「ルール・ブリタニア」、あるいは替え歌の「イッツ・ア・ロング・ウェイ・トゥ・ザ・トライライン」(おそらくは「ティペラリーの歌」の替え歌)や「ヒアズ・トゥ・ユー・ジェイソン・ロビンソン」(「ミセス・ロビンソン」の替え歌)も含まれていたということだが、「スウィング・ロウ」を練習するための集まりだったことは明らかだったらしい。イングランド人の中にもあの曲をちゃんと歌えない人がいるというのは意外である。

で、イングランドのサポーターが4万5000人のオーストラリア人の「ワルチング・マチルダ」の大合唱を怖れているかというと——ノー。「オーストラリア人は素敵な人たちだけど、歌は歌えないんだな」と、イングランドの応援団「バーミー・アーミー」のポール・バーナム。「彼らが歌うと、聖トリニアン教会から来た女の子たちみたいに聴こえるんだ」

でもなぜ彼らはアメリカン・ゴスペル・ソングの……すなわち起源は奴隷貿易の……「スウィング・ロウ」を歌うのか? 第二次世界大戦以来、この曲は大英帝国の軍人たちとラグビー選手たちに、試合後の酒宴の歌として歌われてきた。最大の理由は、わいせつな手振りを伴う曲だったからだという。でもなぜこの曲が下劣な物語歌からイングランド人を鼓舞する聖歌になったのか? これには次の諸説があるそうだ。

その一。ユニオンからリーグに転向したウィングのマーティン・「チャリオッツ」・オフィアという選手の名前に因んで、彼がトライをする度に歌われた。

その二。別のウィング、ナイジェリア生まれのクリス・オチの名前に当てはめて歌われた。彼は

1988年のアイルランド戦で三つのトライを記録しているが、その日のトゥイッケナムで自発的に歌われたのがのちに定着した。

その三。ビールを飲んだあとに歌詞を見なくても思い出せる唯一の歌だから。

ところでこのビーチにはラグビーボールで遊んでいる集団がものすごく多かった。中にはまだほんの子どももいたけれど、30代・40代くらいのおじさんもたくさんいた。それぞれに自分たちのラグビーボールを持参していて（大き目のボールもあれば小さ目のボールもあった）、タッチ・フットとか蹴り合いとかをしていた。あちらを向いてもラグビー、こちらを向いてもラグビー。そのほとんどは観光客のようだったけれど、いずれにしてもこういう光景は今までに見たことがなかったのでとても驚いた。

そう言えば、シドニーの近郊には「マンリー」

マンリー・ビーチにはラグビーボールで遊ぶおじさんグループがあちこちに

という名前のクラブ・チームがあったはずである。どういうチームなのかは知らないけれど、僕が名前を聞いたことがあるくらいだから、おそらく有名なクラブなのだろう。この辺りに本拠のあるチームなのだろうか？　どういうチームなのかあとで調べてみようと思う。

18時を過ぎると陽も傾いてきて、人影も少なくなってきた。僕たちもビーチをあとにする。ウォーフに向かう途中の本屋にふらりと入ると、売場の一角にラグビー・コーナーがあって、初めて見る本がいくつか置いてあった。中でも、「前への一歩 One step ahead」（ロッド・マックイーンとケヴィン・ヒッチコック）、「オフ・ザ・ウィング・オン・ア・プレイヤー Off the wing on a prayer」（マット・ロジャースとアラン・ウィティカー）などは食指が動いたのだが、ちょうど僕は読まなければならない海外の文献を山ほど抱えているところだったので、とても読破する時間はないだろうと思い、一冊も買わないで店を出てきた。でもあとになって、ワラビーズの前監督のロッド・マックイーンの本は買っておけば良かったと、ちょっとだけ後悔した。

さて、そのままウォーフからフェリーでシドニーに戻っても良かったのだが、二人ともこのマンリーがすっかり気に入ってしまったので、「日没後のフェリーに乗ればシドニーの夜景が楽しめるかもしれない」などと言い訳をして（誰に対する言い訳なのか良くわからないけれど）、ここで夕食を済ませていくことにする。桟橋に直結している「マンリー・ウォーフ・ホテル」というホテルの海に面したレストラン。僕は今日の魚のフライを、相方はパスタを注文する。今日の魚はひらめ（flathead）で、これはとても柔らかくてクリーミーだった。担当してくれたウェイトレスが「それじゃあフラットヘッドで行きましょう」とおどけて言う。もう一人のウェイトレスは5年前に1年間日本にいたことがあると言う。今回はワラビーズの応援に来たのだとうちの相方が調子の良いことを言うと、「ジャパンも良くやったわよね？」と返してくれた。

２０時１０分発のフェリーで帰る。シドニーの夜景はやはり美しかった。２０時４０分にサーキュラー・キー着。シティレールのサーキュラー・キー駅のホームに上ったところで、シドニー湾に花火が上がるのが見える。フェリーの上からオペラ・ハウス前で何かのライブの最中の様子が見えたのだが、そのライブが終わったのだろうか？　いずれにしても今夜は花火まで見ることができて言うことなしである。

ところが、キングス・クロスに向かうシティレールの中で相方が不調を訴え始める。原因は――日焼け。僕は忠告したつもりでいたのだけれど、彼女は日焼止めのクリームを顔とか肩とか背中とか、要するに自分の目に付くところにしか塗らなかったのだ。とりわけ脚が痛いと言って彼女は顔を歪める。ホテルに帰ってジーパンを脱ぐと、太ももが真っ赤になっている。ほとんどやけどである。僕に言わせれば自業自得である。

でも、自業自得だからと笑っておしまいにするわけにもいかない。仕方がないからホテルの近くの薬局まで行ってアロエのクリームを買って戻る。けれどもそれくらいでは治まるものではない。結局彼女は夜中までうんうん唸って苦しんでいた。

１１月２０日（木）

７時３０分に一度目が覚めたが、もう一眠りしようと布団を被り直していたら、ホテルの警報ベルが鳴る。しかもなかなか鳴りやまない。何かの間違いだろうと思いながらもジーパンを穿いて廊下に出ると、エレベーターから降りてきた韓国人（たぶん）の若者が、「今フロントに行って来たけれど何でもないそうだ」と英語で教えてくれる。一安心。そこでもう一眠りする。それから新聞を買いに出る。

「ザ・デイリー・テレグラフ」は終面に「警告」という見出しとウッドワードの写真を掲載。ウッドワードによる「日曜日のゲーム（岩切註：フランス戦）はものすごくエキサイティングだと思っていた。もし我々が退屈なラグビーをプレイしたければ、本当に退屈なラグビーをプレイする。オーストラリア人はまだ何もわかっていないのだ」という挑発的な発言を紹介している。イングランドが練習しているブルックヴェール・オーヴァルというグランドの周りに黒いプラスティックが張り巡らされたことを報告し、「イングランドのパラノイアは昨日新しい高みに達した」と揶揄している（署名は「ポムズ従軍」のポール・マローン）。

９３面には決勝のメンバーが発表されている。ワラビーズは、ヤング、キャノン、バクスター、ハリソン、シャープ、スミス、ウォー、ライアンズ、グレーガン、ラーカム、トゥキリ、フラットリー、モートロック、セイラー、ロジャース。負傷のダーウィンに代わってバクスターが入ったことを除けば、不動のメンバーと言える。イングランドは、ウッドマン、トンプソン、ヴィッカリー、ジョンソン、ケイ、ヒル、バック、ダラーリオ、ドウソン、ウィルキンソン、コーイン、ティンドル、グリーンウッド、ロビンソン、ルーシー。こちらも準決勝からキャットがティンドルに代わっただけのベスト・メンバーである。大会を通じてここまで怪我人が少なかったことも、両チームの決勝進出の大きな要因と言える。

そのほかにもいろいろな記事があるけれど、僕が面白く読んだのはエルトン・フラットリーについての「フラットリーにウェイク・アップ・コールを与えた夜明かし」という記事（署名は「ワラビーズ従軍」のピーター・ジェンキンス）。そう言えばフラットリーは6月に来征してきたイングランドとのテストマッチには出場していなかったのだ。それはなぜか？

6月に友人たちと街で過ごした一夜のあと、フラットリーはポムたちと対決するチームをくびになり、テストマッチのキャリアが終わってしまったのではないかと怖れていた。でも彼は戻ってきた。スターティング・メンバーの出番を勝ち取り、オーストラリアのバイス・キャプテンの座を引っ掴み、ゴールキックの責任を獲得して。新しい心構えという燃料を補給して。

フラットリーは語る。

「5ヵ月前のあの試合は家で観ていた。その場にいられないことにとても失望しながらね。この先どうなるのかもはっきりしなかった。これは明らかに言えることだけど、そういうことは人の性格をより強くするんだ。人は生きて、自分の失敗から学んで、人生を続けていくんだ。僕は振り返らないし、あれが自分の人生のターニング・ポイントだったなどとは言わない。でもそれは絶対に僕が二度と戻りたくない地点なんだ」

フラットリーは、6月14日のウエールズ戦でキックがなかなか決まらずに、シドニーで友人と飲み過ぎて、そのまま寝過ごして翌朝のミーティングに遅刻したのだそうだ。エディ・ジョーンズは彼に荷物をまとめさせ、ブリスベンに送り返した。その他のメンバーは6月21日のイングランドとのテストのためにメルボルンに向かった。

3週間後、ジョーンズはフラットリーを復帰させた。ウェイク・アップ・コールを、「彼に与えられた処罰と同じくらい信用して」

ジョーンズは語る。

「フラッツには目覚ましい変化があった。彼はチームから追い出された立場にいたんだ。でもそれは彼にどのくらいワラビーズのためにプレイしたいのかを自覚させたのだと思う。インサイド・センターの先発になってからの彼は本当にハードに働いた。彼はとても若いうちに州協会のラグビーとオーストラリアのラグビーに身を置いた男の一人なんだ。そしておそらく、いつもナンバー・トゥーの座にいることに安住してしまっていたんだ。彼は自分の過去と奮闘して、処理しなければならなかった問題を処理した。今ではチームのバイス・キャプテンだ。自分に起こったことによって、ラグビー・プレイヤーとして自分がどのくらい成長できるかを発見したのだと思う。偉大な達成だ」

なるほど。前日の新聞のジョーンズのインタビュー記事にあった「若いプレイヤーが成長してより良い人間になるのを見るのが好きだ」という言葉は、このフラットリーのことも念頭にあっての発言だったのだろうな。

さて、当然ながら今夜のニュージーランドとフランスの三位決定戦のメンバーも発表されている。ブラックスはほぼベスト・メンバー。しかしながらフランスはガルティエもベッツェンもドミニシもリザーブにさえ入っていない。ベッツェンは準決勝のラフ・プレイで出場停止だが、ガルティエもドミニシもこれで引退と伝えられている。あの2人はもう観れないのかあ。淋しくなるなあ。4年前のブラックス戦がますます遠くなるなあ（後日註：ドミニシはのちに引退を撤回して代表に復帰した）。フランスのスターティング・メンバーはイングランド戦から13人も入れ替わっている。以下、ルパート・ギネスという署名がある記事の、フランスのコーチのラポルトの談話。

「我々にはBチームなどない。とりわけオールブラックスのような、名前を挙げるだけでチーム全体の動機付けになるような相手に対しては。そして、プレイする彼らのうち、ほとんどチームの全員が、2007年のワールドカップでプレイすることを考えて歩んでいくだろう。彼ら全員がそのことに気が付き、そのことを心に留めて歩んでいくことを希望している。ここから、木曜日の、この試合からだ」

そのほかの記事としては、キャシー・フリーマンがワラビーズのキャンプを訪問したという話（セイラーと並んで写っている写真も載っているが、彼女はすごく肥ってしまった。どちらがセイラーかわからないくらいである）、負傷したベン・ダーウィンがオーストラリア人にグリーンとゴールドを着るように呼び掛けているという話、エリス・カップに贋物があるのではないかという話、などなど、紙面は相変わらず賑やかである。それから、決勝のキックオフの3時間前、明後日の夕方17時には、全オーストラリアのラジオ・ネットワークが一斉に「ワルチング・マチルダ」を流すという話も載っている。どうやらすごいことになりそうである。

さて、相方の両脚のやけどは最悪の状態。近くの薬局でより強力な塗り薬を買ってくる。彼女は昼間は外出しないと言い出す。確かに夜のゲームのためにしばらく部屋でじっとしていた方が良さそうである。かと言って付きっ切りで看病しなくてはならないような状態でもないので、僕は1人で街をぶらつくことにする。

まだ一度も足を踏み入れていなかった東南の方向に歩いてみる。ダーリング・ハースト、オックスフォード・ストリート、パディントンという地域。若者の多い、カジュアルでファッショナブルな地域のようだ。住宅街に入り込むとテラスハウスの家並みが美しい。静かな平日の朝。一人でのんびりと歩く。ここだけの話だけれど、一人で歩くというのもなかなかに楽しい。

地図を見ると「オージー・スタジアム」の近くまで来ていることがわかったので行ってみる。数年前まで「シドニー・フットボール・スタジアム」と呼ばれていたスタジアム。今回のワールドカップでも五試合が行なわれている。スーパー12のニューサウスウエールズ・ワラタスの本拠地。ニューサウスウエールズ・ラグビー協会の本部もここにある。

その隣はシドニー・クリケット・グラウンド。第一回ワールドカップの前まではラグビーフットボールのテストマッチの会場としても使われていた由緒あるスタジアムだ。１９７５年にジャパンがワラビーズと最初に戦ったのもこのスタジアムである。

周辺一帯はムーア・パークという公園になっている。その公園の芝生の上に立っていると、第一回ワールドカップの準決勝、オーストラリア対フランスの歴史的名勝負（１９８７年6月１３日シドニー・コンコード・オーヴァルでのあの名勝負）の光景が蘇ってくる。あの晴れた日の夕方のゲームは僕にとってのオーストラリアのラグビーフットボール・ゲームの原風景である。

一度ホテルの部屋に戻って相方の様子をちょっと看る。変わりがないのでそのままにして、一人でホテルのそばのインターネット・カフェに行ってみる。僕は今回の旅行では持参しているパソコンは通信回線に接続していなかったので（その理

オージー・スタジアムとＮＳＷラグビー協会本部

由を説明するときりがないので省略する)、これがシドニー入りして初のネット・サーフィン。ラグビー関連のニュースをざっと眺めてみる。でも大半は新聞でフォローしていたニュース。あと、たまたま開いた英国のファンが意見交換している掲示板では、「三位決定戦は必要か?」というお約束の議論が盛り上がっていた。前大会の三位決定戦でも南アフリカとニュージーランドの気のないプレイが引き金になって、「必要か?」論争が起こったのは記憶に新しいところである。でも、少なくとも前大会までは、三位決定戦には「次大会の無条件出場(予選免除)の権利争奪」という目的があった。ところが今大会が予選の直前になって予選免除の権利を前大会のベスト・エイトに拡大してしまったので、今日の三位決定戦はその目的を完全に失ってしまったわけである。

僕も確かに三位決定戦は意味がないと思っている。何よりも選手のモチベーションという面で真剣勝負として成立させるのが難しいと思っている。中止にしてしまった方がすっきりすると思っている。実は今回のワールドカップ観戦旅行でも「三位決定戦はパスしようかな」と途中まで考えていたくらいだった。ところが準決勝二試合と決勝一試合の切符を申し込むと、三位決定戦は「申し込んでも申し込まなくても料金が変わらない」ことが判明したので(それもちょっとおかしな話なのだけれど)、「それなら」と考え直して観戦することにしたのだった。

ただ、今回こうして現地に足を運んでいる一介のラグビー・ファンとしては、準決勝と決勝の間に「もう一試合ある」のはありがたいという気がしないでもない。準決勝の二試合からいきなり決勝で大会が終わってしまうのは、ちょっと唐突で勿体ない感じがしないでもない。大会全体のファイナルの前哨戦として、三位決定戦というのは絶好の舞台だと思えなくもない。「ノックアウト・マッチ」というのはそういうものではないということはわかっているのだが。

またホテルに戻って相方の脚の調子を看る。まだ良くはないけれど、いつまでも寝ているわけにもいかないので、そろそろ起きようと促して外出する。昼過ぎから雲が多くなっている。遅い昼食は到着した日と同じホリデイ・インのテラス。さっさと食べて、16時40分ごろキングス・クロスを出発した。

この日は駅でオリンピック・パークまでのスペシャル・イベント・チケットというのを売っていたのでそれを買った。いつもと同じテレフォン・カード・サイズのチケットには「RWC　ニュージーランドVフランス」という文字が印刷されている。裏面には「ワルチング・マチルダ」の歌詞まで刷り込まれている。おまけに往復7ドルで行って帰って来れる――というチケットをしばらく眺めていてようやく気が付いたのだが、オリンピック・パークまでの通常の往復料金は6ドル80セントである。おいおい。スペシャル・チケットを普段より高く売ってどうするのだ？このどこが「スペシャル」なのだ？これではただの便乗値上げではないか？

シティレールの車内にはオールブラックスのジャージを着ているファンがたくさんいる。けれども彼らはとても無口である。表情もどことなく硬くなっている気がする。彼らの胸中は察するには余りある。サポーターも一種のバーンアウトのような状態に陥っているのだと思う。彼らの姿を見ていると「三位決定戦は必要か？」という問題がますます難しい問題に思えてくる。

17時25分、オリンピック・パーク駅到着。曇ってきた空の下を勇んでテルストラ・スタジアムに向かう。ところが、どうしたことだろう？ 人の数が少ない。準決勝の二試合に比べると圧倒的に少ない。閑散としていると言っても良いくらいだ。今日は試合がないのかもしれないと疑いたくなるくらいだ。プログラムや軽食の屋台の販売員も手持無沙汰に見える。目立つのは決勝のチケットを求めるカードを掲げた客くらい。これで満員になるのだろうかと心配になる。

おまけにメインの入り口の前では当日のチケットを販売している。ワールドカップの当日券だって？ 何だか興醒めしてしまう。料金は、A席が250ドル（約2万円）、B席が185ドル（約1万4千800円）、C席が100ドル（約8千円）と表示してある。ワールドカップのチケットってもうちょっと高いのかと思っていた。こんなに安いとは思っていなかった。これなら、ワールドカップのクライマックスをどのような形でも良いから楽しみたいという人は、航空券だけ買って現地に行って、三位決定戦の当日券をスタジアムで買うという方法が、おそらくはいちばん安上がりである。次回大会でもこの方法はかなり有効なのではないかと思う。

相方の脚の状態は相変わらず良くなくて、歩くのも辛そうにしている。そこでこの日は早めにスタジアムに入って自分たちの席に陣取ることにする。開場直後の18時10分にスタジアムに入る。ほとんど一番乗り。この日の席は、ゲートH・アイル125・ロウ3・シート32～33。メイン・スタンドのバック・スタンドを向いて左側、インゴール脇、コーナー・フラッグの真横辺り。準決勝のワラビーズ対ブラックス戦とほぼ同じ角度の席で、今度は最前列である。

18時45分、今大会のテーマ曲になっている「トゥルー・カラーズ」がスタジアムに流れる。シンディ・ローパー（！）の1986年のヒット曲。今大会の公式アルバムではキャシー・チェンバースという歌手が歌っている。「私にはあなたの本当の色が見える／その色は浮かび上がっている／あなたの本当の色が見える／だから愛しているのよ／怖がらないで／その色が表われるのを／あなたの本当の色は／本当の色は／美しい／虹のように」という歌詞。もちろんもともとは恋の歌なのだけれど、大会に出場した二十チームに「独自のラグビー・スタイルを表現しよう」と呼び掛けているわけである。これは大会のテーマ・ソングとしてとても上手な選曲だったと思う。

この曲に合わせてモニターには子どもの描いた絵が映し出されていた。どうやらオーストラリアの各地の小学生が参加各国を歓迎するために描いた絵のようだった。こういう映像を見ているとじんときてしまう。良質の演出である。我が国のラグビー協会も変に子どもに媚びたり諂ったりするような演出はやめて、こういう大人の、上質で良質の演出を勉強すべきである。

この日に限らず、各試合の前にモニターに映し出される一連の映像の中に、「キャプテン・インタビュー」というものがあった。出場各チームのキャプテンに同じことを質問している映像で、「どのチームが優勝すると思いますか？」編と「勝利をどうやって祝いますか？」編の二種類があった。一つ一つの答えは覚えていないけれど、全チームのキャプテンの中ではフランスのファビアン・ガルティエの存在感がずば抜けていた。僕は今大会が始まってからずっと「エリス・カップを頭上に掲げるのに相応しいキャプテンは誰だろうか？」と自問していたのだが、人格的にも人間性でも（この二つは海と山ほど違う）その答えはガルティエだと自答していた。それは僕がフランスを優勝候補の一角として推していた理由の一つだった。

あと、インタビューの映像の中ではサモアのセモ・シティティとウルグアイのディエゴ・アギーレのインタビューが、真摯でユーモアがあって良かった。二人とも選手からの人望が厚いキャプテンだったに違いない。

ついでに述べておくと、モニターに映し出される広告宣伝の中では、ジョン・イールズが登場するＶＩＳＡの宣伝が面白かった。満員電車に乗り損ねそうになるイールズが、周りの客とモールを形成して押し込んで、無事に電車に乗り込むという他愛のない広告なのだが、バッグをボールに見立ててラックにして足元にキープしているところが芸が細かくて笑ってしまった。

サンコープ・グループの保険会社ＧＩＯの宣伝も面白かった。テレビでラグビーの試合を観戦している3人の若者（男2人、女1人）が、応援しているチームのトライ・シーンに一度は狂喜するが、判定はビデオ・レフリーに持ち越される。3人は顔を見合わせて頷き合い、1人が携帯電話に「トライ」と告げると、トライを認めるレフリー

三位決定戦前に交流するアイルランド・サポータとフランス・サポーター

の長いホイッスルが聴こえる。続いては相手チームのトライ・シーンでのビデオ・レフリー。3人はまた顔を見合わせて、今度は首を振り合って、1人が携帯電話に「ノー」と答えると、トライ不成立の短いホイッスルが聴こえる。俯いて済まなそうな顔をしている女性の表情がすごく良くて、これも観る度に笑ってしまった。

さて、僕たちの席のところに、ニュージーランドのオタゴのジャージを着て仮装用の金髪のかつらを被った青年がやって来た。メッセージを書いた垂れ幕を僕たちの目の前の柵に貼らせて欲しいと言う。黒い文字が滲んでしまっている白い布を仲間と二人で貼ろうとしている彼を見ていると、ちょっとじんときてしまう。おそらくは一生懸命に旅費を工面してここまで応援に来たに違いない若者である。我が家もそうだったのでそういう人を見るとすぐにわかる。こういうの良いよなと心から思う。ニュージーランドであろうとオーストラリアであろうと、こういうファンが底辺で支えているんだよなと思う。

試合開始が近付いてくる。この夜はエディット・ピアフの「ミロール」がBGMに流れる。いつものように通路の売店にハイネケンを買いに行っていると、その間にメンバーが発表されていて、席に戻ると子どもがボールを置きに来ているところだった。その直後の19時57分、「ワールド・イン・ユニオン」の変奏が流れ始める。59分、選手入場。会場は全然埋まらなかった。この時間になっても空席が目立っていた。あとで公式発表された観客数は6万2712人だったが、実際に客席に座っていた一人として証言すると、もうちょっと少なかった感じがした。

国歌斉唱。まずは「ラ・マルセイエーズ」。続いて「ガッド・ディフェンド・ニュージーランド」。

後者はやはり大合唱になった。そして、オールブラックスのハカ。フランスは肩を組んで対抗する。しかしやはり迫力がないハカである。

20時5分、キックオフ。フランス対ニュージーランド。決勝で観たかったカード。三位決定戦で観るのはちょっと淋しい。

3分、ブラックスの⑩スペンサーのパスをフランスの⑭エロルガがインターセプト！と思ったところでノックオン。またもやスペンサーの不用意なパス。スペンサーはあの準決勝のモートロックのインターセプトから何も学んでいないのだろうか？

5分、ブラックスのゴール前で⑩スペンサーにフランスの⑥シャバルがナイス・タックル。場内が沸く。直後にブラックスの⑪ロコゾコがボールを持って走る。場内がさらに沸く。でもこれはフランスに止められる。

7分、ブラックスの⑪ロコゾコが⑬マクドナルドからのパスを受けて走るが、フランスの⑨ヤシュヴィリが取り返し、キックでブラックスのゴール前に迫る。ラインアウトからフランスがモールを押して、⑩メルスロンのキックで攻め込んで、ゴール前でブラックスのペナルティ。しかし10分、メルスロンはこのイージーなPGを外してしまう。

11分、オールブラックスは⑩スペンサーのリターン・パスを受けた⑭ハウレットが快走。⑬マクドナルドから再び⑭ハウレットにボールが渡ってポイントとなり、⑧コリンズが球出しをして、最後は④クリス・ジャックがトライ。ゴールも決まって7対0となる。

１４分、雨が落ち始めた。でも幸いにして大降りにはならなかった。フランスは１５分に⑨ヤシユヴィリがＰＧを決めて３対７とする。

１７分、ブラックスは⑩スペンサーのキックを⑨デヴァインが拾って⑪ロコゾコがゴールに迫る。しかし惜しくもタッチ。ブラックスは１８分、⑬マクドナルドに代わって㉑ダニエル・カーターが入る。

２０分、ブラックスは⑩スペンサーからシザース・パスを受けた⑮ムリアイナが抜けて、⑭ハウレットがトライ。カーターのゴールも決まって１４対３。それにしてもダグ・ハウレットは素晴らしいランナーである。この日の僕たちの席はグラウンド・レベルに限りなく近い高さだったのだが、「プレイヤーに極めて近い目線」で観て「この人は絶対に止められない」と思ったのは——ロコゾコでもムリアイナでもラルフでもなくて——ハウレットだった。そのランニングの切れ味

ニュージーランド対フランス、ゴール前のスクラム

はテレビで観ているよりも三倍は鋭く感じられた。

２３分、ブラックスの⑩スペンサーのキックを⑭ハウレットが拾って良く走り、㉑カーターにパスしてチャンスになったが、ポイントからボールを出すところでノックオン。２５分にもブラックスはチャンスになるが、⑩スペンサーのパスをフランスの⑨ヤシュヴィリがインターセプト。またしてもである。

２７分、ボールがブラックスの⑪ロコゾコに回るもタッチ。しかしこの人がボールを持つと客席はとても沸く。ただ、ロコゾコは今大会では期待されていたほどの大活躍はできなかった。少なくとも第一回大会のジョン・カーワンや第三回大会のジョナ・ロムーの大活躍にはほど遠かった。僕は２００１〜２００２年の７人制のサーキットをＪスカイスポーツで観戦して、当時１８歳だったロコゾコのランニングに仰天して、「この若者はロムー以上のスターになるのではないか？２００３年のワールドカップのオールブラックス優勝の立役者になるのではないか？」と予言していたのだが（我が家の食卓での話である）、結果から言うとその予言は当たらなかったことになる。

３０分、ブラックスの⑫メイジャーに対してフランスの⑥シャバルがかち上げタックル。場内から大歓声が起こる。３１分にはブラックスの⑩スペンサーがお得意のノー・ルック・パス。でもボールは繋がらずに、チャンスの芽は消えてしまう。僕もスペンサーのファンの一人ではあるけれど、もしも今回のワールドカップでブラックスのファースト・ファイブエイスをカルロス・スペンサーではなくてアンドリュー・マーテンズが務めていたらどうなっていただろう？と想像せずにはいられない。

３３分、フランスは攻め込んだところで⑨ヤシュヴィリがＤＧを蹴る。これが決まって6対１４になったものの、スタジアムは大ブーイング。そう、僕たちはフランスの華麗な展開ラグビーが見たいのである。１４対6のままハーフタイム。

ふと夜空を見上げると、スタジアムの上をこうもりだか小鳥だかがたくさん飛び交っている。結構ショッキングな光景。照明に集まる蛾を食べに集まっているようである。出発前には「オーストラリアは蛾がすごい」と聞いていて、「飲み掛けのビールの中に飛び込んできたらどうしよう?」「鱗粉が目に入って失明したらどうしよう?」とちょっと心配していたのだが、実際には蛾は、いたことはいたけれども、大した問題ではなかった。それよりは前述の蝿の方がずっと大変だった。でも、ハーフタイムに夜空を見上げて蛾とか蝿のことを考えてしまうくらいだから、三位決定戦というのはやはりその程度のゲームなのだなあ。

２１時ちょうど、選手再登場。２１時2分、後半のスタート。

４1分、ブラックスの⑫メイジャーのノックオンからフランスがボールを繋ぐ。⑭エロルガがトップ・スピードでボールを受けてそのままトライ。これは鮮やかだった。ゴールも成功して１３対１４。1点差である。

でもこのあとオールブラックスが連続トライ。５０分、フランスが攻め込んだボールをブラックスがターンオーバー。⑪ジョー・ロコゾコがトライ（Ｇ）。５２分、ラインアウトのクイック・スローからボールを繋ぐ。⑱ブラッド・ソーンがトライ（Ｇ）。２８対１３。

５6分、場内にウエーブが起きる。盛り上がっていると言うよりは、もう飽きちゃったという観客の意思表示だ。57分、ブラックスは⑭ハウレットの前進からチャンス、今度は⑮ムリアイナがトライ（G）。35対13。

62分にはブラックスの⑩スペンサーがスペースに小さく蹴ったボールを、⑭ハウレットがゴールに飛び込んで押さえようとしてあとちょっとのところでノックオン。64分、フランスのメルスロンに代わってミシャラクが登場して大歓声を浴びる。

70分、ブラックスはフォワードでゴール前に攻め込むが、最後はノックオン。それでも72分に再びフォワードで攻めて、⑲ホラーがトライ。40対13。

76分、フランスは久々に攻めて、⑭エロルガがトップ・スピードでボールをもらおうとするが、ノックオン。ボールを取り返してもう一度攻めるも、今度は⑫トライユがノックオン。一本返したいが決まらない。最後にはブラックスがゴール前から攻めようとするがミスが起こって、そのままノーサイド。

終了後、オールブラックスはバック・スタンドのファンに挨拶に行く。しかし勝者の誇らしげな表情はなく、力なく肩を落とした感じでフィールドを去っていく。今回の結果にいちばん落胆しているのが彼らであることはわかる。4年後のフランス大会に出場できる選手が何人いるかわからないけれど、この先の彼らの人生に幸あれと祈るばかりである。

オタゴのジャージを着た例の青年に、「4年後にフランスで会おう」と言うと、「おお、そうだね。それで、2011年は日本だろう？」と言われた。ニュージーランドではすでにそういうふうに伝えられているのだろうか？　国内ではまだまだ「本当に招致するのかよ？」という感じだと思うのだが（後日註：周知のように２０１１年ラグビー・ワールドカップの招致には日本も立候補したが、２００５年１１月１８日にニュージーランドでの開催が決定した）。

そのオタゴ・ボーイが例のメッセージを書いた垂れ幕を置きっ放しにしたまま客席を出て行こうとするので、「おーい、忘れてるよ」と声を掛けると、「ああ、もう良いんだ。トーナメントは終わったんだから」と彼は答えた。瞬間、僕はちょっと泣きそうになってしまった。その一言には彼らの――ニュージーランド全国民の――淋しさと空しさとが凝縮されているように思えた。そうだよな。何が「ワールドカップの残りのゲームを楽しみなさい」だよな。

ニュージーランドとしては、スペンサーが準決勝でもこの日くらい動けていたら、もっと楽な戦いができていたはずである。その前提はもちろんフォワードの健闘にあるのだけれど。それから、この日のスペンサーはある程度キックを使っていたけれど、彼のキックはほんの少しのギャップを突こうとするキックなので、成功すればビッグ・ゲインに繋がるが、確率が低いことが良くわかった。「精

47／3位4位決定戦／11月20日／シドニー・テルストラ・スタジアム
レフリー：クリス・ホワイト／観客：62712人

	ニュージーランド				フランス	
	40				13	
	14		前半		6	
	26		後半		7	
	6		T		1	
	5		G		1	
	0		PG		1	
	0		DG		1	
1	D.ヒューイット	→17		1	S.マルコネ	→3
2	K.メアラム	→16		2	Y.ブリュ	→16
3	G.サマヴィル			3	J.B.プクス	→17/1→
4	C.ジャック			4	D.オラドゥー	
5	A.ウィリアムズ	→18		5	T.プリヴァ	→18
6	R.ソーン			6	S.シャバル	
7	R.マコウ	→19		7	P.タバコ	→19
8	J.コリンズ			8	C.ラビ	
9	S.デヴァイン			9	D.ヤシュヴィリ	
10	C.スペンサー			10	G.メルスロン	→20
11	J.ロコゾコ			11	D.ボリ	
12	A.メイジャー	→21		12	D.トライユ	
13	L.マクドナルド	→22		13	T.マーシュ	→21
14	D.ハウレット			14	P.エロルガ	
15	M.ムリアイナ			15	C.ポワトルノー	→22
16	M.ハメット	2→		16	R.イバネス	2→
17	C.ホーフト	1→		17	J.クランカ	3→
18	B.ソーン	5→		18	F.ブルース	5→
19	M.ホラー	7→		19	O.マーニュ	7→
20	B.ケラハー			20	F.ミシャラク	10→
21	D.カーター	12→		21	B.リーベンバーグ	13→
22	C.ラルフ	13→		22	N.ブリュスク	15→
	0		イエロー		0	
	0		レッド		0	

度が低い」と言うよりも「リスクが高い」ことが傍で見ていてわかった。

それにしても、試合経過の記述からも伝わると思うけれど、やはり淋しい試合だった。客の入りも淋しかったし、ゲームの内容も淋しかった。ブラックスがこのレベルのフランスにこのレベルのゲームしかできないことも淋しかった。フランスのユニークな攻撃が最後までほとんど観れなかったことも淋しかった。何よりも、スタジアムを覆う熱気が、フィールドに溢れる熱気が、この夜はほとんど感じられなかったことが淋しかった。

やはり三位決定戦は必要ないのかもしれない。

ホテルに帰ってテレビのスウィッチを入れる。僕たちはもともと「自宅に帰ってテレビのスウィッチを入れる」という習慣がないので、このホテルでテレビのスウィッチを入れるのはこれが初めてである。そのうちにスポーツ・ニュースが始まる。イングランドの選手がインタビューを受けている。ジェイソン・ロビンソンが質問に答えている。

ロビンソンのインタビューを観ているうちに、インタビューの内容とは別のことが気になり始めた。映像の背景の景色である。その景色には見覚えがある。砂浜に松林。僕はすぐに思い出した。これはマンリーではないだろうか？昨日僕たちが遊びに行ったマンリー・ビーチの風景ではないだろうか？

それと同時に縺れていた糸が解けるように思い出したことがある。マンリーというクラブ・チームの名前を聞いたことがあると先に書いたけれど、それはあのクライヴ・ウッドワードが在籍していたクラブだったはずだ。だとすると、もしかしたらイングランドはあのマンリーで合宿しているのではないだろうか？　そして、もしそうだとすると、あの朝ビーチに下りる階段のところで僕たちが擦れ違ったのは、本物のクライヴ・ウッドワードだったのではないだろうか？

11月21日（金）

朝から新聞を買って部屋で読む。

「ザ・シドニー・モーニング・ヘラルド」は、1面からラグビー・ワールドカップ。ジョージ・グレーガンとマーティン・ジョンソンの大きな顔写真を配した、力の入った論説を載せている。署名は「ザ・シドニー・モーニング・ヘラルド」でクリケットやラグビーの記事を書いているジャーナリストのマルコム・ノックス。次のような前文から始まっている。

このワールドカップの決勝は一つのゲーム以上のものである。それは両者の対照的な精神だけでなく、ほとんど歴史をも分け合う。勝利がどういうものかを思い出せないでいる一つの国家と、敗北に慣れていないもう一つの国家との戦いである。互いに完全には赦し合えなかった（そして今後も赦し合えないだろう）国同士の激突である。

そして次のような本文が続いている。

2年前にブリティッシュ・ライオンズを率いてオーストラリアと対戦する前に、マーティン・ジョンソンは一風変わった効果的なスピーチをした。彼は、オーストラリアがイングランドを負かしているたくさんのスポーツをすらすらと列挙した。彼の狙いはオーストラリアを憤慨させることにあった。『この国の人たちは』と彼は唾を飛ばして喋って狂暴さを演じた。『自分たちが何につけても我々より優れていると考えているんだ』

ジョンソンの武装のための呼び掛けは風変わりだった。なぜならイングランドのラグビー選手たちが……アイルランド人とスコットランド人とウエールズ人には更衣室にいてもらうとして……どうしてイングランドのクリケット・チームの屈辱を気にしなくてはならないのかが理解しにくかったからだ。けれどもそれは、オーストラリアのスポーツにおけるいちばん強いモチベーションが、どれほどイングランドに対して向けられてきたかを示した点では効果的だった。我々はもはや世界最大の劣等感を持っているという誇りを主張することはできないのだ。

ライオンズは負け越し、ジョンソンはより増大した怒りをイングランド・チームに持ち帰ることを誓った。

このことは、フィールドにおけるイングランドの関心を単純な目標に書き換えた。勝つこと。魅力的なラグビーが何になるのだ、とコーチのクライヴ・ウッドワードは言う。もしその勝利が、ジョニー・ウィルキンソンが1本のDGを決めて、あとは客席にボールを蹴り込むだけの内容だったとしても、クライヴは天にも昇るだろう。どんなことをしてでもオーストラリアを負かすのだというイングランドの半狂乱的な決心は、否定する余地がない。

もともと19世紀の半ばにクリケットでイングランドを負かすことは、オーストラリアにとっては「矮小な、庶子の、罪人の民族」という自意識を向上させる……劣等感を軽減させる……効果があった。けれども1990年代以降は、オーストラリアはスポーツのほかにも誇りを持てるものを発見するようになった。一方のイングランドは、スポーツ、とりわけそれまで軽蔑していた各種フットボールの価値を重視するようになった。デヴィッド・マロウフという人物は今週発売されたエッセイの中で、「英国人［ブリティッシュ］がオーストラリア人を見る時、彼らは自分たちの、別の、異なったビジョンを探している。新しい光の中で自分たちを捉えようとしている。新しく暖かい空の下の。より失望の少ない200年の歴史のあとの」と書いているという。

あるいはこう言い換えることもできる。我々は荒野を得て、それを偉大な国家に変えてきたのだと。その反対のことをしてしまったのではないかと怖れているイングランド人は、我々をからかうのをやめ、我々の真似を始めた。もはやイングランド人にとっては充分ではなかった。明らかにマーティン・ジョンソンとクライヴ・ウッドワードにとっては充分ではなかった。オーストラリアがパーフェクトなゲームをしたのだとか、オーストラリアのスポーツの生意気さはオーストラリアの未成熟さを強調しているだけだとか、言い訳を思い出すだけでは。今では彼らはただ我々を負かしたがっている。

この変化の一つの瞬間は、1991年のラグビー・ワールドカップの決勝だった。プレイが退屈だという批判に晒されたイングランドが、美しく勝とうと決心した時だ。その代わりに彼らは美しく敗れた。オーストラリアとニュージーランドで長期間ラグビーをしたことがあるジョンソンとウッドワードは、同じ過ちは犯さないだろう。彼らはもはや我々の劣等感を重視していない。その劣等感は今や彼らのものなのだ。

オーストラリアの選手たちは美学についても心配していない。明日の夜は世界のラグビー界で最も客観的で冷笑的なチームのマッチ・アップになる。1991年と1999年のオーストラリアの二度のワールドカップの優勝は、ラグビー・リーグからコピーした守備の毛布［ディフェンシブ・ブランケット］に拠っていた。ワラビーズの『ランニング・ラグビー』はマーク・エラとデヴィッド・キャンピージが同じチームでプレイした短い黄金時代に生まれた神話である。ジョージ・グレーガンの姿勢はスティーヴ・ウォーの次のパラフレーズに要約される。『もし我々の堅実さが好きになれないのなら、イングランドに負けるのがどういうものかを思い出すべきだ』

けれどもオーストラリアの若者はそれがどういうものかを思い出すことができない。両者の関係はある意味では逆転している。そして、この決勝は、国家、歴史、人間のサブ・テキストである。ただ、多くの観客と選手にとって、ラグビーの秘密は依然としてあの「肉体の山」の下にあるとマルコム・ノックスは指摘する。

イングランドのウィルキンソンは大衆の関心を惹き付けている。それは彼が偉大な選手であるからではなく……彼は偉大な選手ではない……誰もが目で見て理解できることをするからである。彼はゴールキックを蹴る。本当のラグビー・ヒーローは、オーストラリアのジョージ・スミスやイングランドのリチャード・

ヒルのような、陰でマジックをしている選手である。そこで、ゲームの解説と我々の大まかな希望を述べておこう。イングランドは、例えば、チームの2人の老兵、マーティン・ジョンソンとローレンス・ダラーリオに絶大な信頼を寄せている。彼らは敗者としてフィールドを去ることを断固として拒否している。オーストラリア人は、エディ・ジョーンズが神話的な何かを持っているのではないかと思っている。オーストラリアの選手たちがイングランド人よりも遺伝的にフィットしていてスピードがあってスキルがあると信じている。

勝敗の予想については、マルコム・ノックスは「誰かが勝って、誰かが負けるのだ」と明言を避けている。そして、「これは両国民が優美と謙遜を持って結果を受け容れられるかどうかの人格のテストになるだろう」と述べている。

試合後の感情が治まらない時には、マロウフの次の論説について考えることが慰めになるかもしれない。すなわち、オーストラリア人とイングランド人は互いに鏡を掲げ合っているのだ。『我々がイングランド人を見る時』と彼は書いている。『我々は両方を見ているのだ。最初の時の我々と、結局そうはならなかった我々の。そして、彼らが我々を見ている見方をも見ているのだ』

マルコム・ノックスは結びにイングランド人のスティーヴン・フライという人物の言葉を引用する。

アメリカ人でいっぱいの部屋にいると、イングランド人とオーストラリア人にどれほど共通点があるかを実感するしかないのだ。

パワフルな論説である。オーストラリア人のイングランド人に対する心情については僕がここで二行や三行の感想を言っても始まらないけれど、少なくとも我が国で伝えられているステレオ・タイプの見方——「オーストラリアがイングランドに負けたくないのは宗主国に対する反抗心や劣等感からだ」という見方——がいかに前時代的であるかを思い知らされる。それはそうである。一つの国のアイデンティティがそんなに平面的でそんなに直線的であるはずがない。本当のビジョンというものは、もっと複雑で、屈折していて、曖昧模糊としているものである。そんなに単純でそんなに子どもっぽいはずがない。もっと入り組んでいてもっと捻じ曲がっているはずである。いくらオーストラリア人だって(もちろん冗談です)。

それにしても、こういう論文を一般紙の一面トップで読むことができるのも、ラグビー・ワールドカップを現地観戦していることの一つの楽しみと言えるだろう。なんて、意外と国内でもウェブサイトで読めたりしてね。

一方、「ザ・デイリー・テレグラフ」の終面は、「楽しませますよ[エンタテイン・ユー]」という大見出し。「ワラビーズのコーチのエディ・ジョーンズは、退屈なイングランドに対して、明日の夜の決勝では観客を楽しませてみよと挑んでいる」という前文で始まるピーター・ジェンキンスの記事。

エディ・ジョーンズの言葉。

「（観客を楽しませるゲームにするための）我々の責任は、自然に、自由にプレイすることだ。そして我々の自然なゲームとは、アタックすることだ。我々はこの協定の自分たちの部分を貫き通す。そのことは保証する。もしイングランドとレフリーが同じように約束してくれれば、決勝は偉大なスペクタクルになるだろう。すべてのスポーツのワールドカップの決勝が一般的につまらなくなっている中で、ラグビーでは世界最高のゲームができるのだ」

これに対して元イングランドのロブ・アンドリューの言葉。

「昨日も練習を見たけれど、イングランドについては二つのことが言える。一つは、彼らはポム・バッシングに対して反応していない。もう一つは、彼らはそれをものともしていない。クライヴはずっと自分たちはここに勝ちに来ているんだと言っているよ」

興味深かったのは137面のニック・ファー・ジョーンズの手記だった。タイトルは「アンダー・プレッシャー」。文字通り、プレッシャーをどう扱うかを問題にしている。

ニック・ファー・ジョーンズは、経験から言えばその点（プレッシャーの扱い）ではイングランドに分があると述べた上で、1991年の決勝では「最も困難だった問題は、トゥイッケナムに着いてからキックオフまでに18分しかないという前代未聞の事態だった。選手たちは更衣室で気持ちを燃え立たせる余裕もなかった」と、当時の状況を回想している。そして、「土曜日のワラビーズにとっても、彼らが激烈な感情（rage）を維持することが決定的材料（crucial）になるだろう」と書いている。

ニック・ファー・ジョーンズはこの「決定的材料」という言葉を多用している。そして、土曜日の決勝の「決定的材料」になるのは、「セット・ピース」であり、「ブレイクダウンとクリーンアウト」であり、「ディフェンス」であり、「バックスに攻撃のスペースを供給するためのボール所有率の高さをフォワードが実現すること」であるとしている。

それから、最後に両チームの選手にこのゲームをできるだけ「トライ・アンド・エンジョイ」して欲しいと述べ、「これこそ彼らが無限の時間を費やして準備してきたことなのだ。血と汗と涙はこの機会のために流してきたのだ」と、まるで日本人が書くようなことを書いている。さらに、例の1991年の決勝のキックオフの直前に若き日のジョン・イールズと視線を交わして「思わず二人で笑い合ってしまった」ことを懐かしく思い出すと書き、「人は、このためにプレイしているのだ」と結んでいる。

うーん、さすがは第二回ワールドカップの優勝キャプテン。深い感銘と共感を誘う文章である。ニック・ファー・ジョーンズとジョン・イールズがワールドカップの決勝のキックオフの直前に目が合って思わず笑い合っている場面を想像するだけで、ちょっと泣けてしまう。それは「ラグビーとは何か？」という範囲を超えた、ほとんど「人生とは何か？」という領域の問題である。これも、「二行や三行ではとても書けない」種類の話だけれど。

あと、三位決定戦についての記事は少ないし、あってもほとんど読む気がしない。申し訳ないけれども、ちっとも興味が持てないのだ。「ザ・シドニー・モーニング・ヘラルド」の三位決定戦の記事の見出しは、「オールブラックス、小さなプライドを回復」。「ザ・デイリー・テレグラフ」は「ミッチェル、黒魔術［ブラック・マジック］頼み」。どちらも読まなくてもだいたいの内容は想像できる。

しばらくメモをまとめたりして部屋でぐずぐずしていて、11時30分ごろ部屋を出る。ゲームのない最後の1日。この日はどこか静かなところで静かに過ごしたいと以前から思っていた。できれば海辺の小さな街が良い。地図を広げると、シティレールのイラワレ線をずっと南に下った終点にあるクロヌラという街が何となく良さそうである。「何となく良さそう」と言っても何の根拠もないのだけれど。ただの勘でしかないのだけれど。でも一度そう思うとだんだんこの街が気になってくる。いても立ってもいられなくなってくる。仕方がないからこの街まで行ってみることにする。

シティレールで1時間ほどでその海辺の小さな駅に辿り着いた。空は曇天。途中ちょっとだけ雨が落ちていたが、駅を降りた時にはやんでいた。少し歩くとビーチに出る。そのちょっとうらぶれたビーチの景色に自分でもびっくりする。ビンゴ。これはまさしく僕が行きたいと思っていたようなところだ。こういうところでこの日を過ごしたいと思い描いていたようなところだ。

ビーチに建っている碑によると、20世紀の初めからサーフィンで賑わっていたところなのだそうだ。海べりの小さなカフェ「ラヴァッツァ」（イタリアのコーヒー豆のメーカー系列のカフェ）で昼食。僕は今日の魚のパーチ（perch＝すずきの一種の淡水魚）のグリルを、相方はシーフード・フライの盛り合わせを食べる。パーチはなかなか美味だったのだが、あまりにも量が多くて最後にはちょっと飽きてしまった。食後に磯辺を散歩する。相方は貝殻を拾って歩く。この人はこれ（貝殻拾い）をしている時がいちばん幸福そうな顔をしている。

それから見晴らしの良い高台の上に座って休んだ。ちょうど目の前の砂浜でフィジー人らしき二人組がラグビーボールで遊んでいた。蹴り合いをしたり、ラン・パスをしたり、取っ組み合いをしたり、タッチ・フットをしたり。時々波に足を取られて、砂に塗れて、格好はぐちゃぐちゃだ。それでも、大騒ぎをしながらシザース・パスをしたり、ダイビング・トライをしたり。彼らは真剣にふざけていた。その姿は実に楽しくて、美しかった。僕も着替えさえ持っていたら加えてもらいたいところだった。二人は少なくとも1時間はそうして遊んでいたと思う。ようやく引き上げてきたので拍手を贈ると、英雄気取りで右手を上げて応える。何となくラグビーフットボールの原点を――と言うよりも、あらゆるスポーツ・ゲームの原点を――思い出させられたような1時間だった。

ビーチから立ち去ろうとして歩道に小さなモニュメントがあることに気が付いた。タイトルは「種(seed)」。２００２年１０月のバリ島のテロの犠牲者のために建てられたという説明が書いてある。２００人以上の犠牲者の中に、この地域（サザーランド・ショア）の７人の少女が含まれていたのだそうだ。黙祷。今回のシドニー滞在では、オーストラリアの人々があのテロに今でもとても心を痛めていることが折に触れて理解できた。あのテロで彼らが家族を失い、隣人を失い、精神の奥底の大切な何かを傷付けられたのだということが実感できた。これは、今大会のワラビーズの大活躍と決して無縁ではない「何か」ではないかと思う。

商店街にニュージーランド・アイスクリームの店があって、相方が喜んで買って食べる。雑貨の店などを覗いてみるが、取り立てて買いたくなるようなものは何もない。

　で、僕は駅前の公衆電話から東京の職場に電話をする。昨夜ホテルに「相談したいことがあるのですが」というファックスが届いていたのだ。５分ほど電話で話して一応は解決する。ちなみに電話の相手の彼女は以前ニュージーランドにホームステイしていたことがあって、ホテルに届いたファックスには「オールブラックス負けちゃいましたね」という添え書きがあった。三位決定戦の結果を報告したのだが、「そうですか」と気のない返事が返ってきた。

　そして駅へ。１６時４０分、シティレールが駅を出るのとほとんど同時に雨が落ちてきた。

　サーキュラー・キーでシティレールを降りる。目的はジョージ・グレーガンが経営するエスプレッソ・カフェ「ＧＧエスプレッソ」。１８時を少

クロヌラのビーチにはバリ島のテロの犠牲者を悼む碑があった

し過ぎた時間だったのだが、ピット・ストリート56番地の店はすでに閉まっていた。仕方なくピット・ストリート175番地にあるもう一つの店に行ってみると、こちらも「今閉めた」というところだった。写真だけでも撮っておこうとカメラを構えていたら、まだ店の前にいた20代くらいの二人の従業員が話し掛けてきた。Tシャツなどを勧められたので断わると、グレーガンのポストカードをくれた。「明日また来るよ」と言うと、「明日は休みなんだ。月曜から金曜までなんだ」と言う。18時閉店と言い、土日休業と言い、我が国では考えられない殿様商売である。おまけにとても小さな店で、こういうカフェがうまくいくのかどうか僕にはちょっとわからない。今のところ全部で四店のチェーンなのだそうだ。グレーガン、ろくでもないビジネスで失敗して困ったことにならなければ良いのだけれど——というのは完全に余計なお世話だよな。

雨が強くなってきたのでサーキュラー・キーの売店で傘を買う。それからもう一度ロックスのキャンピージの店に行ってみる。でもやはり彼はいない。僕はキャンポとは縁がないのだろうか?

オリエント・ホテルの前を通り掛かるとまた「スウィング・ロウ」の歌声が聴こえてきた。「飲んで歌うことしか能がない人たちなのよ」と相方が吐き捨てるように言う。きっとそうなんだろうなと僕も思う。でもそれではお前はどうなんだと問われたら、似たようなものですと答えるしかないけれど。

雨がひどくなってきたのでレストランに入ることにする。「イタリアン・ヴィレッジ」というロックスのレストランに駆け込む。オペラ・ハウスのちょうど対岸。前夜のテレビのニュースでも報道されていたのだけれど、オペラ・ハウスはワラビーズの必勝を期して黄色にライトアップされていた。

一度ホテルに戻り、近くのインターネット・カフェでまたラグビー関連のサイトをざっとチェックする。明日の天気予報は、「朝は雨だが、やがて晴れる。午後は天国みたいな好天。でも夜には70パーセントの確率でシャワー」

それから、気になっていた「マンリー」を検索する。「イングランド」と「ラグビー」というキーワードも入力して検索する。結果は、

ビンゴ。

やはりそうだった。何十ものサイトがヒットした。準決勝以降のイングランドが合宿していたのは、あのマンリーだったのだ。イングランドの代表チームは一昨日僕たちが遊びに行ったあのマンリーに滞在していたのだ。「退屈なラグビー・チームがここでトレーニングしています」という看板が現われた「どこぞの海岸」というのは、あのマンリーの海岸だったのだ。何ということだろう。僕はあの新聞記事をまさしくその海岸で読んだのに。

そして、彼らがあのマンリーに滞在していたのだとすると、あの朝僕たちが「クライヴ・ウッドワードのそっくりさん」だと言って笑ったのは、本物のウッドワードだったのだ。かなりの確率で本人だったのだ。僕は彼のほんの1・5メートル横を通り過ぎた。サングラスの奥の彼の目と僕の目が合った。まったく何ということだろう。あともうちょっと僕の気が利いていたら、ウッドワードであることが認識できていたはずなのに。その場で確認できていたはずなのに。場合によってはちょっとしたインタビューもできていたかもしれないのに。どうしてぴんとこなかったんだ？　ジャーナリスト

の端くれとして、一世一代の不覚である。

でも、仮にあの時の彼がウッドワード本人であることがわかったとしたら、僕はいったい何を質問していただろう？

案外、好きな映画とか好きな音楽とかを訊いていたりしてね。

とにかくこの夜は悔しくて悔しくてなかなか眠れなかった——などということはまったくなくて、この夜もベッドに入るとすぐに睡魔に負けてしまった。

2003年決勝　オーストラリア対イングランド

11月22日（土）

11月22日。待ちに待ったこの日がやってきた。

朝8時30分に起床。カーテンを開けると空は一面の雲に覆われている。新聞を買いに出ると強い雨が降っている。ただ、朝っぱらはこういう天気で昼ごろから晴れてくるという日もあったので、この日のシドニーもどういう天気になるかはまだわからない。

今朝の新聞。

「ザ・デイリー・テレグラフ」の1面の見出しは「夢を実現しよう」。ワラビーズのジャージを着ている男の子の写真に、「グリーンとゴールドのジャージを着て、最高に偉大な賞のためにプレイすること。それはオーストラリア人の少年時代をライトアップするファンタジーであり、そのきらめきはジョシュ・フラットリーの目に浮かんでいる。今夜彼の父のエルトンとワラビーのチームメイトは、ラグビー・ワールドカップの決勝でイングランド人に立ち向かう。グリーンとゴールドの夢が実現する」という文章。ここまで読むとわかるのだが、この写真の男の子はフラットリーの息子なのだ。ずいぶん可愛らしい男の子である。

9面にはグレーガンのインタビューを盛り込んだ「伝統を追求するワラビーズ……オーストラリア人は決して降参しない」というジム・タッカー氏の記事。「オーストラリアのような人口の少ない国が、どうしてこれほど多くのスポーツの世界チャンピオンを生み出せるのか？」「どうして三度目のワールドカップの優勝チームを生み出せるのか?」という問いに、グレーガンはこう答えている。「オージーは競争を生きがいにしているんだ。僕たちは全員競争者だ。サッカーを見てご覧よ。彼らは昨年イングランドを負かしている」

グレーガンはほかにもこういうことを言っている。

「ワラビーのジャンパーを着ている時はいつでもその責任を感じる。お互いに家族を、国を代表しているんだ。僕たちは明らかに今そのステージにいる。一国全体が僕たちの味方なんだ」

「当然ナーバスになるさ。ワールドカップの決勝なんだ。ナーバスにならなかったらこの惑星の住人じゃないよ」

グレーガンは今週キャシー・フリーマンに、オリンピックの400メートルのあのレースにおいて、250メートルの地点で彼女が勝つことがわかったと語ったのだそうだ。その地点で彼女は後方の集団にいたのにである。この記事は次のように結ばれている。

ワラビーズも過去6週間に亘ってこのラグビー・レースの後方の集団にいた。でも250メートルの地点でワラビーズがどう見えるのかは問題ではない。問題は、いかにそれを終えるかである。我らがキャシーのように。

１０６面にはトウタイ・ケフの手記。「これはワラビーズが過去2年間に亘って心に置いてきたゲームである。私もその一人だったのでそのことを知っている」という書き出しで始まって、ゲームの前の時間を普段通りに過ごすことが大切だということが書いてある。ケフは時間になるまでスウィッチをオフにしてリラックスするようにしていたのだそうだ。「(重要なのは) ゲームが始まる前にゲームをしないことだ」

１０１面にはスターリング・モートロックに関する「１００万ドルはいらない」というピーター・ジェンキンスの記事がある。準決勝で爆発したモートロックにはヨーロッパ中のクラブの注目が集まっている。あるイングランドのクラブは「いくらでも払う」と宣言しているし、フランスのクラブも高額を提示している。モートロックの年収は７０万ドルである。

しかし、モートロックにとっては子どもたちの引っ越しの方が重大な問題だった。彼は１００万ドルに背を向けて、オーストラリア・ラグビー協会と今後三シーズンの契約をした。その年収は推定４０万ドル前後なのだそうだ。

ちなみに肩の怪我から復帰したモートロックは、「おそらく自分のキャリアの中でも最高の体調だよ。ジムでは過去最高のウェイトを持ち上げているし、パドックの外でも自信に満ちている」と語っている。

「ザ・シドニー・モーニング・ヘラルド」は、ワールドカップ・スペシャルの1面に「掛かってこい「ブリング・イット・オン」」という大見出し。オーストラリアとイングランドのそれぞれのカラーのペインティングを顔に施した二人の若者の大写しの写真を載せている。3面には「お願い、神様、雨を降らせないで」という記事。あと、１８時３０分からジョン・ウィリアムソンがテルストラ・スタジアムの外で「ワルチング・マチルダ」を歌うという話題が出ている。

特集ページには今夜ワラビーズが着るジャージの写真が載っている。オーストラリアのエンブレムの下には「オーストラリアvsイングランド　ＲＷＣファイナル　シドニー　22nd November 2003」という文字が刺繍されている。

僕が面白く読んだのは７５面の「タイトルホルダーのためのフランスの大きな教訓」というグレッグ・グロウデンの記事だった。オールブラックス戦の大勝利が、オーストラリアが初めて連覇するチームになるための理想的な拍車になるかどうか、という書き出しで始まっている。

結論は、「今週のオーストラリア・チームの自信に満ちたトーンから判断して、１９９９年のワールドカップでフランスがニュージーランドに勝ったあとに陥った罠に、ワラビーズが陥らないことは明らかである」

４年前のフランスは、金星を祝って長時間のパーティを開いたことに象徴されるように、ブラックス戦の勝利に満足してしまっていた。それで翌週の「形式だけの決勝の勝利」をオーストラリアに献上してしまった。けれどもワラビーズのキャンプにはそういうムードはまったくない。笑顔もない。

WIN THE LAST RUGBY TICKETS
THE EXPERT GIFT GUIDE
The Sydney Morning Herald
WEEKEND
BRING IT ON
WORLD CUP FINAL 2003

「ザ・シドニー・モーニング・ヘラルド」11月22日号1面「掛かってこい（ブリング・イット・オン)」

彼らはイングランドに勝つまで満足することはない、という趣旨の記事だ。また、12年前の決勝で急にスタイルを変えようとして失敗したイングランドが、今回も同じ轍を踏むことはあり得ないと断言している。

6月にメルボルンで示されたように、彼らはそれ（フレアとワイドのある攻撃）に打ち込めば、マイク・ティンドル、ウィル・グリーンウッド、ジェイソン・ロビンソン、ベン・コーインなどのすぐれたアタッカーによってオーストラリアのディフェンスの構造……ワールドカップを通じて相対的に堅実だが、時々まとまりを失っている……を暴露することができるのだが。

さらに、決勝ではイングランドがワイドにプレイするかどうかと同じように、ポゼッションとテリトリーも重要な問題だと指摘している。もしもイングランドがフォワードの強さ、とりわけバックロウの強さを前面に押し出せば、ウィルキンソンのキックの機会が増え、ポゼッションとテリトリーも60パーセントになるだろうとしている。

伝統的に、オーストラリアはポゼッションに頼らないチームだが、ゲームのリズムとペースをコントロールする達人のイングランドに対しては、適正以上のボールが配分される必要があるだろう。

同じ面にはオーストラリアとイングランドのバックロウを比較する記事がある。フィル・ウォー、ジョージ・スミス、デヴィッド・ライアンズ対ニール・バック、リチャード・ヒル、ローレンス・ダラーリオ。合計キャップ数はオーストラリアが７４、イングランドが１９１、平均年齢はオーストラリアが２３、イングランドが３２。フィル・ウォーは語る。

「彼らは僕らよりたくさんの経験があり、彼らは僕らよりたくさんのテストに出ている。彼らは長期間バックロウを形成してきた。ジョージとデヴィッドと僕にとっては大きなチャレンジだよ。僕たちはゲームに出て最高の男たちと一戦を交えるのを楽しみにしている」

「僕たちの毎週の焦点はブレイクダウンのペナルティを最少にすることだった。それは僕たちがどれだけハードにブレイクダウンに入るかと、レフリーがどれだけそれをレフリングするかという評価の問題だ。僕たちはジョニー・ウィルキンソンがどれほど危険であるかを知っている。でもチームの全員であの危険なゴールキッカーに対してプレイする。僕たちはペナルティの数をできるだけ少なくすることを目標にしている。もし僕たちがペナルティのないゲームができれば、目標は達成される……もしうまくいけばだけれど、それが勝つために必要な戦いだ」

同じページにはラーカムについての記事もある。メディアから遠ざかっているという点で、あるいはヘア・スタイルやファッション・センスにおいても、ラーカムはアンチ・ウィルキンソンのタイプだという記事。また、準決勝でウィルキンソンが５２回ボールを手にして２４回キックしたのに対し、ラーカムは６５回ボールを手にして１０回しかキックしなかったという。ラーカムは語る。

「あれは確かにバックス・ラインのターニング・ポイントだったと思う。僕たちはあのゲームでたくさんの自信を取り戻した。それ以前のゲームにおける僕たちの問題はハンドリングだった。オールブラックスに対しては落球は明らかに少なかった。僕たちはとても大きなゲームになると燃えるんだ。今週のようなね」

「僕はメディアからは距離を置いてきた。とりわけここコフ（岩切註：ワラビーズの今回の合宿地）においてはそうだ。それで多くのプレッシャーから逃れることができた。イングランドのゲームはたぶん四試合観ている。ウィルキンソンのキックはすごくファンタスティックだ。ファイブエイスの彼は対戦したゲームでは常に上手にプレイをコントロールしていた。それらのゲームでは僕と彼の間には明らかなプレイ・スタイルの違いがあった」

そのほか、ポム・バッシングの記事は相変わらずたくさんあるけれど、良い加減に飽きてきたので読み飛ばすことにする。

10時30分ごろに部屋を出て最後の散策をする。雨の中を歩いてオーストラリア博物館を訪ねる。ほとんど予備知識なしで見学に行ったのだが、アボジリニ関連の展示が豊富にあったので、真剣に説明を読んで歩いた。

最初に、「オーストラリア先住民 Indigenous Australian には、大きく分けてアボジリニとトレス海峡諸島人 Torres Strait Islander とがいる」ということが説明されている。「オーストラリア先住民」という言葉を遣う時には、アボリジニだけではなくてトレス海峡諸島人のことも想定するべきだという論調は、ここのところ少しずつ高まってきているようである。今回のラグビー・ワールドカップの開会式でも、アボリジニとトレス海峡諸島人の両方の文化を演出の中に盛り込んでいた。「オーストラリア先住民はアボリジニだけではなかった」。これが、シドニー・オリンピックから3年を経てオーストラリアが世界に発したメッセージだった。

アボリジニの文化とトレス海峡諸島人の文化の相違点だとか、アボリジニのアートのモチーフだとか、このカテゴリーの展示は一つ一つが勉強になった。でも、僕がはっとしたのは、オーストラリア先住民の文化に関する次のような説明を読んだ時だった。

「オーストラリア先住民の文化は現在まで生き延びている世界最古の文化である。その発祥は6万年前から12万年前と推定されている。彼らの文化が生き残っている理由の一つは、時を超えた適応能力にある。すなわち、

1：一つの世代から次の世代へと知識、芸術、儀式、パフォーマンスを受け継いだこと

2：言葉を話し、教えたこと

3：文化的財産と、神聖で重要な意味のある場所（sites）と対象物（objects）を護ったこと」

おいおい、これはまるでどうすればラグビーフットボール文化が生き延びられるかという問題の完璧な解答のようではないか？

さて、ランチを食べる場所を探してタウンホールの方向に歩き出したのだが、途中からダーリング・ハーバーまで歩くことにする。結局またハーバーサイド・ショッピングセンターのフードコートで昼食。僕はフィッシュ・アンド・チップスを、相方はハンバーガーを食べる。食べ終えて外に出ると雨が上がっていた。

それからピアモント橋を渡ろうとしたら、何だかわからないけれどサイレンが鳴って、橋が通行止めになる。中央部分を渡ったところで封鎖されて、中央の部分がスライドして回転する。そしてその下をマストの高いヨットが通過していった。良くできているなあと感心する。あとで調べるとこういう橋を旋回橋と呼ぶのだということがわかった。

今度はピット・ストリート・モールからマーティン・プレイスを経て王立植物園に行ってみたが、ここはあまり特徴のない植物園だった。園内を抜けてオペラ・ハウスの前のゲートから出てシドニー湾に面したオープン・エアのバーへ。僕はビールを、相方はオレンジジュースを飲む。それからもう一度キャンピージの店に行ってみるが、やはりキャンポはいなかった。続いてアボリジニのギャラリーに行って、この日はついに一枚の絵を購入した。

この日のロックス周辺は本当にラグビー一色で、散歩している人も買い物している人も食事している人も、その七割から八割はラグビー・ジャージもしくはラグビーに関連するウェアを着ていた。これも本当の話である。しかもその半分以上はイングランドの白ジャージ。オーストラリアのゴールドもいつもよりは多いのだが、イングランドよりは少ない。地元開催の決勝当日なのに、である。

ロックスの周辺のパブでは例によってイングランドのサポーターがほとんどひっきりなしに歌って

いる。それはもう鬱陶しいと言っても良いくらいである。オージーたちはそういうポムたちに対して無関心を装っている。でももちろん彼らは目も見えているし耳も聴こえている。その証拠に、後部座席にワラビー・カラーのいでたちの元気なお姉ちゃんを乗せたイージーライダーふうのオートバイが登場すると、あちこちで歓声が沸き起こる。車のクラクションが鳴り始める。

僕たちは一度ホテルに戻って着替えをしてから再出発した。サーキュラー・キーの駅のホームでも、キングス・クロスの駅のホームでも、あちこちから「スウィング・ロウ」が聴こえてくる。それはもう聴こえてくるなどというレベルではない。彼らはあちこちで吠えている。そこら中でがなっている。

断っておくけれど、ここはオーストラリアである。でもまるでイングランドにいるみたいなのだ。オーストラリア人たちは数はたくさんいるのだけ

決勝当日、ロックスのパブはイングランド・サポーターで白一色

れど（何しろここはオーストラリアなのだ）、特に大騒ぎすることもない。それどころか、どことなく居心地が悪そうに見える。彼らの方がよそよそしく見える。所在がなくて落ち着かないように見える。笑顔が引き攣って見える。表情が強張って見える。何だかまるで彼らの方が敵地にいるように見える。一方のイングランド人たちはほとんど自国にいるみたいに振る舞っている。その光景は、決して美しいものではない。傍若無人。無遠慮。不行儀。おそらく、イングランド人たちにはオーストラリア人たちの気持ちがわかっていないに違いない。オーストラリア人たちは、まるで占領されてしまったように感じているはずである。自分たちの大切な場所が。心の中のある領域が。そのことにイングランド人たちは気が付いていないのだ。占領するということはそういうことで、占領されるということはそういうことなのだ。

そういうことを考えているうちに、だんだん、僕の気持ちにも変化が起こってくる。このゲームはワラビーズが勝つべきだという思いが強くなってくる。ポムたちを勝たせてはいけないという考えが頭を擡げてくる。結局彼らは宗主国の体質なんだ、これが植民地帝国国家の本質なんだという思いになってくる。

いくらか筋が違っていることは承知しているけれど、これが、この日の午後に僕の中で起こった一つの変化だった。そしておそらくは多くの人の中に起こった変化だった。シドニーの街全体に起こった変化でもあった。僕たちは完全にワラビーズのサイドに立ったのだ。ニュージーランド人も、フランス人も、南アフリカ人も、ウエールズ人も、スコットランド人も、アイルランド人も。イングランドは世界を敵に回すことになった。街の空気には明らかに変化が生じた。風は変わった。気温も変わった。僕はそれを肌で感じた。誰もがそれを肌で感じた。

キングス・クロスを出発したのは16時30分だった。セントラルで乗り換えてオリンピック・パークに向かう。この行程も今日が最後かと思うとちょっと淋しいものがある。2階席に陣取ったが、車内の大半は例によって白いジャージ。僕はそのうちにうとうとしてしまう。

突然の大声の歌声に目が覚めた。イングランド・サポーターたちが大声で歌い始めたのだ。時計を見るとちょうど17時。ということは、例のオーストラリア全土で放送される「ワルチング・マチルダ」に対抗するために、この時間に歌い始めることを事前に申し合わせていたに違いない。あとで知ったのだが、この「通達」はイングランド・サポーターたちに広く伝えられていて、彼らはシドニーの街の至るところで17時ちょうどに歌い出したのだそうだ。

シティレールはその直後の17時2分にストレイスフィールドという駅に到着した。すると、駅のホームの小型のスピーカーから「ワルチング・マチルダ」が流れていた。ものすごく速いテンポのコミカルな編曲の演奏。古い録音のようだ。これはちょっと一緒には歌いにくい。どうしてジョン・ウィリアムソンの「ワルチング・マチルダ」を流さなかったのだろう?

そして、駅のホームから流れてきた「ワルチング・マチルダ」に触発されて、車内のイングランド・サポーターたちの歌声がさらに盛り上がる。ニール・バックやリチャード・ヒルの名前をもじった小唄。さらには僕もすっかり覚えてしまったジョニー・ウィルキンソンの小唄。「オー、ジョニージョニー、オー、ジョニージョニー、ジョニージョニージョニージョニー・ウィルキンソン」。そして「ガッド・

セイヴ・ザ・クイーン」。何もそんなに大きな声で歌わなくても聴こえるって。いくら何でもうるさいって。

電車がオリンピック・パークに到着する寸前のタイミングで、彼らは「ガッド・セイヴ・ザ・クイーン」を歌い終えた。すると、奇跡が起こった。それまで黙って座っていたワラビーズ・ジャージの見るからに無口そうなおじさんが、「ゴー、ザ・ワラビーズ」と一言だけ発したのだ。これにはイングランド人も大拍手、大歓声。こういうシーンはラグビーならではでとても楽しい。サポーターがどんなに興奮していると言ったって、ラグビーフットボールにはまだ「これ」がある。

17時12分、オリンピック・パークに到着。

この日の空も曇っているけれど、あの準決勝の第二試合の日のような暗さはまったくない。テルストラ・スタジアムの周辺はものすごい盛り上がり。どこもかしこも押すな押すなの盛況。僕たちは屋台のタイのカレーを食べる。これが意外にも大変な美味だった。

雨がちょっときつくなってきたので早めにスタジアムに入ることにする。18時20分ごろにスタジアムの中へ。さすがにこの日は出足が早くて、スタジアム内は早くもすごい人。イングランドの何人かは早々にグラウンドに

テルストラ・スタジアム前でもイングランド・サポーターが元気

出て来てアップを始めている。ジョニー・ウィルキンソンもゴールキックを蹴っている。僕は証言するけれど、ウィルキンソンがほかの選手よりも1時間早く出て来てゴールキックの練習をしているというのは本当だ。

メンバー・ラウンジでビールを買ってスタジアムに戻ると、ワラビーズがウォームアップに登場する。すごい歓声が沸き起こる。そしてそれを打ち消すようにして「スウィング・ロウ」の歌声が沸き起こる。スタジアムの客席を埋めている色は、メイン・スタンドとバック・スタンドはほぼ完全に黄色だが、両ゴール裏は真っ白。オーストラリア65％、イングランド35％といったところ。だが、歓声の大きさはその反対くらいの感じがする。

僕たちはこれまで三試合はカテゴリーAの席だったのだがこの日だけカテゴリーBの席で、ゲートO・アイル141・ロウ4・シート14〜15。メイン・スタンドからバック・スタンドに向かって右側のゴール裏、ややメイン・スタンド寄りの位置である。イングランドのサポーターに完全に取り囲まれている。形勢不利である。

ところでフィールドの上には四方を囲むようにして花火の打ち上げ台のような装置がいくつも置かれている。僕たちの席は前から4列目なので、目の前の台が邪魔になってフィールド上に死角ができている。あれ邪魔だなあ、早く退けてくれないかなあ、でも花火が上がるのがゲームのあとだったらどうしよう、などと気になって仕方がない。

試合開始が近くなって、準決勝から毎試合行なわれていたイベントが始まる。観客全員に大声を出させて今日はこのくらいの音量だったと発表、どの日の観客が最大の音量を記録したかを競わせるイベントだ。この日はもちろん今大会最高の声量を記録。単純なゲームなのだけれど、こういう「オーディエンス参加型」のイベントはやはり楽しい。一方、どこぞの国のラグビー場で行なわれているカードを配布して番号が当たったただの外れただのというイベントは全然楽しくない。観客は一度大声を出すとその後も大声が出しやすくなるので、ゲームを盛り上げる効果も大きいと思う。

19時45分、モニターで選手紹介が始まる。それが終わると、今大会のテーマ曲だった「トゥルー・カラーズ」のイントロが流れ始める。閉会のセレモニーである。歌が始まって気が付いたのだが、バック・スタンドの前に設置されたステージで女性歌手が歌っている。ケイト・セベラーノというオーストラリアの歌手である。

そして、「花火の打ち上げ台のような装置」の正体が判明する。開会式でも使われていた、各国の国旗をモチーフにしたバルーンの台だった。フィールドを取り囲む形で各国のバルーンが膨らんでいく。僕たちの目の前ではグルジアとアルゼンチンのバルーンが膨らんでいく。

ケイト・セベラーノの「トゥルー・カラーズ」が終わると、「ワールド・イン・ユニオン」が流れ始める。オープニング・ゲームと同じように太鼓を叩く子どもたちがピッチを囲んでいる。そして、バック・スタンド前のステージで、まだほんの子どものイングランド・ジャージの少年が歌い始める。次にブルーのジャージの少年が歌を重ねる。最後にワラビーズ・ジャージの少年が歌い出す。これまでの各試合前に国歌を歌った各国男女一名ずつのコーラス隊も加わる。大合唱になる。同時に各国のバルーンが一つずつ畳まれていく。最後に二つのバルーンのみが残される。もちろんオーストラリアとイングランドのバルーンだ。この閉会のセレモニー、質素で簡潔で美しくてとても良かったと思う。

１９時５０分、改めて今大会用の「ワールド・イン・ユニオン」の変奏が流れ始める。５９分、ついに両チームが登場する。オーストラリアはジョージ・グレーガンを先頭に。イングランドはマーティン・ジョンソンを先頭に。そして、両国のバルーンがそれぞれのゴールの位置に移動される。

国歌斉唱。最初に「ガッド・セイヴ・ザ・クイーン」。続いて「アドヴァンス・オーストラリア・フェア」。大画面に選手たちの顔が映し出される。両チームとも良い顔をしている。ワラビーズのネイサン・シャープがぼろぼろ泣いている。国歌が終わると両国のバルーンも畳まれて、両チームの選手が位置に付く。

キックオフ前にイングランド・サポーターの「スウィング・ロウ」の大合唱。オージーたちも歓声を上げてものすごい雰囲気になる。ラグビー・ワールドカップ史上最高の盛り上がりではないだろ

決勝前、まだ人がまばらなテルストラ・スタジアム

うか？　ここまで両チームの応援が激突して爆発する決勝戦は初めてではないだろうか？　イングランドの応援の方がやはりいくらか大きくて、オーストラリアのホーム・アドバンテージは薄れてしまっているように思える。イングランドはホームに近い感じで闘えるように思える。

20時4分、世紀の決戦のキックオフ。イングランドの⑩ウィルキンソンがボールを深く蹴る。ワラビーズがキックで戻すと、ボールを取ろうとしたイングランドの⑭ロビンソンが足を滑らせる。

4分、ワラビーズはイングランドのラフ・プレイによって敵陣38メートルのペナルティを得る。⑨グレーガンの指示でゴールを狙わずに⑮ロジャースがタッチキック。大歓声。さらに、ラインアウトの人数違いで22メートルラインから2メートル入ったところでフリーキックを得る。グレーガンは今度はスクラムを選択する。また大歓声。

そして6分、スクラムから⑧ライアンズが一度右サイドを突いてすぐにボールを出し、⑩ラーカムが左に大きなハイパントを上げる。インゴール直前で⑪トゥキリが対面の⑭ロビンソンに競り勝ってナイス・キャッチ！　そのままトライ！　ワラビーズのいきなりの先制だ。スタジアムのゴールドが揺れる。場内に「ダウン・アンド・アンダー」が流れる。⑫フラットリーのゴールはポストに当たって失敗したが、ワラビーズにとっては願ってもないスタートとなった。

ただ、ゲームをあとから振り返ると、ワラビーズはこのトライがあまりにも簡単に取れてしまったために、その後の組み立てがちょっと安易で淡白になってしまったような気がしないでもなかった。

9分、⑭ロビンソンのゲインから今度はイングランドが連続攻撃。ワラビーズの⑧ライアンズがラックでオフサイドの反則。11分、⑩ジョニー・ウィルキンソンが48メートルのPGを決めて3対5とする。

12分、イングランドの⑦バックが膝を地面に着いたままプレイする反則。ワラビーズは48メートルの地点からまたタッチで攻めるが、ラインアウトのボールを奪われてしまう。イングランドのタッチキックからまたラインアウトになるが、ワラビーズはまたマイボールをキープできずにペナルティを取られてしまう。ラインアウトの不調は、ワラビーズにとってこのゲームの大きな誤算だった。

18分、イングランドの攻撃でサポートに付いていた⑪コーインをワラビーズの⑩ラーカムが抑えた反則で、43メートルの位置から⑩ウィルキンソンがPGを決める。6対5とイングランドが逆転。これで形勢がややイングランドに傾いた。

20分、ワラビーズは⑩ラーカムの出血一時退場で㉑ギトーが登場する。直後にそのギトーにイングランドの⑩ウィルキンソンがナイス・タックルの洗礼。イングランドは⑫ティンドルがボールを蹴り込んでチャンス、しかしワラビーズの⑪トゥキリがナイス・セーブ、タックルに来た⑮ルーシーを投げ飛ばすようにかわしてピンチを切り抜ける。

22分、イングランドの⑩ジョニーが40メートルのDGを失敗するとものすごいブーイングが起こる。

23分、イングランドはワラビーズのパス・ミスから、⑥ヒルがボールを足に引っ掛けてゴール前に迫る。ヒルはワラビーズの⑫フラットリーに競り勝ってボールを確保、⑦バック、⑮ルーシー、⑨ドウソン、⑤ケイと回して絶好のトライ・チャンス、しかし、ゴール前5メートルでケイがノックオン。ワラビーズは⑦ウォーがドウソンに振られずにケイをマークしてトライを防ぐことができた。

25分、負傷していた⑩ジョニーが立ち上がると大歓声が沸き起こる。26分にはゴール前7メートルのスクラムでワラビーズが肩を外してペナルティを取られる。イングランドはここでスクラムを制したことが後半に大きく影響した。ジョニーがゴールを狙うと場内は大ブーイングになるが、27分、この左中間23メートルのPGが決まって9対5となる。

28分にはイングランドがスクラムで反則。フラットリーが左寄り38メートルのPGを狙うと今度はイングランド・サポーターから大ブーイング。フラットリーはこのPGを失敗する。30分、ワラビーズは⑩ラーカムがフィールドに戻る。

イングランドは36分、ワラビーズの⑮ロジャースのキック・ボールを取った⑭ロビンソンが走ってショート・キック、このボールを取ったワラビーズの⑨グレーガンにティンドルがナイス・タックルを浴びせてタッチに出す。

そして37分、イングランドはラックから素早く左に展開して、⑧ダラーリオが大きくゲインして内側の⑩ウィルキンソンにパス、ウィルキンソンは外側の⑭ロビンソンにパス、ロビンソンが走り切って左隅にトライ！　ロビンソンは雄叫びを上げながら客席に向かってボールを叩き込む。今度は場内の白が揺れる。ジョニーのゴールは失敗したが、これで14対5となる。このスコアのまま、20時53分、ハーフタイム。

前半は、フォワード戦で優勢に立ったイングランドが徐々に主導権を握っていった。ロビンソンのトライによって得点差が9点に開いたので、もしかすると後半は大差になるかもしれないという展開になってきた。

２１時2分、最初にワラビーズが、続いてイングランドが再登場。いよいよ最後の４０分である。この４０分にいったいどのような展開が待ち受けているのだろう？

ワラビーズは後半の立ち上がり、４０分、４1分、４3分と、立て続けにマイボール・ラインアウトをミスしてボールを奪われる。後半の最初に攻勢を掛けたかったワラビーズにとって、これは本当に痛かった。ところがそのあと、４5分、４6分には、イングランドもマイボール・ラインアウトを続けてミス。互いに波に乗り切れない。

４6分、イングランドの⑧ダラーリオがラックで故意に手を使う反則。イングランドはこういうプレイがあまりにも多過ぎる。４7分、ワラビーズの⑫フラットリーが右中間２２メートルライン上からのPGを決める。８対１４、点差は6点となる。

４9分、客席から「ワルチング・マチルダ」の大合唱。さらに５1分にはものすごいオージー・コールが沸き起こる。しかしその声援の中でワラビーズはまたマイボール・ラインアウトを失う。スタジアムにはシャワーが降り注いでいる。

５1分にイングランドはオブストラクションの反則。しかし５2分の⑫フラットリーの４5メートルPGはほんの少しショートだった。５4分、イングランドは連続攻撃から⑫ティンドルが好タッチを蹴って、場内から今度は「スウィング・ロウ」の大合唱が起きる。

５5分、ワラビーズの⑩ラーカムが再び出血一時退場で㉑ギトーが再登場する。しかしこのラーカムの出たり入ったりは、ゲーム・メイクという面ではワラビーズにはマイナスだった。思い切ってギトーをそのまま使っても良かったのではないかとあとになって思った。

５９分にはワラビーズが連続攻撃。イングランドがラックでペナルティを犯し、６０分、⑫フラットリーが３８メートルのＰＧを成功させる。１１対１４、点差はとうとう3点になる。

６3分、両軍のサポーターのものすごいコールが鳴り響く中、ワラビーズの⑩ラーカムがフィールドに戻る。６７分、イングランドの⑫ティンドルがキックしたボールをワラビーズの⑪トゥキリがワン・タッチで⑮ロジャースにパスしようとするが、ボールがイングランドの⑮ルーシーに当たってしまう。イングランドの⑬グリーンウッドが追ったが、ロジャースがゴール直前でタッチに蹴り出して逃れる。イングランドはこのチャンスにラインアウトからボールを展開しようとして⑬グリーンウッドがノックオン。一瞬、ウィルキンソンがＤＧを狙うかと思ったのだが。

結局⑩ウィルキンソンは７１分に２８メートルの比較的イージーなＤＧを蹴って失敗する。攻めているのはイングランドだが、流れはワラビーズに傾きつつある。イングランドはどのような形であれ追加点が欲しい場面。７２分、３０メートル付近のワラビーズのラインアウトをまたイングランドが取って、ウィルキンソンがまたＤＧを蹴るかに見えたが、ちょっと迷ってからパス、これがフォワードパスになる。

７５分、この試合の客数が8万２９５７人で、これはワールドカップ・レコードだというアナウンスがある。大会通算客数は１８３万７５４７人。これもワールドカップ記録である。

７７分、あとがないワラビーズは⑩ラーカムの好タッチで攻め込んで、イングランド・ゴールまで２０メートル弱の位置でラインアウト。ここでイングランドがノックオン、ワラビーズが大チャンスを迎える。

そして78分、このスクラムでレフリーのアンドレ・ワトソンの長い笛が鳴る。イングランドのプロップのコラプシング。22メートルライン上のペナルティ。ゴールを狙うのは⑫エルトン・フラットリー。

大観衆が息を止めて見つめる中、79分、この運命のPGをフラットリーが決める！ 14対14の同点！ そして80分間終了の笛が鳴る。延長突入。フラットリーは全オーストラリア国民の期待が掛かったゴールを実に見事に成功させた。

決勝の延長突入は第三回ワールドカップの南アフリカ対ニュージーランドの歴史的名勝負（1995年6月24日、南アフリカ・ジョハネスバーグでのあの名勝負）以来。心のどこかで期待していた展開ではあるのだが、まさか現実にこういう展開になろうとは。ただ、ワラビーズがほとんど負け掛けていたゲームを終了直前に拾った形。内容ではイングランドが圧倒している。でもあと20分間の体力の問題もある。その点では若いワラビーズに分があるかもしれない。

5分間のブレイクなので両チームともロッカーには戻らない。エディ・ジョーンズもクライヴ・ウッドワードもグラウンドに降りてきて選手に直接指示を与えている。数年前までは当たり前だった光景が新鮮に見える。

延長開始直後の0分、ラインアウトでワラビーズが反則。1分、イングランドは⑩ジョニー・ウィルキンソンが43メートルのPGを決める。17対14。しかしここまでくると最後の最後までどうなるかわからない。

3分、イングランドはワラビーズ陣内に13メートル入ったラインアウトから、㉑キャット、⑧ダラーリオで大きくゲインする。しかしワラビーズは①ヤングがターンオーバー、㉒ロフのキックで陣地を戻す。5分、ワラビーズは⑮ロジャースの前進から攻めようとするが、⑥スミスがおかしなキックをしてしまってチャンスの芽が消える。ここで⑩ラーカムがまた出血一時退場。スタジアムにはシャワーが降り注いでいる。

8分、イングランドはハーフライン上のラインアウトから攻める。㉑キャット、⑥ヒル、㉒バルショウ、④ジョンソンらがゲイン。最後はキャットがDGを蹴ってワラビーズの④ハリソンにチャージされるが、ワラビーズの⑦ウォーがノックオン。9分、イングランドはスクラムから㉑キャットが一度縦を突いて、⑩ジョニーがDGを蹴って不成功。しかしさらにバルショウのランがあって、イングランドが押し込みながら延長の前半が終了する。

延長の前半はイングランドよりもワラビーズの方が疲れているように見えた。おそらくゲーム全体を通じて守勢に回っているからなのだろう。イングランドだって疲れているはずなのだが、途中交代のバルショウやキャットが元気。それにしても、ラグビーフットボールのゲームを一度でも体験したことがあれば賛同してもらえると思うけれど、一試合闘ったあとに延長を闘うというのは体力的にも精神的にも本当にぎりぎりの状態に違いない。

延長のハーフタイムにエディ・ジョーンズはグラウンドで選手に指示を出す。一方のクライヴ・ウッドワードはスタンドの上から降りてこない。この差は何なのだろう？　ジョーンズがそれだけ入れ込んでいるとも言えるし、ウッドワードが選手に任せ切っているとも言えるだろう。まあ、イングランドはウッドワードがちょっと指示を出したくらいで戦い方を変えるような連中ではないものな。

いよいよ世紀の一戦も本当に最後の最後の10分である。10分後にいったいどのような結末が待ち受けているのだろう？

延長後半開始。ワラビーズは⑪トゥキリが縦を突き、⑥スミスが縦を突く。イングランドの⑩ウィルキンソンが深く蹴り、ワラビーズの⑪トゥキリが蹴り返し、イングランドの⑭ロビンソンが一人ラインアウトで仕掛ける。12分、イングランドの㉑キャットのノックオンに乗じてワラビーズは攻め返そうとするが、こちらもノックオン。

12分、ワラビーズは人気者⑰マット・ダニングが入る。13分、ワラビーズの⑩ラーカムが出血一時退場からまた戻る。その直後、ワラビーズの⑮ロジャースの好タッチからのイングランド・ラインアウトで、こぼれたボールをワラビーズの⑰ダニングが好セーブ。ワラビーズは右に展開して、最後は⑪トゥキリが走ったが止められる。

15分、ワラビーズは連続攻撃から最後は⑮ロジャースがボールを持つが、タックルされて立ち上がったプレイがノット・リリース・ザ・ボール。しかしイングランドはラインアウトからのラックでハンドの反則を犯してしまう。

18分、左タッチラインから10メートルほど内側、ゴールまであと25メートルの位置でオーストラリアのペナルティキック。ゴールを狙うのは再び⑫エルトン・フラットリー。

この大事な大事なPGをフラットリーがまたもや決める！ 17対17の同点！ 全オーストラリア国民の悲願が込められたゴールをフラットリーは本当に見事に成功させた。

サドンデスの再延長に突入するのだろうか?という予感がスタジアムに居合わせた全員の頭を過った。でも時計はまだあと2分あった。イングランドのキックオフのあと、ワラビーズの⑮ロジャースのタッチキックが思うように伸びない。プレッシャーを掛けたのは交代したばかりのイングランドの⑲ムーディ。ロジャースは何やら悪態を吐いている。

ゴールまで28メートルのイングランド・ボールのラインアウト。㉑キャットが縦を突いてラックになる。ワラビーズは当然ウィルキンソンのDGを警戒する。その僅かな隙を突いて、⑨ドウソンが密集のサイドをゲイン。スタジアムは大歓声と大悲鳴。ゴールまであと12メートル。さらに、④ジョンソンがもう一度縦を突いて、ラックの中からドウソンが出てくる。そして、ゴールまで24メートル、正面やや左寄りの位置に立っていた⑩ジョニー・ウィルキンソンにボールを送る。

8万2957人の大観衆の目の前で、ジョニー・ウィルキンソンがDGを蹴る。利き足の左足ではなく、軸足の右足で。

ボールは、美しい放物線を描いて、ちょうどゴールの裏側にいた僕たちに向かって飛んできた。

スタジアムは絶叫と歓声に包まれる。

DG成功。20対17。時計は19分30秒。イングランドの勝利が目の前になる。

直後のオーストラリアのキックオフをイングランドが確保して、勝負は確定した。⑩ウィルキンソンのキックがタッチを切ってノーサイド。時計は、22時20分だった。

ノーサイドの瞬間に僕が思ったのは、と言うよりも、99分目のジョニー・ウィルキンソンのDG

が決まった瞬間に僕が思ったのは、楕円球の神様は今回のワールドカップにこういう結末を用意していたんだなあということだった。そう思った途端にすべてのことが布石だったように思えてきた。フラットリーの79分目の同点PGも。同じくフラットリーの98分目の同点PGも。こういう言い方は陳腐だが、この結末はほかの結末を想像するにはあまりにも圧倒的で絶対的な結末だった。試合が終わった瞬間に神話や伝説に昇華されるような結末だった。

　ノーサイドと同時に号砲が鳴って、「スウィング・ロウ」が場内に流れる。そして金色の紙吹雪が舞い落ちる(あとで聞いたのだがこの紙吹雪は一枚一枚がエリス・カップを模ったものだったそうだ)。狂喜乱舞するイングランド・サポーター。放心状態で立ち尽くすオーストラリア・サポーター。ジョニー・ウィルキンソンが飛び跳ねる。ジョージ・グレーガンがマーティン・ジョンソンに握手を求める。クライヴ・ウッドワードがエディ・ジョーンズに握手を求める。お祭り騒ぎのイングランド・サポーター。死闘が終わった直後のスタジアム。フィールドにはシャワーが降り注いでいる。

　インタビュー。くたくたに疲れ切ったマーティン・ジョンソン。最初にサポーターにお礼を言うあ

48／決勝／11月22日／シドニー・テルストラ・スタジアム						
レフリー：アンドレ・ワトソン／観客：82957人						
	オーストラリア				イングランド	
	17				20	
	5		前半		14	
	9		後半		0	
	0		延長前半		3	
	3		延長後半		3	
	1		T		1	
	0		G		0	
	4		PG		4	
	0		DG		1	
1	B.ヤング	→17		1	T.ウッドマン	
2	B.キャノン	→16		2	S.トンプソン	
3	A.バクスター			3	P.ヴィッカリー	→17
4	J.ハリソン			4	M.ジョンソン	
5	N.シャープ	→18		5	B.ケイ	
6	G.スミス			6	R.ヒル	→19
7	P.ウォー			7	N.バック	
8	D.ライアンズ	→19		8	L.ダラーリオ	
9	G.グレーガン			9	M.ドウソン	
10	S.ラーカム	→21		10	J.ウィルキンソン	
11	L.トゥキリ			11	B.コーイン	
12	E.フラットリー			12	M.ティンドル	→21
13	S.モートロック			13	W.グリーンウッド	
14	W.セイラー	→22		14	J.ロビンソン	
15	M.ロジャース			15	J.ルーシー	→22
16	J.ポール	2→		16	D.ウェスト	
17	M.ダニング	1→		17	J.レナード	3→
18	D.ギフィン	5→		18	M.コリー	
19	M.コーベイン	8→		19	L.ムーディ	6→
20	C.ウィタカー			20	K.ブラッケン	
21	M.ギトー	10→		21	M.キャット	12→
22	J.ロフ	14→		22	I.バルショウ	15→
	0		イエロー		0	
	0		レッド		0	

たりはさすがである。ジョンソンは「ウィルコを信じていた」と何度も強調していた。それからジョージ・グレーガン。こちらは意外にさばさばしている。オーストラリアのファンもイングランドのファンも素晴らしかったと述べて、イングランドのサポーターからも大きな拍手が贈られる。でも、この優等生的なインタビューを聞いて、グレーガンはどのくらい本気で勝利を信じていただろうとちょっとだけ思った。

画面には両チームの指揮官の表情が映し出される。勝ったウッドワードはもちろんだが、負けたジョーンズもどことなくほっとしているように見える。ジョーンズに与えられたプレッシャーの大きさが伝わってくる。

表彰式。まずはシド・ミラーからワラビーズにメダルが渡される。テレビ放送の時間を気にしているのか、シド・ミラーはあまりにも急いでメダルを配るので、とてもぞんざいでふてぶてしく見える。フラットリーに拍手。ハリソンの落ち込んだ表情が痛々しい。選手に続いてスタッフの一人一人にもメダル。場内に「ワルチング・マチルダ」が流れる。スタジアムは大合唱になる。イングランド・ファンも歌っている。電光掲示板にはオーストラリアの選手とスタッフの全員の名前が映し出される。エディ・ジョーンズの首にメダルが掛けられると大歓声が上がる。

続いてジョン・ハワード首相からイングランドにメダルが贈られる。ニール・バックが子どもを抱えている。ジェイソン・レナードに大きな拍手が贈られる。それからもちろんジョニー・ウィルキンソンの首にメダルが掛けられると大歓声が上がる。クライヴ・ウッドワードにも大きな拍手が贈られる。

そして、ジョン・ハワードからマーティン・ジョンソンにウェブ・エリス・カップが渡される。ジョンソンはカップを両手で頭上に高く掲げる。そしてふうと大きく息を吐く。後ろでイングランドの選手たちが肩を組んで跳ねている。ワラビーズはその様子を後方の芝の上に座って眺めている。

イングランドのウィニング・ラン。ウィルキンソンは客席に懸命に手を振っている。サポーターに対する偽りのない感謝の気持ちが伝わってくる。僕たちの席の目の前にも来て声援に応えている。オーストラリアも、グレーガン、ロジャース、セイラーなどがバック・スタンドまで行って、夫人と抱き合ったり子どもを抱き上げたりしている。

大画面にはハーバー・ブリッジで打ち上げられている花火が映し出される。そして、ハーバー・ブリッジのラグビーボールのイルミネーションが

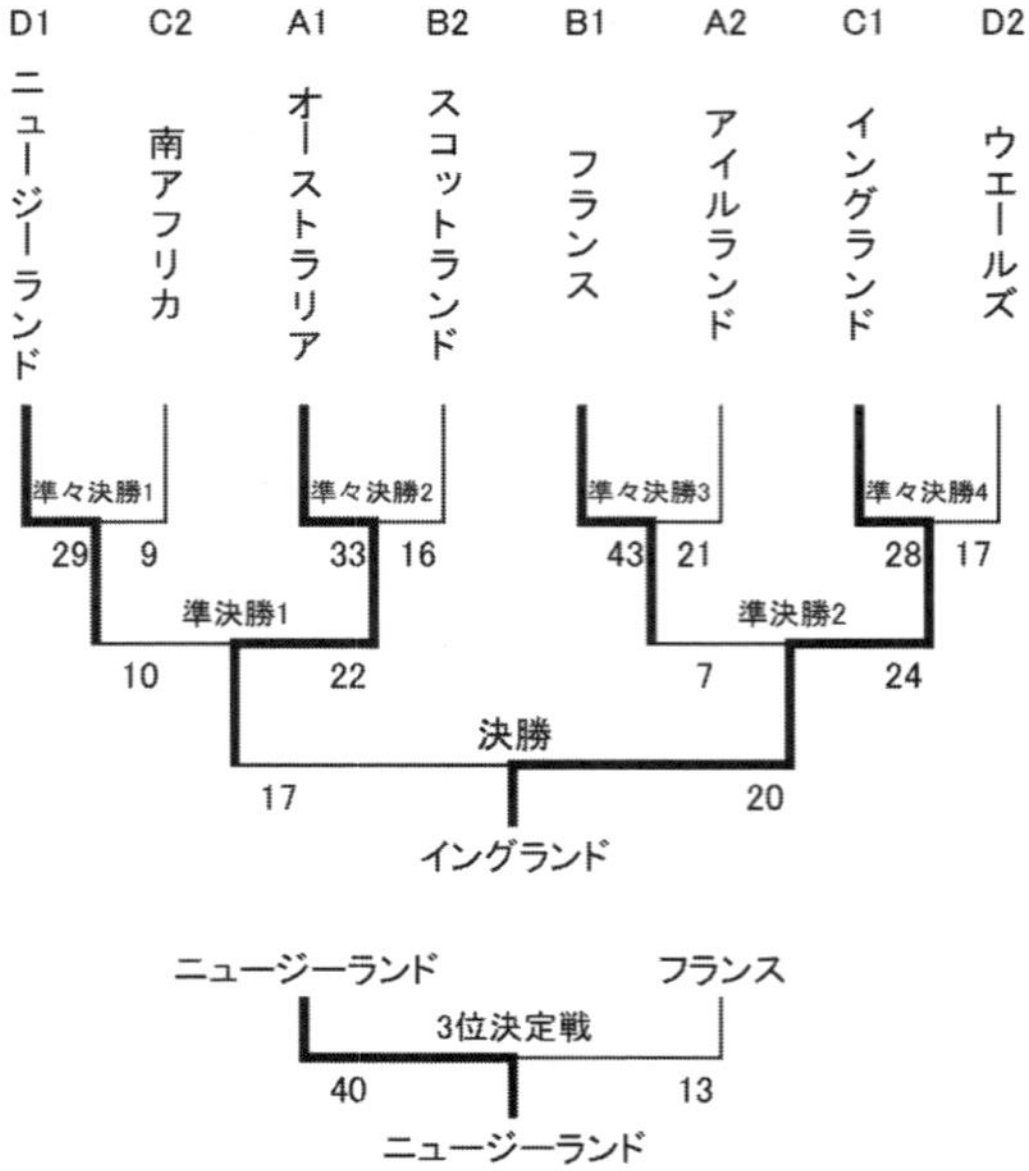

消灯する。同時にパリのエッフェル塔が映し出される。そのエッフェル塔にラグビーボールのイルミネーションが点灯する。

電光掲示板には、「シー・ユー・イン・フランス・２００７」という文字が映し出される。

歓声は鳴りやまない。

フィールドにはシャワーが降り続いている。

この夜の帰りのシティレールの車内で起こったこと。

僕と相方とは2階席に立っていた。周りの八割はイングランドのサポーターだった。彼らも良い加減に疲れていたのだろう。それほど騒ぐわけでもなくて、普通に陽気に喋りながら、電車に揺られていた。

すると、ワラビーズのジャージを着た一人のオーストラリア人が立ち上がって喋り始めた。一瞬僕は緊張した。イングランド・サポーターに喧嘩

決勝戦。土壇場で二度も追い付いたワラビーズも見事だった

を売るのかと思った。でも、彼の演説は、だいたいこんな内容だった。

「えー、今夜の決勝はイングランドが勝ちました。イングランドの皆さん、おめでとう。それで、イングランドの勝利を祝って、双方の歌の交換をしたいと思います。まずはイングランドの歌を。それからオーストラリアの歌を。それからまたイングランドの歌を。お互いに。良いですね。ではまず、そこのイングランドのあなたから。ニック・ファー・ジョーンズに良く似たあなたです（車内は爆笑）。ニック、イングランドの歌をどうぞ。曲名を挙げて。ニック、早くしてください（また爆笑）」

ニックと呼ばれたイングランド人は（本当にファー・ジョーンズに良く似ていた）「ガッド・セイヴ・ザ・クイーン」と答える。面白い選曲ではないけれど、全員で合唱になる。イングランド人も、オーストラリア人も。僕はどちらの人間でもないので歌わないで立っていたのだけれど、目の前にいたオーストラリア人に肩を叩かれてウィンクを送られる。仕方がないから一緒に歌う。歌い終わると、今度はオーストラリア人から「ワルチング・マチルダ」という声が上げる。全員で合唱。今度はイングランドの歌。僕の知らない歌。そしてオーストラリアの歌。これも知らない歌。そういう調子で、シドニーのダウンタウンまで、歌の交換が続けられた。

ほかのスポーツのことは良くわからないけれど、こういうことが起こるのもラグビーフットボールならではなのではないだろうか？　決勝の直後の電車。オーストラリア人は悔しくて悔しくて堪らないはずだし、イングランド人は天にも昇る気持ちのはずである。試合前までの対立的状況を考えれば、一触即発の緊張が漂ってもおかしくない場面である。でも、それでも、彼らはこうして交流した。敗者は勝者を称えたし、勝者は敗者を労った。サポーターにはサポーターのノーサイドがあった。これが、「我々が受け継ぎ、教え、護らなければならないもの」の一端である。もしかしたらそのすべてなのかもしれないと思う。極論すると、こういうシーンを体験するために、僕はわざわざオーストラリアくんだりまで来たのかもしれない、そんなことまで思った。

深夜に、ホテルの隣のスポーツ・バーで、何人かのオーストラリア人と話が弾んだ。そのうちの一人はタウンズヴィルに住んでいて、ジャパンの試合をスタジアムで観たのだそうだ。ジャパンはとても良いチームだったと彼は言う。僕は、ありがとう、そう言ってくれるのは嬉しいと言って、でも、今度はもっと良いチームでワールドカップに来るよ、

そう言った。

シドニーにはシャワーが降り続いていた。ホテルの周辺では明け方まで大騒ぎが続いていた。騒いでいるのはこの周辺に投宿しているイングランドのサポーターたちである。まったくしようがないなあと僕はまた思う。でもすぐに、今夜は彼らは大目に見られてしかるべきだと思う。何しろ彼らは今夜世界一になったのだから。

11月23日（日）

「ザ・サンデイ・テレグラフ」

1面　最後のDGの瞬間のジョニー・ウィルキンソンの写真に、「ジョニーが我々の夢を打ち砕く」の大見出し。

60面「ジョニー王子が世界を足にする」
（署名　ジム・タッカー）

100分間を要したが、イングランドが最後に、1966年のサッカーのタイトル……37年間お呼びが掛かっていない……と並んで位置付けられるラグビー・ワールドカップを獲得した。

消耗戦の後半のワラビーズのパフォーマンスは、昨夜の勇壮な決勝戦を延長に突入させた。しかし最後にはイングランドの長く忍んできたファンたちがほとんど気も狂わんばかりの結末になった。

ワラビーズのセンターのエルトン・フラットリーは、試合時間の最後の1分に彼の人生最大のプレッシャーの掛かったゴールを決めた。20メートルの距離の右端からのペナルティを冷静に入れたのだ。それはアンドレ・ワトソン・レフリーが論争になりそうなスクラムのペナルティを吹いたあとのことで、このわくわくするような肉体のコンテストの生命線を彼のチームにもたらした。

でもジョニー・ウィルキンソンは延長の前半に長距離のPGでクロス・バーを抉った。そのあと、ぞくぞくするようなフットボール・ゲームの98分目に、再びフラットリーがゴールを冷静に決めてスコアは追い着いた。

THE Sunday Telegraph
WORLD CUP SOUVENIR EDITION
JONNY RUINS OUR DREAM
England win World Cup 20-17 in extra time
16-PAGE LIFTOUT SEE SPORT
SYDNEY'S NIGHT OF REVELRY P4, 5
DRESSING ROOM TEARS P7

「ザ・サンデイ・テレグラフ」11月23日号1面「ジョニーが我々の夢を打ち砕く」

結末は決勝に相応しいものだった。勝利を手に入れるブリリアントな30メートルの右足のDGで大会の最後に発言したのは、ウィルキンソンだった。

2000年のキャシー・フリーマンの金メダル以来のこのスタジアム最大の夜は、400メートル競走ではなく、集中と激しいぶつかり合いのマラソンだった。（中略）

イングランドはあらゆるコンディションに自分たちのスタイルを適応させるラグビーのマスターたちだというエディ・ジョーンズの試合前の警告は、まさにその通りだった。彼らは時にはワラビーズを捻り潰した。後半最初の三つのラインアウトを失って、マット・ロジャースのキックがタッチに出なかった時、ジョージ・グレーガンと彼のチームはプレッシャーのもとに立たされた。（後略）

60面　プレイヤー採点（署名　ピーター・ジェンキンス）

ロジャース7・5、セイラー5・5、モートロック7・5、フラットリー6・5、トゥキリ7、ラーカム8、グレーガン6・5、ライアンズ6、ウォー7、スミス7、シャープ6、ハリソン6・5、バクスター5・5、キャノン6、ヤング6・5、ポール6、ギフィン6、コーベイン6・5、ギトー5・5、ロフ5。

88面　「誰がこれ以上を望める？」（署名　ブルース・ウィルソン）

テンションがタングステンのように触感できた夜に、鋼鉄の神経でもほとんど太刀打ちできないように思えた夜に、イングランドは順当にラグビー・ワールドカップを勝ち取った。

彼らはこの私……彼らはその仕事を成し遂げられないと思っていた……を含めた批評家を沈黙させた。

これほどのディフェンスで戦われたテストマッチはこれまでにほとんどなかった。どちらのチームも流血なしには1センチメートルも譲歩する構えのない、総力のコミットメントの100分間だった。

そして、過去に演じられたドラマでもそうであったように、たくさんの血が流れた。観衆は非常に感動し、最後には自分たち自身が選手であるかのように消耗した。

イングランドのフロントファイブによってオーストラリアは再度制圧されたが、ワラビーズはチームに対するトリビュートを可能な限り持続した。それは本当のガッツだったが、もちろん、最後にゲームを決めたのはジョニー・ウィルキンソンのブーツだった。そしてそれはDGでなければならなかった。彼はそれ以前に三本をミスしていて、それ以上のミスは考えられなかった。

イングランドはチャンピオンだった。彼らはなるべくしてそうなった。彼らはそれに照準を合わせてきた。そして決して躓かなかった。

このゲームには我々が欲したすべてとそれ以上のものがあった。パーフェクトなゲームではなかったが、ぐずついた天気の中で、丸一日の雨を吸い込んだグラウンドの上で、どれだけパーフェクトな試合ができただろう。それでもタックルはとても獰猛で、開始数分後にはピリオドなくフェイズを重ねるアグレッシブなラグビーが可能なように思えた。

もしかしたらワラビーズと三度目のワールドカップの間に立ち塞がっていた最も決定的な問題はラインアウトだったかもしれない。それはひび割れ、予想できないほど地面をスリップしてバウンドした。でもその雰囲気と本当のテンションのために、これはまさしく、まさしくベストのゲームだった。(中略)

決勝はニュージーランドとフランスによって戦われると予想した専門家（岩切註：ウィルソン自身の

こと）の意見は、おそらく何もかも薄っぺらに聴こえるだろう。私には、オーストラリアが今回の勝者になると考えることもできなかったし、イングランドを熱烈に信じることもできなかった。このイングランド・チームを私以上に評価していたオーストラリアのラグビー・オブザーバーがいるとは思えない。イングランドにはいつでも注意事項が付き纏っていた。

その最たるものは、ものごとがうまくいかない時には頑迷になって混乱するチームだというものだった。批評家たちが躊躇したのは、彼らが3年続けてグランドスラムの獲得を失敗していることだった。けれどもそれらのゲームでは一人の選手の欠場が大きな要因になっていた。イングランドが敗れたゲームでは、一つまたは複数の理由によって、マーティン・ジョンソンが出場していなかったのだ。オールブラックスに対する素晴らしいパフォーマンスの前、私は、厳密に言うと、驚くべきことが起こらない限りはワラビーズは勝てないと信じているロビンソン・クルーソーではなかった。

それは起こった。でもそれは二度起こらなければならなかったのだ。

2面「イングランド大接戦に勝つもワラビーズ最後まで闘う」（署名　マシュー・ホラン）

イングランドは昨夜、延長戦の20対17の勝利でラグビー・ワールドカップに優勝した北半球最初のチームとなった。

試合の悪役あるいは英雄……それはあなたのジャージの色によるが……は、イングランドのフライハーフのジョニー・ウィルキンソンだった。彼は延長の最後の1分にゲームに片を付けるDGを蹴った。テルストラ・スタジアムの約8万3000人のファンは、ワラビーのエルトン・フラットリーが心臓の止まるような二つのペナルティを蹴って全オーストラリアに希望を与えたのを信じられない思いで観た。フラットリーはフルタイムに１４対１４の同点にするゴールを蹴り、それからもう一度、延長が終了するちょうど９０秒前に１７対１７の同点にするゴールを蹴った。

イングランドのファンは自分たちのチームと同じくらい一つになって声援を贈った。そのチームはワールド・チャンピオンになるのを待ち焦がれていた３７年間に終止符を打った。ファンたちはチームがついにスポーツの分野でオーストラリアを打ち負かすのに立ち会って満足を味わった。

ワラビーのキャプテンのジョージ・グレーガンは敗れても優美だった。彼は言った。『素晴らしい結果だった』

シドニー周辺では、チーム・カラーを身に着けた何万人もの人々がパブとライブ・サイトに噴き出した。オペラ・ハウス、ダーリング・ハーバー、ドメイン、ロックスのライブ・サイトでは、４万人の人々がゲームを観た。

フルタイムで１４対１４のタイスコアにしたのはフラットリー……今年の早い時期にビールを外で飲み明かしてチームから落とされていた……が終了のサイレンの直前に蹴った、同点に持ち込むＰＧだった。

オールブラックスとのゲームで怪我をしたあと首にコルセットを付けているワラビーズのインスピレーション、ベン・ダーウィンは、延長のプレイをサイド・ラインからチームメイトと観ていた。

ワラビーズのファンは延長の早い時間にウィルキンソンがＰＧを入れた時、これで終わりだと思った。でもフラットリーが再び救世にやって来て、最後の1分にペナルティを決めた。

けれどもちょうどオーストラリア人たちが自分たちにもチャンスがあるかもしれないと考え始めた瞬間に、そして、ゲームの終了までもう秒読みという時間に、止めようのないウィルキンソンがDGを蹴り込み、最後のホイッスルを呼び込んだ。

スタジアムの赤と白の海は、挑戦的なグリーンとゴールドを数では上回っていたが、オーストラリア人は歌の戦いにおいては自分たちの立場を守り通した。『スウィング・ロウ、スウィート・チャリオット』のコーラスが起きると、『ワルチング・マチルダ』の歌声に迎えられた。

これはオーストラリアとイングランドの間の29回目のラグビーの試合だった。そのライバル関係は1909年にイングランドで始まって、その時はオーストラリアが9対3で勝った。今年の6月、ワールドカップのウォームアップ・ゲームの期間には、イングランドが25対14で勝者となった。

試合の最初の前兆は良かった。ワラビーズは6分のロテ・トゥキリのトライで先制したのだ。しかし、オーストラリアはウィルキンソンを封じ込めることができず、イングランドはハーフタイムまでに14対5とリードした。

この試合を観ていなかった一人のラグビー・ファンがいた。ウィルキンソンの母親のフィリッパである。彼女はキックオフと同時にイングランドの自宅からごみを捨てるために外出した。

『試合は観ていないわ』と彼女は言った。

決勝の息子のプレイも観ることができないほどナーバスになっていたのかと訊かれて、彼女は言った。

『出掛けるところなの。月曜日に夫に話してちょうだい』

90面 「君が災いを招いたんだ　レフリー、選手を叱る」（署名　アダム・ホウゼ）

その警告は与えられていたが守られていなかった。そしてイングランドのフロントロウのトレヴァー・ウッドマンとフィル・ヴィッカリーの人生に付き纏ったかもしれなかった。

イングランド陣内深くでオーストラリアに与えられたスクラムが組まれようとしていた時だった。時計はあと60秒しか残っていなかった。レフリーのアンドレ・ワトソンは白いジャージの2人のプロップを正視していた。

『君次第だぞ。君たち2人ともだ。これはチャレンジだぞ』。ワトソンはオーストラリア・ボールの時の反則の繰り返しに言及して言った。

スクラムが組まれ、ホイッスルが鳴った。『君が内側に組んで、災いを招いたんだ』。ワトソンは信じられない思いでいるウッドマンに説明した。

数十秒後にエルトン・フラットリーがワールドカップの決勝を延長に送り込むプレッシャーの掛かったPGを沈めた。そしてウッドマンとヴィッカリーは心悸亢進を起こしそうになった。（中略）

グレーガンはかつてスーパー12のゲームで判定に対する質問をやめなかったために、ワトソンがしっしっと追い払ったことのある男だった。ジョンソンはワラビー・レジェンドのティム・ホランが先週、一つ一つのホイッスルに逆の反則を指摘する能力から『過去2年間で最高のレフリー』と呼んだ男だった。

グレーガンの及ぼす影響の方が明らかに早かった。開始12分、ワトソンに落ち着いて言葉を掛けたあと、ワラビーズのスキッパーはこの南アフリカ人にそっと歩み寄って話し掛けた。『彼らはラインアウトで僕たちを引き落とそうとしている』と彼は指摘した。60秒後、次のラインアウトで、ワトソンはイングランドに対してペナルティの笛を吹いた。反則は、オーストラリアのジャンパーへのインターフェア。『ボールにプレイするんだ、ボールに』とワトソンはイングランドに告げた。

数分後、ジョンソンはグレーガンと同じ台詞を使ったが、ワトソンに却下されただけだった。（中略）両キャプテンは前半の中ほど、選手たちがボールのないところでやり合った時に一緒に呼ばれた。『聴くんだ』とレフリーは始めた。『これはグレイト・ゲームだ。ボールのないところでプレイしちゃいけない。今度やったら笛を吹くよ』

数分後、ワトソンはスティーヴン・ラーカムを厳正な反則でペナルティに処した。彼は原因となったグレーガンにむっとしたように見えた。

『チーム（ゴールド）に話したのか？』と彼はワラビーのキャプテンに訊いた。『この（ラーカムの）タックルはボールから6メートルも離れているぞ』

ワトソンがゲームの間に叱ったのはグレーガンだけではなかった。彼は後半の中ほどの危険なスクラムのあと、両チームのフロントロウを強く引っ張った。そしてゲームのイメージが危うくなっていることを彼らに思い出させた。

『何百万人も観ているんだぞ』と彼は言った。『ばかばかしい。二度とするな』

ワトソンが試合の至るところで口にするお気に入りの言葉は『ザッツ・ファイン』だった。

このゲームはそれ以上だった。そして、ウッドマンとヴィッカリーは少し楽に呼吸できるようになった。

６５面　「ジョニーは最後にそれを決めに来た」（署名　キャメロン・ベル）

彼はキックよりもたくさんのことができる。よりたくさんのことが。

ジョニー・ウィルキンソン。24歳のイングランド・ラグビーの救世主。彼は北イングランドのニューカッスル出身の金髪のゴールキック爆撃兵として知られている。しかし彼は昨夜、ボールを手に持った時にもボールをキック・ティーに置いた時と同様に貴重な選手であることを証明した。

プレイスキック。ワールドカップを勝ち取った99分のドロップキック。彼にはそれらすべてができる。そして彼にはタックルもできる。

ウィルキンソンの勝利の夜は彼にとっては珍しいたった3メートルのタッチキックで始まった。開始直後のローレンス・ダラーリオの内側へのパスがぶれたあとの危険な状況を救ったものだった。

しかし彼のキックはすぐに、30メートル、40メートル、夜が経過するにつれてさらにそれ以上の唸りを上げた。そのキックの一本一本がオーストラリアをプレッシャーのもとに追い込んだ。

彼が最初にDGを試みたのは22分で、前半40分間の三つのPGと同様に、観客からのブーイングのコーラスを受けた。しかし彼のパスと彼のディフェンスは、彼のあとを追い回しているこの夜のオーストラリアには同じように効果的だった。

彼はロテ・トゥキリの最初のトライの直前にはマット・ロジャースをクランチング・タックルで歓迎したし、オーストラリアの超大型爆弾センターとして危険視されていたスターリング・モートロックには靴紐タックルを生産した。

ウィルキンソンは、足蹴りを頭に受けて一時退場した対面のスティーヴン・ラーカムと同じようにチームを前に出した。21分にはラーカムの交代のマット・ギトーにドライビング・タックルの照準を合わせた。

それからチームの原動力はイングランドの4年間の計画から離脱しそうになった。25分にギトーにもう一発のタックルを食わせようとして、ウィルキンソンは右肩を抑えて蹲った。

一人目のトレーナーはレフリーのアンドレ・ワトソンの注意を引こうとした。それはただイングランドのファンを静かにさせるだけだった。でもゴールキックは肩で蹴るわけではない。そして彼は3分後にはイングランドが9対5とリードするキックを蹴れるまでに回復した。

それからウィルキンソンは彼の夜にトライのアシストを付け加えた。ボールをキープしてダラーリオの40メートルのゲインを引き出し、爆走をバックアップして、ジェイソン・ロビンソンにパスを送った。ロビンソンのトライでハーフタイムのリードは14対5となり、ワン・チャンスでは引っ繰り返せない状況になった。

後半はウィルキンソンが前半以上にワラビーズのランナーに激しく当たり続ける展開となった。

彼とイングランドにとっては不幸なことに、ワラビーズは後半の40分間に彼のゴールキックを拒絶するディシプリンされたプレイを実行した。しかしながらウィルキンソンはモートロックを潰すことを彼の狙いにしたようだった。モートロックは、オーストラリア・ボールの時には常にイングランドのファイブエイスが自分の脚に突進してくるのを目にすることになった。

後半の一場面では、ウィルキンソンは左腕を下にしてモートロックにタックルして、起き上がって全力疾走して、もう一度、今度は右肩で彼にタックルした。すべてワラビーズのポゼッションの一つのフェイズの中でのことである。

攻撃では、ウィルキンソンはイングランドのアタックの首謀者を演じ続けた。彼はボールを持って走ってゴールラインを陥れることはなかったかもしれないが、彼らのすべての背後にいるブレインだった。あるスクラムの前などは、イングランドのバックスがサインのコールを待って『ジョニー、ジョニー』と叫ぶ声が聴こえていた。

彼は切れの良いボールを生産した……左に右に……センターのウィル・グリーンウッドとマイク・ティンドルへ。そしてまた短いパスのオプションとしてキープしていた破壊的なロビンソンへ。

「ザ・サン・ヘラルド」

1面　マーティン・ジョンソンとジョージ・グレーガンが試合後に抱き合う写真に、「読んで泣け」の大見出し。

116面　「死を招くジョニー、ロスタイムにキックを蹴り込む　イングランド、最高水準の決勝に延長で勝利」（署名　グレッグ・グロウデン）

イングランドは昨夜、テルストラ・スタジアムでの勇敢なオーストラリアとの延長戦で、全時代を通じての最高に偉大なラグビーの試合に勝利して、新しいワールドカップ・チャンピオンになった。

ワールドカップの決勝としてこれ以上のものはあり得ない。イングランドは夜のもっと早いうちに勝利をものにするように思えた。でもそれから彼らは耐えなければならなかった。最もエキサイティングで最も癪に障る延長の20分を。ウェブ・エリス・トロフィーを確実に自分たちのものにするために。

イングランドはよりスリリングな流儀では偉業を達成することができなかった。延長の残りがあと28秒となった時、彼らの素晴らしいファイブエイスのジョニー・ウィルキンソンは、30メートル付近からのDGを右足で蹴り、17対17と行き詰まっていた試合を終わらせた。

オーストラリアは過去数年間に亘って数え切れないぎりぎりの勝ち星をものにしてきたが、彼らの幸運続きにはついに終止符が打たれた。

オーストラリアは劣勢が顕著だったが、この記憶に残る決勝で最後まで騎士的な精神と献身を示した。しかしイングランドが正当な勝者であることと、16年の歴史の中で北半球最初のワールドカップ優勝国になる価値があることは証明された。（中略）

そして、イングランドを退屈だと呼ぶことはできない。なぜなら、たとえ彼らがウィルキンソンのキックによって勝ったのだとしても、彼らはしばしばボールをワイドに展開して、攻撃に素晴らしい熱意を示したからだ。

117面　「おじさん軍団にチャンピオンの統治完了のパンチカ」（署名　フィル・ウィルキンス）

理論上では、イングランドはワールドカップに優勝するのに1年歳を取り過ぎていた。しかしそれよりも心配された疑念は、オーストラリアが世代交代の狭間にあって、ウェブ・エリス・カップを勝ち取るのに少なくとも1年若過ぎることだった。

全国的な旱魃と農村経済の問題はさて置いて、メランコリーな雨のタトゥーは昨日、ワラビーズの頭の中で民族楽器のドラムのように一日中打ち鳴らされ、試合を待っている緊張した神経をさらにずたずたにした。それでも彼らはどれほど素晴らしいプレイをしたことか。絶え間ない攻撃を受けながら、何という勇気だったことか。

イングランドのフィル・ヴィッカリーと彼の同僚の7人の先発のフォワード、血と打撲の合計383テストのユニットは、退屈な日中がだらだらと夜になる中で、大喜びで無精ひげの顎を擦り剥いたに違いないし、脱臼した指をぶつけたに違いない。

不意のぬかるみの中で、そのゲームはアル・バクスターのタイトヘッドに掛かってきた。彼がテストマッチに出場するのは七度目で、インターナショナル・ラグビーにデビューしたのは今年が初めてだった。バクスターはイングランドのスクラムの重さを両肩で引き受け、オーストラリアの期待を背中に背負った。

試合はワラビーズ優勢で始まった。全員が平静で、プロとして組織化されていて、人数と強さでタックルし、フロントロウのブレンダン・キャノンとアル・バクスターはヘビーな対戦の中で傑出していた。

しかしイングランドの薔薇は雨がホームブッシュ・ベイを渡って吹き流れるにつれて開花していった。このチームは両者が足元の地面を激しく掻くにつれて優勢になっていった。

レフリーのアンドレ・ワトソンは、イングランドのルーズヘッドのトレヴァー・ウッドマンに、バクスターを突き上げて彼のバインドから擦り抜けているとして、前半に三回の警告を与えた。しかしその中断もオーストラリアのスクラムを安定させることにはならなかった。

イングランドと比較すると、ワラビーズのフォワードは175のテストしか経験を積んでおらず、そのことは時には表に表われた。だが、オーストラリアの比較的若いフォワードは、粘り強さにおいては素晴らしかった。

テストマッチはより長く続き、セット・ピースはより重要になっていった。また、マーティン・ジョンソンは一貫してジャスティン・ハリソンの前でラインアウトのボールを奪い取った。

イングランドは敵陣深くに突進し、ジョニー・ウィルキンソンにペナルティキックのための空間と時間を与えた。ワラビーズは動いているあらゆるものにタックルし続けて、フランカーのフィル・ウォーは今年を彼の最高の年にし続けた。

イングランドは力と経験以上のものを持っていた。彼らにはペースとずるさがあり、卓越したバックロウのニール・バックとリチャード・ヒルはブレイクダウンでオーストラリアを手こずらせた。

しかし、ほとんど必然的に、ウィルキンソンはトーナメントの最後の言葉、最後の笑い、最後のゴールデン・ブーツ……右足のキックだった……を持っていた。

4面　「一流のゲームについて彼らが言ったこと」

ジョン・イールズ（前ワラビー・キャプテン）『本当に率直に言って、もしこれが僕がこれまでに観たラグビーのベスト・ゲームでないとすれば、僕はこれまでにラグビーのゲームを観たことがないことになるだろう。ゲームの最後の1分に世界のベスト・プレイヤーが勝利を勝ち取ったんだ……ジョニー・ウィルキンソン。このほかにいったいどんな要求ができるんだ？』

ジョージ・グレーガン（ワラビー・キャプテン）『重みのある決勝だったよね？　延長に突入して、二つのワールド・クラスのチームが猛烈に攻撃したんだ』

ボブ・カー（ニューサウスウエールズ州知事）『ワラビーズは毅然として振る舞うことができる……彼らのプレイは素晴らしかった。オーストラリアの誰もが彼らを誇りに思う。彼らは文句なしの南半球のチャンピオンだ。そして決勝に進出したことによって批評家を沈黙させせた。彼らは４年後にはより良くより強くなって戻ってくるだろう』

2　パリは燃えているか？

２００７年フランス大会

パリへの道

第六回ラグビー・ワールドカップ・フランス大会は2007年9月7日㈮から10月20日㈯までフランスとウエールズとスコットランドで開催された。

オーストラリア大会を現地観戦した僕たちはフランス大会については無条件に現地観戦を決めていた。パリでワールドカップなんて最高ではないか？ 昼はルーヴルでミケランジェロ、夜はスタッド・ドゥ・フランスでフランス対ニュージーランドなんて無上の幸福ではないか？

試合のチケットは、インターネットで自分たちで申し込む方法もあることはわかっていたのだが、前回同様決勝と準決勝を観るつもりでいたので、最初から自分たちでは獲れっこないと、抽選に当たりっこないと思い込んでいた。それで今回も日本国内でチケットを取り扱う代理店を頼ることにした。

今回の代理店は株式会社ジェイワールドトラベルという会社。観戦ツアーの詳細が発表された直後の2007年5月10日、「準決勝＋決勝戦＋三位決定戦（カテゴリーA）」の「WCX・1A」というコースを申し込む。今回は「ホテルだけ自分たちで手配する」などという選択肢はなくて、ホテルも航空券も込み込みのツアー。旅行料金は1人当たり97万8930円（もとの旅行代金は96万4000円で、空港施設使用料（成田）2040円と海外空港諸税（現地空港税＋航空保険料＋燃油料）29890と手数料500円がプラスされていて、三位決定戦カテゴリー差額分15000円などが引かれていた）、2人分で195万7860円。普通に考えれば海外旅行の代金として真っ当な金額ではない。これだけ払えばよほどの大名旅行と言うか馬鹿殿旅行ができる。でもフランスで開かれるワールドカップのチケットというのはそのくらい獲りにくいものなのだと自分に言い聞かせて申し込んだ。申し込みの時点ではそれでも決勝と準決勝が観れるかどうかはわからないと案じていたくらいだった。5月11日に申込金20万円を、10月3日に残金の175万7860円を入金する。

7月に入ってフライトスケジュールが送られてくる。行きは10月12日（金）10時00分成田発で同日15時30分シャルル・ドゥ・ゴール着のJL415便、帰りは10月21日（日）22時05分シャルル・ドゥ・ゴール発で翌日22日（月）16時55分成田着のJL416便。10月に入って残りの書類も送られてきた。ホテルは凱旋門の1キロほど北西にある「コンコルド・ラ・ファイエット」という巨大なホテル。試合の観戦チケットは出発当日に空港で「責任を持ってお渡しさせて頂きます」と書かれていた。

キックオフのホイッスルが近付いていた。

2007年フランス大会日程

日付		プール			会場	キックオフ
9月7日(金)	1	D	フランス	アルゼンチン	サン・ドニ	21:00
9月8日(土)	2	C	ニュージーランド	イタリア	マルセイユ	13:45
	3	B	オーストラリア	ジャパン	リヨン	15:45
	4	A	イングランド	アメリカ合衆国	ランス	18:00
9月9日(日)	5	B	ウエールズ	カナダ	ナント	14:00
	6	A	南アフリカ	サモア	パリ	16:00
	7	C	スコットランド	ポルトガル	サンテティエンヌ	18:00
	8	D	アイルランド	ナミビア	ボルドー	20:00
9月11日(火)	9	D	アルゼンチン	グルジア	リヨン	20:00
9月12日(水)	10	A	アメリカ合衆国	トンガ	モンペリエ	14:00
	11	B	ジャパン	フィジー	トゥールーズ	18:00
	12	C	イタリア	ルーマニア	マルセイユ	20:00
9月14日(金)	13	A	イングランド	南アフリカ	サン・ドニ	21:00
9月15日(土)	14	C	ニュージーランド	ポルトガル	リヨン	13:00
	15	B	ウエールズ	オーストラリア	カーディフ	15:00
	16	D	アイルランド	グルジア	ボルドー	21:00
9月16日(日)	17	B	フィジー	カナダ	カーディフ	14:00
	18	A	サモア	トンガ	モンペリエ	16:00
	19	D	フランス	ナミビア	トゥールーズ	21:00
9月18日(火)	20	C	スコットランド	ルーマニア	エディンバラ	21:00
9月19日(水)	21	C	イタリア	ポルトガル	パリ	20:00
9月20日(木)	22	B	ウエールズ	ジャパン	カーディフ	21:00
9月21日(金)	23	D	フランス	アイルランド	サン・ドニ	21:00
9月22日(土)	24	A	南アフリカ	トンガ	ランス	14:00
	25	A	イングランド	サモア	ナント	16:00
	26	D	アルゼンチン	ナミビア	マルセイユ	21:00
9月23日(日)	27	B	オーストラリア	フィジー	モンペリエ	14:30
	28	C	スコットランド	ニュージーランド	エディンバラ	17:00
9月25日(火)	29	B	カナダ	ジャパン	ボルドー	18:00
	30	C	ルーマニア	ポルトガル	トゥールーズ	20:00
9月26日(水)	31	D	グルジア	ナミビア	ランス	18:00
	32	A	サモア	アメリカ合衆国	サンテティエンヌ	20:00
9月28日(金)	33	A	イングランド	トンガ	パリ	21:00
9月29日(土)	34	C	ニュージーランド	ルーマニア	トゥールーズ	13:00
	35	B	オーストラリア	カナダ	ボルドー	15:00
	36	B	ウエールズ	フィジー	ナント	17:00
	37	C	スコットランド	イタリア	サンテティエンヌ	21:00
9月30日(日)	38	D	フランス	グルジア	マルセイユ	15:00
	39	D	アイルランド	アルゼンチン	パリ	17:00
	40	A	南アフリカ	アメリカ合衆国	モンペリエ	20:00
10月6日(土)	41	準々決勝1	B1位	A2位	マルセイユ	15:00
	42	準々決勝2	C1位	D2位	カーディフ	21:00
10月7日(日)	43	準々決勝3	A1位	B2位	マルセイユ	15:00
	44	準々決勝4	D1位	C2位	サン・ドニ	21:00
10月13日(土)	45	準決勝1	準々決勝1勝者	準々決勝2勝者	サン・ドニ	21:00
10月14日(日)	46	準決勝2	準々決勝3勝者	準々決勝4勝者	サン・ドニ	21:00
10月19日(金)	47	3位決定戦	準決勝1敗者	準決勝2敗者	パリ	21:00
10月20日(土)	48	決勝	準決勝1勝者	準決勝2勝者	サン・ドニ	21:00

プール・マッチ

第六回ラグビー・ワールドカップ・フランス大会は２００７年9月7日（金）２１時（日本時間8日（土）４時）にパリ近郊のサン・ドニのスタッド・ドゥ・フランスのフランス対アルゼンチンで幕を開けた。７日の東京は未明に関東を直撃した台風9号の影響で午前中は鉄道が大混乱。でも午後は青空と残暑が戻って夕焼けがきれいだった。夕食のあとちょっと眠って、目が覚めてあちこちのウェブサイトを拾い読みしながら開会式を待つ。フランスのスポーツ紙「レキップ」の9月7日付けのトップ記事は「世界の中心へ［世界のセンターに］」という見出しで、１９９８年のサッカー（ＦＩＦＡ）・ワールドカップ・フランス大会でジダンのレ・ブルーが「ラグビーの国」南アフリカをマルセイユで迎え撃ったことと、今日ジョジオンのレ・ブルーが「サッカーの国」アルゼンチンをスタッド・ドゥ・フランスで迎え撃つことを対比させている。フランスのキャプテンのラファエル・イバネスは「敗北など想像さえしていない」と語っている。でも「なんでアルゼンチンが初戦なのかなあと思っているフランス人は多いと思います」とＪスポーツのスタジオ解説の岩渕健輔氏が喋っているように（たった今Ｊスポーツの放送が始まったところ）、アルゼンチンはここにきてめきめきと力を付けている。２００６年には6月にウエールズに連勝、ニュージーランドに１９対２５、１１月にトゥイッケナムでイングランドに２５対１８、２００７年には5月から6月に掛けてアイルランドに連勝している。三大会連続して開幕戦の相手役を付き合わされるロス・プーマス。誰がどう考えたって「いっちょうやってやろう」と思っているに決まっている。

やがて開会式が始まる。アルゼンチンのウーゴ・ポルタを先頭に出場各国のレジェンドが登場する。ジョン・イールズ（オーストラリア）、ガレス・リーズ（カナダ）、シレリ・ボンボ（フィジー）、スティーヴ・トンプソン（イングランド）、坂田好弘（日本）、キース・ウッド（アイルランド）、ディエゴ・ドミンゲス（イタリア）、ブライアン・リマ（サモア）、ジョナ・ロムー（ニュージーランド）、ジョン・ジェフリー（スコットランド）、モルネ・デュプレッシー（南アフリカ）、ガレス・エドワーズ（ウエールズ）、ダン・ライル（アメリカ合衆国）などなど。最後はフランスのジャン・ピエール・リーヴ（フランス）が入場して大歓声を浴びる。そのあとのダンスのパフォーマンスもラグビーの本質を表現していると思って眺めていたのだが、うちの相方は「つまんない」と切り捨てていた。

そして両チームのフィフティーンが入場する。アルゼンチンの選手の多くは目に涙を溜めている。フランス・ラグビー協会（ＦＦＲ）のベルナール・ラパセ会長と国際ラグビーボード（ＩＲＢ）のシド・ミラー会長が挨拶。続いて国歌斉唱。アルゼンチンの選手たちは感情を高ぶらせて涙を浮かべている。一方のフランスはどことなく目の焦点が定まっていない感じがする。さあキックオフ。

ロス・プーマスことアルゼンチンは出足からキャプテンの⑨ピショットが燃えている。キック・ボールをキャッチしたフランスの⑮エマンスにアンクルタップ。スクラムからフランスの⑧アリノルドキが出したボールをインターセプト。フライハーフの⑩エルナンデスは、ゴロ・キック、ハイパント、ロング・タッチとキックが多彩。フォワードは前に出る前に出る。これはもしかしたらもしかするかもしれないと思って観ていると、アルゼンチンの⑫フェリペ・コンテポーミが４分、９分、２３分にＰＧ成功。フランスは６分に⑩スクレラがＰＧ成功。アルゼンチンは２６分に⑪アグジャのインターセプトから⑮コルレートがトライ。そのあとスクレラが2PG、コンテポーミが1PG。前半は17対9とアルゼンチンがリード。ハーフタイムで空が明るくなり始めていることに気が付く。

後半はどちらかと言うとフランスが優勢に試合を進める。だが、ゴール前に攻め込んだ好機にアルゼンチンの激しいディフェンスに堪らずミスを連発。55分には⑩スクレラがイージーなPGを失敗。スクレラは59分にはPGを決めたが、70分にはスクレラに代わって入った㉒ミシャラクがイージーなPGを失敗。結局17対12でアルゼンチンが逃げ切って、大波乱の開幕戦の主役に伸し上がった。

試合終了とともに思わず拍手を贈ってしまう。歓喜の輪の中にいるピショットを観ていると涙腺が緩んでしまう。実力から言えば不思議のない結果ではあるのだが、ワールドカップを自国開催するフランスがまさか開幕戦でアルゼンチンに敗れるとは。フランスにとっては悪夢、アルゼンチンはしてやったり。ロス・プーマスは攻撃ではハイパントを多用、守備では全員で前に出て一人一人が突き刺さり、全員で後ろに戻って相手を取り囲んでピンチを防ぎ切った。周到に準備された素晴らしい勝利。ラグビー・ワールドカップの歴史に残るに違いないゲームだった。

8日（土）、ウェブサイトを開くと、「レキップ」の記事の見出しは「大いなる幻滅」。「誰もがあえて考えまいとしていた悪夢が起こった。レ・ブルーは準々決勝に進出するのに鞭を入れなければならなくなった。フランス・ラグビーのデビューはKOだ」という前文に続いて、以下の記事があった。

彼らは、ウェブ・エリス・トロフィを獲得するスタートとしてアルゼンチンと対戦する準備はできていると、欲望も強迫観念も持っていないと宣誓した。彼らは、すべての予言者が吉兆を示していると、恐怖を抱く必要はないと、私たちを信じ込ませた。完璧な準備と納得のいく親善試合は、私たちに彼らを信用していたいという願望を与えた。幻滅はより大きいだけだ。そしてフランス・ラグビーは当然に疑問を認めるべきだ。トリコロールはこの開幕戦に決して存在しなかった。彼らが４年前から準備していた、彼らの歴史の最も重要なアポイントメントに。理解不可能だ。そして明らかに期待外れだ。目に見えて神経質で、彼らは試合に入るのが難しかった。超満員のスタッド・ドゥ・フランスで、彼らはおそらくイベントに巻き込まれた。国歌の前のベルナール・ラパセ会長（ＦＦＲ）とシド・ミラー会長（ＩＲＢ）のスピーチを含んだ、だらだら続いた典礼による寒さにも。青白い顔にはどう考えても楽観的な見方はできなかった。レ・ブルーは恐怖で死んだ。

この日の最初の試合はマルセイユのニュージーランド対イタリア。日本時間２０時４５分キックオフ。気温は２４度だそうだが、陽射しがとても強くてとても暑そう。観客席ではロムーとジダンが一緒に観戦。試合はオールブラックスが７６対１４で圧勝した。

急いでチャンネルを切り替えて、オーストラリア対ジャパンを観る。Ｊスポーツのスタジオ解説は堀越正巳氏。会場はリヨンのスタッド・ドゥ・ジェルラン。ジョン・カーワン率いるジャパンは今大会にはオーストラリア戦のチームとフィジー戦のチームの二チーム体制で臨んでいる。オーストラリア戦からフィジー戦まで中４日しかないからで、フィジー戦とカナダ戦に何としても勝ちたいからだ。

言い換えればこのオーストラリア戦はBチーム。そういう姿勢はどうなのよと首を傾げてしまうが。観戦にも熱が入らなくなってしまうが。対するワラビーズは⑨ジョージ・グレーガン（134キャップ）と⑩スティーヴン・ラーカム（101キャップ）を初めとしてベスト・メンバー。キャプテンはジャパンが佐々木隆道（ゲーム・キャプテン）、ワラビーズはスターリング・モートロック。22時45分キックオフ。序盤、ジャパンがボールを持つとスタジアムは大きな拍手に包まれる。ワラビーズは⑬モートロックが2PGを決めたあと、18分にモールを押し込んで④シャープがトライ、23分に⑬モートロックがゲインして⑥エルソムがトライ（G）、30分には連続攻撃からまた⑥エルソムがトライ。ジャパンは⑩小野がPGを1本返して、3対23でハーフタイム。この二倍くらいの点数で収まれば善戦だろうか？でもワラビーズは半分くらいしか力を出していないように思える。

後半、ワラビーズの攻撃が爆発する。と言うよりもジャパンのディフェンスが崩壊する。40分の⑥エルソムのトライを皮切りに、後半だけで10トライ、9ゴール。不用意に蹴ったボールをカウンター・アタックされて次々とトライを献上。タックルもいつものように甘くなってしまった。最終的には3対91というとんでもないスコアになってしまった。ジャパンが攻め込むと客席からジャポン・コール。でも嬉しいと言うよりは恥ずかしい感じ。ジャパンにとっては苦いスタートとなった。

9日（日）、一仕事してから前日の第三試合のイングランド対アメリカ合衆国の録画を観る。ジョニー・ウィルキンソンは怪我でスタンドから観戦。イングランドが28対10で勝利したが、アメリカの健闘が光ったゲームだった。この日の第一試合はウエールズ対カナダ。カナダがリードしていた時間帯もあったが、42対17でウエールズが逆転勝ち。第二試合は南アフリカ対サモア。後半、サモアのトライをレフリーのポール・ホニスが認めないという場面があって我が家はブーイング。サモアは60分に㉒ブライアン・リマが登場。前人未到の五大会連続出場を達成して大拍手を浴びるが、63分にボクスの㉑プレトリアスにヘッドオン・タックルをかまして、ふらふらになって退場してしまった。スプリングボクスが59対7で勝利したが、後味の悪いゲームだった。第三試合はスコットランド対ポルトガル。ポルトガルは溌剌としていて愛すべきチームだったが、56対10でスコットランドが圧倒。後半開始直後にスコットランド・サポーターのバグパイプが「アメイジング・グレイス」を奏でる中、ポルトガルのインターセプトが飛び出した場面がベスト・シーンだった。

10日（月）、の東京は曇り時々雨。前日の第四試合のアイルランド対ナミビアの録画を観る。アイルランドが先行するが、後半ナミビアが2トライを上げて10点差に迫る。結局32対17でアイルランドが逃げ切ったが、ボルドーの観客はスタンディング・オベーションでナミビアの選手を送り出していた。11日（火）も東京は曇り時々雨。アルゼンチン対グルジアは、フランスを倒して乗りに乗っているはずのロス・プーマスがグルジアの健闘に手を焼いて前半を6対3で折り返す。後半はアルゼンチンが地力を発揮して33対3で試合は終わったが、グルジアが完全に観客を味方に付けたゲームだった。

12日（水）は朝から雨。午後には上がったが、東京はいきなり涼しくなった。第一試合のアメリカ合衆国対トンガは、トンガが25対15で勝利。そして第二試合はジャパン対フィジー。会場はトゥールーズのスタジアム・ミュニシパル（市営スタジアム）。国歌斉唱ではフィジーの数人の選手の目に涙があった。ジャパンも③相馬が、⑫大西が、決意の表情。午前1時キックオフ。フィジーは⑩ニッキー・リトルのPGで先制。しかし一進一退。フィジーが攻め、ジャパンが守る。誰かが抜かれて誰かが止めて、誰かが外されて誰かが止める。ジャパンは⑫大西が2つのPGを決めて6対3と逆転。ブレイクダウンで何度もターンオーバーしているものの、手にしたボールを全部蹴ってしまうので攻撃のリズムが出ない。35分、フィジー陣内のジャパン・ボールのスクラムで⑧箕内が拾って⑨吉田にパスしようとしたところで、フィジーの⑨ラウルニが箕内にタックルしてボールがこぼれ、⑦ンゲラがボールを拾って70メートルを走り切って中央にトライ（G）、フィジーが逆転する。このあとフィジーの⑭デラサウがスウィング・アーム・タックルでシンビンになって、40分、このPGを⑫大西が決めて9対10と1点差にしてハーフタイム。

後半に入って42分、⑫大西のPGでジャパンは12対10と逆転。しかしジャパンはハンドリング・ミスが多い。48分、フィジー陣内に1メートル入った地点のフィジー・ボールのスクラムから、フィジーは⑧→⑨（はちきゅう）。⑨ラウルニが抜けて左の⑪ネイヴアにパス、内に付いた⑦ンゲラがラスト・パスを受けてトライ（G）、フィジーが逆転、12対17。50分、ジャパンのキックオフをフィジーが処理ミス、ラックからボールが出て⑤トンプソンが走ってトライ（G）。ジャパンが逆転、19対17。フィジーはPGで再逆転すると、55分に⑬ランベニがトライ。19対25。ジャパンはボールを持った時にばたばたと慌ててしまっている。もっと落ち着いて攻めれば取れるのにと思う。それでも61分、PGを得てタッチを選んで5メートル・ラインアウトからモールを押し込んで③相馬がトライ。24対25と1点差に迫る。だがフィジーは70分、ペナルティから5メートル・スクラムを選んで右に展開、⑨ラウルニのゲインから④レアウェレがトライ（G）。24対32と8点差になる。73分にも⑩リトルがPGを決めて24対35。それでもジャパンは77分、ペナルティを得てまた5メートル・ラインアウト。モールからボールを出して⑤トンプソンがトライ(G)。31対35とまた4点差に迫る。ここからジャパンは捨て身の反撃。自陣から、⑫大西が、㉒小野澤が、⑭ロアマヌが、少しずつゲイン。時計が80分を過ぎて試合を止められない中で必死にボールを繋ぐ。フィジーに一度ペナルティがあって攻め直したが、最後はラックから出たボールが選手の足に当たってしまってボールを失う。フィジーの⑬ランベニがボールをタッチに蹴り出したのは85分6秒だった。

死闘だった。残念だったし、無念だった。でもすごく良い試合だった。ミスは多かったし、完成度は低かった。でもラグビーフットボールというスポーツの面白さが凝縮された試合だった。スタジアムの客席からは拍手が鳴りやまない。また起こるジャポン・コール。トゥールーズのファンは世界一だ。メルシー、トゥールーザン。僕たちはこれからあなたたちのチームを心から応援します。

13日（木）の東京は曇り。前日に録画したイタリア対ルーマニアを観る。24対18でイタリアが勝利、しかしルーマニアの健闘が光ったゲーム。14日(金)、東京は一日中晴れて残暑が厳しかった。プール・マッチの大一番、イングランド対南アフリカは、イングランドに良いところがなく、スプリングボクスが一方的に得点を重ねる。３６対０と予想外の大差でボクスが勝利した。

１５日（土）、東京は良く晴れて午後は暑かった。ニュージーランド対ポルトガル。ポルトガルは入場の際に一人一人の選手が前の選手のからだを掴んで連帯感を表わしていた。そして国歌斉唱がすごかった。ポルトガルの選手の気合の入り方と言ったらなかった。試合はオールブラックスが１６トライを奪って１０８対１３と大勝。しかしポルトガルは４６分に⑭アギラの好走からフォワードがしつこく攻めて⑯コルデイロがトライ。試合後に双方のチームが健闘を称え合うシーンが良かった。個人的にはブラックスがトライを連取した時間帯に客席の楽隊が「コーヒー・ルンバ（モリエンド・カフエ）」を演奏していたシーンがおかしかった。あれはベネズエラの曲だぞ？

続いてのウエールズ対オーストラリアは、前半からワラビーズが３つのトライなどで２５対３とリード、後半にはウエールズも２トライを上げたが、３２対２０でワラビーズが快勝。そのあとのアイルランド対グルジアは、アイルランドがグルジアの激しい当たりになかなか前に出れない。４４分にグルジアの⑭シュキニンがインターセプト独走トライ、⑩クヴィリカシヴィリのゴールも決まってグルジアが１０対７と逆転。アイルランドはトライ（Ｇ）で再逆転するが、グルジアはまだ頑張って、フォワードがゴール前に迫る。⑩クヴィリカシヴィリが再三ＤＧを狙う。ワールドカップ史上最大のアップセットを期待したが、アイルランドが１４対１０で逃げ切った。今回はここまで、グルジア、ナミビア、ルーマニアなどのティア２のチームが健闘している。ジャパンも存在感を示したいところだ。

16日（日）、フィジー対カナダは29対16でフィジーが勝利。17日（月・休）は暑い日で、前日の第二試合のサモア対トンガの録画を観る。19対15でトンガが勝利。前日の第三試合のフランス対ナミビアは、フランスが87対10で圧勝。人気者の④シャバルの2トライに場内は沸いていた。18日（火）のスコットランド対ルーマニアも中継が夜中なので19日（水）に観る。スコットランドが42対0と圧勝。この日のイタリア対ポルトガルは31対5でイタリアが勝利。

20日（木）、夕食後に一眠りして4時キックオフのウエールズ対ジャパン（カーディフ・ミレニアムスタジアム）を観る。ジャパンは⑫大西のPGで先制。ウエールズは10分にキック・ボールからのアタックで⑤アラン・ウィン・ジョーンズがトライ（G）。対するジャパンは18分、ウエールズ・ボールの自陣5メートル・スクラムからウエールズのサイドアタックを止めると、ラックから出たボールを④大野が拾って走る。⑩ロビンス、⑫大西、⑬今村、⑭遠藤と、ロング・パスが次々と通って、遠藤が⑪シェイン・ウィリアムズを振り切って右隅にトライ。見事な繋ぎだった。8対7と逆転。しかしウエールズは3トライなどを上げて11対29となってハーフタイム。この点数ならまだ良かったのだが、この試合もジャパンは後半に守備が崩壊。それでも、ウエールズに2トライを献上したあとの55分、ウエールズがペナルティから速攻を仕掛けて⑧ポパムが投げたパスを⑪小野澤がインターセプト、70メートルを走り切ってトライ（G）、18対48とする。しかしそのあとウエールズはさらに4トライ。18対72でノーサイド。これは取られ過ぎだ。4年前よりも弱くなっている。力が抜けてしまう。

21日（金）、日本時間4時キックオフのフランス対アイルランドは、決勝トーナメント進出に向けてあとがないフランスがPGで加点して前半を12対3で終える。58分には⑩ミシャラクがブラインドサイドにアウトサイドのパントを蹴って⑭クレールがトライ。68分には⑨エリサルドが小さなパントを右隅に蹴ってまた⑭クレールがトライ。フォワード戦で優位に立ったフランスがアイルランドを25対3で下した。

22日（土）。東京はまだまだ暑い。夕食を食べながら日本時間21時キックオフの南アフリカ対トンガを観る。トンガはキャプテンの⑦ニリ・ラトゥ（NEC）を先頭にフォワードが闘志を剥き出しにして前に出る。タックルが決まり、ブレイクダウンで一歩も引かずに、8分に⑩ホラ（神戸製鋼）のPGで先制。スプリングボクスは17分にこの日フルバックに入っている⑮ピナールがトライ（G）。しかしトンガの元気は衰えずに、攻め込まれたピンチにボールを奪い返す。トンガはラトゥとホラのほかにも、⑤カウヘンガがリコー、⑨トゥイプロトゥが横河電機、⑪ヴァカがワールド、⑫タイオネが三洋電機と日本でプレイしている選手が多くて親近感が湧く。43分には敵陣22メートルのスクラムからのアタックでゴール前に迫ると、場内のトンガ・コールを背にポイントから③プルがサイドを突いてトライ(G)、10対7と逆転だ。大金星の期待が高まる。ここでスプリングボクスは堪らずに、この日休ませていた⑯スミット、⑱マットフィールド、⑳ハバナ、㉑ステインらを投入。そのステインのＰＧで追い付くと、５８分に⑲スミス、６１分に⑧スキンスタッド、６４分に⑮ピナールと三連続トライで突き放そうとする。しかしトンガはまだ諦めない。６９分に⑬フファンガがトライ、７１分に⑥ヴァキがトライ（Ｇ）、２２対２７と５点差に迫る。このあと双方１ＰＧずつを決めて、残り２分を切って、ボクスのキックオフからトンガは前に出る前に出る。だが最後にホラのキック・パスがタッチに出てしまって、レフリーのウエイン・バーンズはまだ８０分になっていなかったのに終了の笛を吹いてしまった。３０対２５と南アフリカが薄氷の勝利。今大会ここまでで最も興奮した試合。大金星を逃したトンガは誇らしく胸を張っていた。一方のスプリングボクスは顔面蒼白。こういう試合があるからワールドカップは現行の２０ヶ国制を維持するべきだ。続いてのイングランド対サモアは、トンガの気迫がサモアに乗り移る展開を期待したが、イングランドが４４対２２で快勝した。

２３日（日）。東京は少し涼しくなった。オーストラリア対フィジーは、この日５０キャップ目の⑫ギトーが２トライ、４Ｇ、３ＰＧの活躍でワラビーズが５５対１２で快勝。そのあと前日のアルゼンチン対ナミビアを観る。こちらは６３対３でアルゼンチンが大勝。２４日（月・休）。東京はかなり涼しくなった。この日は試合はなく、前日のスコットランド対ニュージーランドの録画を観る。⑭ハウレットの２トライなどでオールブラックスが４０対０と圧勝したゲーム。

２５日（火）は中秋の名月。夕方、井の頭公園で月を見ながら焼鳥屋「いせや」の焼き鳥を食べる。そして夜の試合に備える。午前１時、カナダ対ジャパンのキックオフ。会場はボルドーのスタッド・

ジャック・シャバン・デルマス。ジャパンは11分、カナダ陣内に5メートル入った地点のラインアウトからアタック、ブラインド・ウィングの⑭遠藤がスタンドオフの位置に入ってボールをもらうと、カナダの⑩スミスを跳ね飛ばして48メートル走って右中間にトライ、待望の先制点を上げる。ジャパンはいつになくディフェンスが安定している。カナダは何度もジャパン陣内22メートルの内側まで攻め込むが、反則やミスで得点にならない。5対0のままハーフタイム。後半に入って、ジャパンがキック処理をもたついたところからカナダが攻め込む。47分、5メートル・ラインアウトからフォワードが前進して②リアダンがトライ。5対5の同点。61分、カナダはスクラムから⑨ウィリアムズがキックして自分でボールを追う。ジャパンはゴールライン上で⑧箕内がトライ・セービング・タックル。テレビ・マッチになるが、トライは不成立。その5メートル・スクラムからカナダは⑨ウィリアムズがブラインドにサイドアタック、フォワードでトライラインに迫って、またテレビ・マッチになって、またトライ不成立。ところがそのあとジャパンに反則があって、ジャパンがプレイを止めってしまった一瞬の隙を見て、カナダの⑨ウィリアムズが左に長いキック・パス。ジャパンのディフェンスは誰もいない。⑭ファンデルメルヴァが難なくボールをキャッチしてトライ（G）。時計は64分。12対5とカナダがリードを奪う。

そのあとはジャパンがカナダ陣内で試合を進める。場内にジャポン・コールが響く中、㉑平、㉒小野澤、⑤トンプソンらが前に出る。79分35秒、ジャパンはラインアウトのボールを素早く入れて、パスを繋いで攻めるが、カナダがブレイクダウンでターンオーバーしてタッチキックを蹴る。80分25秒、これで終わりだと誰もが思ったが、ジョナサン・カプラン・レフリーの時計ではまだ時間があって、カナダ陣内40メートルでジャパンのラインアウト。ボールをキープして、⑦オライリー、⑫大西、②松原などがボールを持って攻めて、カナダが反則。81分20秒、ジャパンはボールを回して攻めるが、最後は⑥マキリがボールを蹴ってしまう。⑮有賀と⑨ウィリアムズがインゴールで競り合うが、ボールはデッドボールラインを割ってしまう。81分45秒、今度こそ終わりだと誰もが思ったが、テレビ・マッチでウィリアムズがボールを叩いて出したという反則で、ジャパンは⑳金がタップキックでボールを回す。フォワードが前進、一度、二度、三度、四度とポイントを作って、モールができて、バックスも入って押すが、モールが崩れる。⑦オライリーが前進するが1メートル届かない。ポイントから⑳金がボールを出す。一度左を見て、少しだけボールを持って右に走って、右にパス。これが効いた。⑥マキリ、㉑平とパスが回って、平が右中間にトライ！10対12。時計は83分8秒。選手たちは歓喜。しかしこれで終わりではない。あとワン・プレイ残っている選手が一人だけいる。⑫大西将太郎。5メートルラインよりもタッチライン側からの難しいコンバージョン。大西、たとえこれが外れてもそれはそれだよ、と呼び掛けながら見守る。大西のモーションが始まるとカナダの選手が猛然とチャージに来る。大西は軽くボールを蹴る。ボールはきれいにクロスバーを越える。アシスタントレフリーの旗が上がってレフリーのホイッスルが鳴る。やったー！84分47秒。12対12の引き分けでノーサイド。

勝つことはできなかった。でも負けもしなかった。ワールドカップの連敗には終止符を打った。すごいゲームだった。胸を打つゲームだった。場内は大歓声、大拍手。またジャポン・コールが起こる。歓喜の選手たち。でもカナダも良くやった。特にキャプテンのスクラムハーフのモーガン・ウィリアムズの獅子奮迅はすごかった。マン・オブ・ザ・マッチもウィリアムズ。誰もが納得する選出だ。ジャパンから選ぶとすれば大西だろう。あるいはトライ・セービング・タックルの箕内だろう。でもほかの選手も良くやった。勝てなかったが、心のあるゲームだった。

２６日(水)、前夜のもう一試合のルーマニア対ポルトガルの録画を観る。ポルトガルが先制するが、ルーマニアが１４対１０で逆転勝利。しかしポルトガルは溌剌としていて良いチーム。この夜の二試合はライブ視聴は諦めて眠りに就く。２７日（木）、前日に録画したサモア対アメリカ合衆国を観る。サモアの至宝ブライアン・リマは前のゲームの危険なプレイで3週間の出場停止。もうリマは観れないのだな。僕は彼のガッツあるプレイが大好きだったので残念だ。試合は２５対２１でサモアの勝利。

２８日（金）、前々日のもう一試合のグルジア対ナミビアの録画を観る。大雨の中の試合、グルジアが３０対０でワールドカップ初勝利。グルジアおめでとう。そして4時キックオフのイングランド対トンガ。プールAの二位すなわち準々決勝進出が懸かったゲーム。試合前にトンガのシピタウ。ハーフラインぎりぎりでトンガを迎えるイングランドに対して、トンガもどんどん前に出て、１メートルもない間隔で火花を散らし合う。すごい。試合はトンガが先行したが、ハイライトは前半１８分、トンガが自陣で反則を取られ、イングランドの⑩ウィルキンソンがPGを狙うと誰もが思った場面だった。次の瞬間、ウィルキンソンは右に大きなキック・パスを蹴る。⑭サッキーがインゴールで捕球体制に入る。トンガも慌てて追って競り合うが、１９分、サッキーがインゴールぎりぎりにボールを置く。ビデオ判定になったがトライ。ここから流れが変わって、36対20でイングランドが勝利した。

29日（土）には四試合が集中。夕食を食べながら20時キックオフのニュージーランド対ルーマニアを観る。オールブラックスは⑪シヴィヴァトゥの2トライ、⑭ロコゾコの3トライ、⑬トエアヴァの2トライなど、計13トライで85対8と大勝。次のオーストラリア対カナダは、ワラビーズが37対6と快勝。

続いてのゲームはウエールズ対フィジー。これも勝った方が準々決勝に進出するゲーム。会場はナントのスタッド・ドゥ・ラ・ボジョワール。ウエールズがPGで先制。フィジーは15分にラックの連取から⑦ンゲラがトライ（G）。18分には⑭デラサウが自分で上げたパントを自分でインゴールで押さえてトライ。直後にPG2本で加点して、24分には⑦ンゲラの独走から最後は④レアウェレ（日野自動車）がトライ。25対3。すごいぞフィジー。しかしここからウエールズが反撃。4トライを上げて29対25と試合を引っ繰り返す。うーむ、やはりウエールズのゲームになるのだろうか？フィジーは51分に㉒シレリ・ボンボが⑪ネイヴアに代わって登場。ボンボは大会途中で急遽登録されたのだが、開会式でラグビー・レジェンドとしてジョナ・ロムーやガレス・エドワーズと肩を並べて登場していた選手だぞ。フィジーはPG2本を決めて31対29と逆転。67分、会場に「ギリシアのワイン」（262ページ参照）が流れて手拍子が起こる。フィジーは70分、⑫バイが右隅にボールを押さえたかに見えたがテレビ・マッチの結果タッチ。ウエールズは72分、自陣10メートルライン上で⑦マーティン・ウィリアムズが相手パスをインターセプト、そのまま独走して逆転トライ。

だが⑩スティーヴン・ジョーンズがゴールキックを外す。34対31。まだまだ微妙な点差ではある。

案の定、フィジーは76分、敵陣に攻め込んでボールをキープして13フェイズまで攻め続け、最後はラックサイドに①デュースが飛び込んで、テレビ・マッチの結果今度はトライ！　⑩リトルのゴールも決まって38対34。場内は大興奮、大声援。客席にはウエールズのサポーターが多いが、もちろんフランス人はフィジーを応援している。このあとフィジーがボールをキープして80分を迎えたが、ハーフライン上でフィジーに反則があって、⑩リトルが負傷して時計が止まる。リトルは芝の上で苦悶と恍惚が交錯した表情を浮かべて横たわる。場内にまた「ギリシアのワイン」が流れて、リトルは目を閉じたまま担架で運ばれて退場する。万雷の拍手。まるで映画のワンシーン。試合が再開して、ウエールズはスクラムから攻めるが、ブレイクダウンでプレイが停滞したところでノーサイド。歴史的死闘をフィジーが制して、第一回大会以来の準々決勝進出を決めた。

30日（日）は早くもプール・マッチの最終日。朝から相方のアトリエの引越しを手伝って、まずは前日のスコットランド対イタリアを観る。これも準々決勝進出を懸けた一戦。しかし雨中の試合で双方キックの多いゲーム。一時はイタリアがリードしたが、スコットランドがPGを重ねて逆転、18対16で逃げ切って六大会連続ベストエイト入りを決めた。

夕食は吉祥寺の老舗のお好焼屋「まりや」。帰宅してこの日の第一試合を観る。フランス対グルジアはフランスが64対7と大勝して準々決勝進出を決めた。しかし準々決勝はニュージーランドとの対戦が濃厚。しかも会場はウエールズのカーディフだ。はてさてどうなることか？

第二試合はアイルランド対アルゼンチン。会場はパリのパルク・デ・プランス。客席にはジャン・ポール・ベルモンドの顔があればジョナ・ロムーの顔もあった。アルゼンチンは16分、5メートル・スクラムから右のブラインドサイドを⑧→⑨（はちきゅう）で攻めて⑭ボルヘスがトライ。アイルランドもキャプテンの⑬オドリスコルがトライ（G）を奪ったが、38分にはアルゼンチンの⑩エルナンデスがハイパントを蹴って自分でナイス・キャッチ、そのままパスが繋がって⑪アグジャがトライ（G）。エルナンデスはDGも2本決め、アルゼンチンが18対10とリードして前半を折り返す。後半、アイルランドは⑬オドリスコルの巧みなプレイから⑮マーフィーがトライ。そのあとは一進一退になるが、アルゼンチンの⑩エルナンデスのキックがハイパントもゴロ・キックも冴え渡り、アイルランドは自陣でのプレイを強いられる。アルゼンチンは後半に⑫フェリペ・コンテポーミの3PGと、⑩エルナンデスのDGがもう1本決まって、30対15で堂々の勝利。準々決勝進出を決めた。

第三試合の南アフリカ対アメリカはライブ観戦は諦めて、翌10月1日（月）に観る。前半、ボクスは⑫ステイン、⑪ハバナがトライを決める。でも38分、世界があっと驚くプレイが飛び出した。ボクスが深く攻め込んで⑨デュプレアが投げたパスを、アメリカの⑦クレヴァーが自陣ゴールライン前8メートルでインターセプト。④パーカー、⑩ハーカスと繋いで、ハーフラインの2メートル手前でパスを受けた⑭タクザワ・ングウェニアが、対面の⑪ハバナを外で抜き去って、追い縋るハバナを振り切って、そのまま走り切ってトライ！（G）世界中に衝撃を与える見事なトライ。試合は後半にもボクスが6トライを奪って64対15で勝利したが、ハイライトは間違いなくングウェニアのトライ・シーンだった。最高のトライを目にした喜びに浸る。

POOL A	南アフリカ	イングランド	トンガ	サモア	アメリカ合衆国	勝	負	分	得点	失点	賞点	勝点
南アフリカ		○ 36-0	○ 30-25	○ 59-7	○ 64-15	4	0	0	189	47	3	19
イングランド	● 0-36		○ 36-20	○ 44-22	○ 28-10	3	1	0	108	88	2	14
トンガ	● 25-30	● 20-36		○ 19-15	○ 25-15	2	2	0	89	96	1	9
サモア	● 7-59	● 22-44	● 15-19		○ 25-21	1	3	0	69	143	1	5
アメリカ合衆国	● 15-64	● 10-28	● 15-25	● 21-25		0	4	0	61	142	1	1

POOL B	オーストラリア	フィジー	ウエールズ	ジャパン	カナダ	勝	負	分	得点	失点	賞点	勝点
オーストラリア		○ 55-12	○ 32-20	○ 91-3	○ 37-6	4	0	0	215	41	4	20
フィジー	● 12-55		○ 38-34	○ 35-31	○ 29-16	3	1	0	114	136	3	15
ウエールズ	● 20-32	● 34-38		○ 72-18	○ 42-17	2	2	0	168	105	4	12
ジャパン	● 3-91	● 31-35	● 18-72		△ 12-12	0	3	1	64	210	1	3
カナダ	● 6-37	● 16-29	● 17-42	△ 12-12		0	3	1	51	120	0	2

POOL C	ニュージーランド	スコットランド	イタリア	ルーマニア	ポルトガル	勝	負	分	得点	失点	賞点	勝点
ニュージーランド		○ 40-0	○ 76-14	○ 85-8	○ 108-13	4	0	0	309	35	4	20
スコットランド	● 0-40		○ 18-16	○ 42-0	○ 56-10	3	1	0	116	66	2	14
イタリア	● 14-76	● 16-18		○ 24-18	○ 31-5	2	2	0	85	117	1	9
ルーマニア	● 8-85	● 0-42	● 18-24		○ 14-10	1	3	0	40	161	1	5
ポルトガル	● 13-108	● 10-56	● 5-31	● 10-14		0	4	0	38	209	1	1

POOL D	アルゼンチン	フランス	アイルランド	グルジア	ナミビア	勝	負	分	得点	失点	賞点	勝点
アルゼンチン		○ 17-12	○ 30-15	○ 33-3	○ 63-3	4	0	0	143	33	2	18
フランス	● 12-17		○ 25-3	○ 64-7	○ 87-10	3	1	0	188	37	3	15
アイルランド	● 15-30	● 3-25		○ 14-10	○ 32-17	2	2	0	64	82	1	9
グルジア	● 3-33	● 7-64	● 10-14		○ 30-0	1	3	0	50	111	1	5
ナミビア	● 3-63	● 10-87	● 17-32	● 0-30		0	4	0	30	212	0	0

準々決勝・第一試合　オーストラリア対イングランド　10月13日（土）　マルセイユ

快晴のマルセイユ。序盤、ワラビーズはキャプテンの⑬モートロックが立て続けにＰＧを狙う。４分に失敗、６分に成功、１２分に失敗。イングランドは２２分と２５分に⑩ウィルキンソンがＰＧを決めて６対３と逆転する。ウィルキンソンは２８分のＰＧは失敗。ワラビーズは３２分に⑮レイサムのランでチャンスを作ると、⑪トゥキリのランで深く攻め込み、最後もトゥキリが右端に飛び込んでトライ（Ｇ）。１０対６とする。対するイングランドは３６分にモールを押し込んでペナルティのアドバンテージを得ると、ウィルキンソンがＤＧを狙うがこれは失敗、３８分に今度はＰＧを狙うがこれも失敗する。

イングランドは後半に入って４６分に敵陣ト

ライラインまであと10メートルの相手ボール・スクラムを押して落球を誘い、⑩ウィルキンソンがボールを拾ってゴール前で⑫キャットにパス、キャットは取っていればトライだったこのボールをノックオン。しかしワラビーズのタッチキックが短く、イングランドはゴール前に攻め込んでペナルティを得る。51分、⑩ウィルキンソンがこのPGを成功。9対10と1点差に迫る。53分、ワラビーズは⑮レイサムが長距離のDGを狙うがこれは失敗。イングランドは58分にも5メートル・スクラムを押し込んでペナルティを得て、60分、⑩ウィルキンソンがPGを決めて12対10と逆転する。

イングランドは66分、⑩ウィルキンソンがDGを失敗。68分には⑱ダラーリオが登場して客席が沸く。70分、ワラビーズはスクラムで今度はフリーキックを取られる。イングランドは再びスクラムを選択。そのあとワラビーズ・ボールになったが、⑨グレーガンがラックからの球出しでボールが手に付かず、結局ペナルティ。場内は「スウィング・ロウ」の大合唱。しかし74分、⑩ウィルキンソンは50メートルのPGを失敗する。

ワラビーズは76分、ハーフラインから3メートル入った左5メートルライン上でペナルティを得ると、キャプテンの⑬モートロックが一発逆転のPGを狙う。しかし77分、ボールは大きく弧を描いて僅かに左に逸れる。ワラビーズはその後もボールを保持して攻撃するが、時間切れでノーサイド。12対10。イングランドが優勝候補一角のワラビーズを撃破。イングランドは輪を作って飛び跳ねて喜んでいた。

準々決勝・第二試合　ニュージーランド対フランス　10月13日（土）　カーディフ

カーディフ・ミレニアムスタジアムのナイトゲーム。よりによってこの試合がカーディフで戦われるなんて。フランスは今大会の準々決勝の一試合の会場をカーディフに譲ってしまったことを後悔しているだろう。少なくともプールDの二位チームが試合をする会場をカーディフに渡してしまったことを後悔しているだろう。

オールブラックスのハカ。フランスはハーフラインまで出る。オールブラックスも1メートル前まで迫る。フランスは赤、白、青のTシャツを着ている。遠目にはトリコロールの国旗に見える。レフリーはウエイン・バーンズ。

フランスは4分、⑥ベッツェンが頭を打って倒れる。担架は使わなかったものの、脳震盪のためそのまま退場を余儀なくされて、代わって⑲アリノルドキが入る。フランスは6分、初めて敵陣22メートルの中に入った場面で⑮トライユがDGを狙って失敗。序盤は双方キックが中心。オールブラックスは11分に⑫マカリスターが小さなキックを蹴って自分で取ってチャンスを広げる。フランスがペナルティを犯して、13分、⑩カーターがPGを決めてブラックスが先制する。ブラックスは16分、⑫マカリスターのライン・ブレイクから大チャンス、⑤ウィリアムズが左隅に飛び込むがテレビ・マッチの結果ウィリアムズの足がタッチに出ていた。それでも16分、⑩カーターのナイス・パスからまた⑫マカリスターが抜けて、⑥コリンズが繋いで、もう一度ボールを持ったマカリスターがトライ（G）。10対0とする。

このあとは双方蹴り合いの展開。フランスは24分、⑩ボクシスがPG失敗。ブラックスは30分、カーターがPG成功。36分にフランスは今度は⑨エリサルドが左中間30メートルのイージーなPGを失敗。しかしブラックスは前半終了間際にラインアウトからのモールでオフサイド。40分、⑩ボクシスがようやくPGを決めて3対13とする。

後半に入って44分、フランスのアタックでキック・ボールを追っていた⑫ジョジオンにブラックスの⑫マカリスターが故意にぶつかったという判定で、バーンズ・レフリーはイエローカードを出す。45分、⑩ボクシスがPGを決めて、6対13。51分、フランスは⑯スザルゼウスキーと⑱シャバルを投入。ブラックスは52分、カーターがDGを失敗。フランスはそのドロップアウトから左に、右にとワイドに攻めて、⑲アリノルドキがゴール前2メートルに迫り、また左に、また右にと展開、53分、最後は⑦デュソトワールが右中間にトライ(G)、13対13の同点とする。ここでブラックスは⑫マカリスターが戻るが、⑩カーターが足を痛めて㉑エヴァンスと交代する。ベンチに戻ったカーターは目が潤んでいるように見える。58分、場内に「ラ・マルセイエーズ」の歌声がこだまする。ブラックスは61分、自陣10メートルライン上のフランス・ボールのラインアウトのボールを奪うと、⑪シヴィヴァトゥ、⑧ソーイアロらがゲイン、ピック&ゴーで、⑯ホア、⑱ジャックがゴール前に迫って、62分、最後はソーイアロが左端に飛び込む。テレビ・マッチの結果トライ。ただ、⑫マカリスターがゴールを外して、18対13となる。

フランスは67分、⑩ボクシスに代えて⑳ミシャラクを投入する。その直後の自陣10メートルライン上のスクラムからの攻撃だった。⑮トライユのパスを絶妙のタイミングで受けた⑳ミシャラクが左タッチライン際を快走、内側に付いた⑫ジョジオンにパス、ジョジオンが左中間にトライ! 68

分のことだった。⑨エリサルドがゴールを決めて、２０対１８とフランスが逆転！ ほぼハーフライン上でトライユがミシャラクに放ったパスはフォワードパスに見えないこともなかったが、バーンズ・レフリーはホイッスルを吹かなかった。

フランスは７０分、１９９９年ウエールズ大会の準決勝でオールブラックスを破った立役者の一人、㉑ドミニシを投入する。一方のブラックスは入ったばかりの㉑エヴァンスが負傷して㉒トエアヴァと交代する。ブラックスがボールをキープして攻めて、２５フェイズまで重ねて、トライラインまであと3メートルに迫った場面もあったが、最後はボールを失う。７９分、残り５０秒になって、ブラックスの⑫マカリスターが５０メートルのＤＧを蹴るがこれは失敗。そのあともブラックスが攻めるが、８０分を過ぎて、最後は⑯ホアが落球、フランスの⑨エリサルドが安全圏までボールを持って走ってからタッチキックを蹴ってノーサイド。抱き合って喜ぶフランス。肩を落とすオールブラックス。フランスがまたやった。優勝候補筆頭のオールブラックスを２０対１８で打ち破った。

準々決勝・第三試合　南アフリカ対フィジー　10月14日（日）　マルセイユ

フィジーはニッキー・リトルがウエールズ戦の膝の靭帯の負傷でこの試合に出場できない。開始直後、スプリングボクスはフォワードが押し込んでペナルティを得るが、２分、⑮モンゴメリーがイージーなＰＧを失敗。しかし7分、⑫ステインが５１メートルのＰＧを決めて先制する。さらに１２分、相手ペナルティで得た5メートル・ラインアウトから⑦スミスがトライライン直前まで迫って、最後は⑬フーリーが左隅にトライ。８対０とする。フィジーは２４分、ラインアウトでのボクスの反則から⑩バイがＰＧ成功。３１分、ボクスは④ボタのランからチャンスを得てゴール前に迫るが、⑥バーガーがゴール直前でフィジーのタックルを受けてノックオン。しかし３４分にペナルティから得た５メートル・ラインアウトでモールを押し込んで、キャプテンの②スミットがトライ。１３対３となって、そのままハーフタイム。

　後半開始直後の４２分、フィジーが攻め込んで、ボクスにボールを奪われるが、⑪ハバナにタックルして絡んでノット・リリース・ザ・ボールを誘う。４３分、⑩バイがＰＧを決めて６対１３とする。フィジーはボクスのハーフバック団にプレッシャーを掛けて自由に動かせない。４８分にはフィジーの⑩バイがこの日初めてきれいに抜けて、⑨ラウルニも良く走り、ポイントから左に回したところで⑭デラサウが落球。ボクスはここから攻め返し、５０分、ラックから右のブラインドサイドを突いて、最後は⑭ピーターセンがトライ（Ｇ）。２０対６とする。同時にその間のプレイでフィジーの⑫ランベニが危険なタックルでシンビンになる。

　ところがここからフィジーが奮闘する。５６分に自陣からボールをキープして連続攻撃、⑭デラサウが自陣４７メートルでボールを持つと、すぐにボールを蹴って、ディフェンスを抜き去ってインゴールでボールを押さえる。テレビ・マッチになるがトライ！（Ｇ）。さらに次のキックオフで、⑩バイからボールを受けた⑯リンガイリがラン、ブレイクダウンのサイドを⑨ラウルニが走って、最後は⑪ボンボがタックルを受けながらインゴールに入る。またテレビ・マッチになるがトライ！（Ｇ）なんと、２０対２０の同点になる。

　６２分、ボクスは⑮モンゴメリーがＰＧ成功。６４分、フィジーはボクスのキャリバックで５メートル・スクラムを得ると、フォワードが再三サイドを突くが、最後はノックオン。フィジーにとってはこの場面が最高に惜しかった。66分には⑩バイがDGを失敗する。66分、フィジーは自陣からボールを回して⑭デラサウが大きくゲイン、ランベニのランから⑤ラワンガがインゴールに入るが、グラウンディングできずにタッチインゴールを割ってドロップアウト。ここが二番目に惜しかった場面。67分、フィジーは⑫ランベニが自陣から走って抜けて㉒ロヴォンバラヴにパス、しかしロヴォンバラヴがこのボールをノックオン。三番目に惜しかったのがこの場面だった。

68分、自陣トライラインまであと8メートルのラインアウトでフィジーはノット・ストレートを取られる。ボクスはスクラムからのモールを押し込み、69分、⑦スミスがトライ（G）。30対20とする。うーん。あそこでノット・ストレートを取るかなあ。73分、ボクスの⑩ジェイムズがDGを失敗するが、フィジーのワンタッチがあって、ボクスの5メートル・スクラムとなる。ボクスはスクラムを押し込むが、最後は⑥バーガーがノックオン。75分、場内に「ギリシアのワイン」が流れる。76分、スクラムからのプレイで両チームが揉めそうになったところで、レフリーのルイスが両キャプテンを呼んで、「ドント・スポイル・ア・グレイト・ゲーム」と告げる。とても良いシーン。79分、ボクスは再三のスクラムのあと、⑩ジェイムズがトライ（G）。37対20となって、激闘は終わった。

試合終了直後にインゴールで円陣を組んで祈りを捧げたフィジーのチームが印象的だった。場内の大歓声と手拍子はすべてフィジーのために。フィジーにとっては実に惜しいゲームだった。

準々決勝・第四試合　アルゼンチン対スコットランド　10月14日（日）サン・ドニ

アルゼンチンは0分に⑩エルナンデスがDGを失敗、14分に⑫フェリペ・コンテポーミがPGを失敗。15分、今度はスコットランドの⑩パークスが50メートルのPGを狙ってこちらは成功させる。アルゼンチンは22分、⑫コンテポーミがPGを決めて同点。26分には⑩エルナンデスがDGを失敗するが、直後の28分に⑫コンテポーミがPGを成功して逆転。32分、攻め込まれたスコットランドがブレイクダウンでボールをターンオーバー、⑩パークスがタッチキックを蹴ろうとしたが、アルゼンチンの⑧ロンゴがチャージしてそのままボールを拾ってトライ（G）。スコットランドは37分に⑪パターソンがPGを決めるが、アルゼンチンが13対6とリードして折り返し。

後半も42分にアルゼンチンの⑫コンテポーミのPGでスタート。48分にスコットランドの⑩パークスがロングPGを失敗。これが今大会23本目のプレイスキックで初めての失敗というからすごいのだけれど。52分、アルゼンチンの⑩エルナンデスが自陣30メートルから蹴ったボールがスコットランドのトライラインまで50センチのところでタッチを割って、場内が久々に沸く。そのエルナンデスは53分にDGを決めて19対6とする。エルナンデスのキックは本当に多彩で感心させられる。スコットランドは60分にアルゼンチンが蹴り込んだボールを⑪パターソン、②フォード、⑭ショーン・ラモントと繋いでトライラインまであと10メートルまで迫ると、ポイントから左に展開、一度ラックでボールが停滞するが、⑲ブラウンがタッチライン際を走って最後は⑳カシターがトライ（G）。13対19となる。盛り上がりに欠ける試合の唯一の華となるトライだった。

63分、アルゼンチンの⑩エルナンデスがDGを失敗。そのエルナンデスは65分に脚を痛めて試合が止まる。一瞬冷やりとしたが、そのまま復帰してプレイを続ける。ここから15分間、スコットランドは再三再四敵陣でマイボール・ラインアウトを得るが、なかなか得点に至らない。78分、トライラインまであと10メートルのラックからボールが出ると、⑩パークスが右のタッチライン際の⑭ラモントにキック・パスを上げて、このボールがタッチインゴールを割ってしまう。ここはリスクのあるプレイを避けて継続して攻めたかった場面だった。結局、19対13のまま試合終了。先にリードを奪ったアルゼンチンが手堅い試合に持ち込んでしまって、見どころの少ない試合になってしまった。とは言え、アルゼンチンは初めての準決勝進出。南アフリカとの大一番が楽しみになった。

さて、準決勝の組み合わせがイングランド対フランスと南アフリカ対アルゼンチンに決まって、僕たちの出発日も近付いてきた。第六回ラグビー・ワールドカップ・フランス大会の優勝の行方と、パリの盛り上がりを確かめるために、僕たちも旅に出る。うん、今回の旅のテーマはそれだ。言わば、

パリは燃えているか？

パリ日記

10月12日（金）

出発前夜は仕事の山と荷物の山との格闘で二人とも一睡もできなかった。でもこの日のような長時間のフライトでは機内でできるだけ眠りを取りたいので、睡眠不足は僕にとってはむしろ吉。朝の成田でビールを注入して、あと一歩で夢の中という状態で機内に乗り込んだ。ＪＬ４１５便は予定の10時をいくらか回ってから成田を離陸した。

けれども機内ではすぐには眠らずに「１４０８」「オーシャンズ１３」と映画を二本観てしまう。「ロンリー・プラネット」日本語版の「パリ」を読んでしまう。ワインを飲んでしまう。仕事をしようとパソコンを開いてしまう（これはすぐに閉じる）。そしてようやく眠る。目が覚めるとロシア上空。さらに、フィンランド、スウェーデン、デンマーク、ドイツ、オランダ、ベルギーを通過して、フランス時間で１５時２０分にシャルル・ドゥ・ゴール空港に着陸した。睡眠は少ないけれども体調は悪くない。僕の体調は第六回ワールドカップの優勝の行方とは何の関係もないけれど。

今回の旅行はパッケージ・ツアーで空港とホテルの間は貸し切りバスで移動できるのでとても楽だ。でも正直に言うとちょっと物足りない。やはり海外旅行というのは空港に降り立って市内までどうやって辿り着こうかと考えることから始まるのではないかと僕は思う。本当はその方が楽しいのだけれどなと思う。そう思いながら、地図と新聞を買い込んでバスに乗る。

バスの中ではフランス最大のスポーツ紙――もしかしたら世界最高のスポーツ紙かもしれない

――「レキップ」を斜め読み。と言っても僕のフランス語の読解能力はほとんど初心者の水準なので、辞書を引き引き、何とか意味を繋ぎ合わせていくという読み方ではあるのだが。

この日の「レキップ」の1面の大見出しは「ブルー、内に秘めたディフェンス」。「ディフェンスはフランス・フィフティーン［カンズ］の強みである。オールブラックスに対しては299のタックル［プラカージュ plaquages］で、レ・ブルーはスペクタクルのやりかたを証明した。明日はイングランドに対してもこのパフォーマンスを繰り返さなければならない。ワールドカップの準決勝で」という短文がある。大写しの写真は円陣を組んでいるフランスの選手たち。ティエリー・デュソトワール、セバスチャン・シャバル、セルジュ・ベッツェンという「フランスのディフェンス」を象徴する3人の顔が見える。

この「レキップ」は15面からがラグビー・ワールドカップ特集になっている。見出しと前文を拾い読みする。

「あらゆる点から見て順調」（15面）。「フランス・フィフティーンを取り巻く国民的熱狂とワールドカップの大衆的成功は、ラグビーのための新しい地平を切り開く。一大注目の、フランスがチャンピオンシップを再獲得するこの2週間に（岩切註：チャンピオンシップの「再獲得」というのは1998年のサッカー（FIFA）・ワールドカップの優勝に続いてのという意味だと思う）」

「剣闘士の贖罪」（18面）。「ティエリー・デュソトワールは段階をよじ登って第三列に不可欠な戦闘員になる感情を育んでいる」

「ラポルト、英国的短気者（岩切註：「英国的短気者」すなわち「ランパシャン・アングレl'impatient anglais」は映画にもなった小説「イングリッシュ・ペイシェント＝ル・パシャン・アングレle patient anglais」のもじり）」（19面）。「トリコロールのコーチ［アントレヌールentraîneur］はイングランドの世界チャンピオンの前例に大いにインスパイア［アンスピレ］されている」

「エリス、職人タックラー［プラクールplaqueur］（岩切註：エリスはフランスのスクラムハーフのジャン・バティスト・エリサルドのこと）」（21面）。「その者は勇気を誇示して燃え輝くプレイ［ジュー］を夢に見た。彼はディフェンスというオプションを選んでフランスの成功を細工する」

『フランスでは、人々はプレイをより良く読み解く』（23面）。「ブライアン・アシュトンはフランス人の適応の特質を妬んでいる。彼のチーム［エキップéquipe］のチャンスを断固として信じながらも」

「オージーの魔術師（岩切註：「オージーaussie」にはフランス語の「オッシaussi」が掛かっていて、「魔術師もまた」という意味にも取れる」（24面）。「オーストラリアの転向者、エディ・ジョーンズは、これまで以上に浮気っぽいボクスに彼の頭脳［灰色の細胞］を移植した」

僕にわかるだけでもこれだけの語呂合わせやダブル・ミーニングが盛り込まれていてとても面白い。洒落を解説するほど無粋なことはないのはわかっているつもりだが、以後、「レキップ」の面白さが少しでも伝わるように表記を工夫してみたい。

バスはパリの北東の郊外の平らな土地の中を走っていく。途中でサン・ドニを通過して、スタッド・

ドゥ・フランスのすぐ横を通る。巨大。これが本当に埋まるのだろうかと思う。そのあとパリ市内の環状道路ペリフェリク・ブルヴァールに入ったところで渋滞に巻き込まれる。午前中に子牛を積んだトラックがこの環状道路に大量の子牛をぶちまけて、その余韻で道路が渋滞しているのだと現地在住のガイド氏が説明する。首都の真ん中ですごいことが起こるのだなあと驚いていると、もちろん毎日起こるわけではないと言われる。

ようやく環状道路を降りたところがポルト・マイヨという地域。その一角のパレ・ド・コングレ・ド・パリという国際会議場に隣接した「コンコルド・ラ・ファイエット」というホテルが今回僕たちが宿泊するホテル。パリ市内ではエッフェル塔とモンパルナス・タワーに次いで三番目に背の高い建物という触れ込みである。

ホテルのロビーに着いたのは17時30分だった。ロビーにはニュージーランドからの旅行客が群れを成していた。どうして彼らがニュージーランドからの旅行客だとわかるのかと言うと、全員がオールブラックスのシルヴァーファーンの入ったジャージなり上着なり帽子なりを身に付けているから。もちろん彼らはオールブラックスが準決勝に進出すると信じて、そのことを露ほども疑わないで、観戦ツアーに申し込んだのだろう。そしてオールブラックスが敗れたあとも観戦ツアーをキャンセルしないでパリまでやって来たのだろう。オールブラックスの敗戦からこの日で6日目になるのだが、彼らの表情は未だにちょっと呆然としているように僕の目には見えた。このあとの10日間にニュージーランドからの旅行客の姿はパリの街の至るところで目にすることになるのだが、彼らの様子にはほぼ例外なくその呆然としたような雰囲気が漂っていて、声を掛けるのも憚られるくらいだった。

僕たちの部屋の909号室の窓からはエッフェル塔と凱旋門が見える。日が暮れるまでに夕方のパリを少しでも歩いておきたくて、部屋に荷物を置いてすぐに散歩に出る。

アヴニュ・ド・ラ・グランダルメを南東東に向かう。この大通りはアヴニュ・デ・シャンゼリゼから一直線に続いていて、凱旋門から西側がこの名前になっている。金曜日の夕方ということもあって、歩道には絵画や彫刻や骨董品の出店がたくさん出ている。カフェやブラッスリーの屋外席ではイングランドやニュージーランドのラグビー・ジャージを身に纏ったファンがビールを飲んでいる。小売店のショウ・ウィンドウにはフランス代表「レ・ブルー」のジャージを着せたマネキンなどラグビーに因んだものもちらほらとある。凱旋門のすぐ手前にもラグビー選手の特大の写真で全体を包み込んだ建物がある。10分ほどで凱旋門に辿り着く。僕たちはその有名な門を西側から眺め、足元から眺め、東側から眺める。そして写真を撮る。凱旋門の足元ではちょうど何かの楽隊の演奏が終わったところだった。

さらにシャンゼリゼを南東東に向かう。辺りは暮れなずんできて、灯りの色も目立ってくる。ブランドショップが立ち並ぶ合間にカフェやブラッスリーもぽつぽつとあるので、今夜はこの辺りで食事をしていくことにする。でもそうすることにした途端に適当な店が見付からなくなる。シャン

凱旋門前で

ゼリゼの北側の歩道をコンコルド広場方面に歩いて行って、南側の歩道を引き返してくる。ブランドショップには目もくれない僕たちだけれど、アディダスやナイキの店はラグビー関連のディスプレイに釣られてちょっとだけ覗いてみる。でも何も買わない。カフェやブラッスリーはないことはないのだが、入りたい店はなかなか見付からない。そうこうしているうちにまた凱旋門の近くまで戻って来てしまう。もう陽は落ちているし、足も疲れているので、適当なブラッスリーの屋外席に座る。「ヴェスヴィオ・カフェ（VESUVIO CAFÉ）」というイタリアふうの名前の店。凱旋門が目の前に見える席。僕はサーモンのグリル。相方はミックス・フライ。生ビールを二人で三杯。特別においしい食事ではない。ところがこれが43・90ユーロもする。小銭が手元になかったので50ユーロを置いて席を立つ。1ユーロ170円で換算して8500円。うわあ。早速のユーロ高の洗礼。目玉が飛び出るとはこのことである。

夜の凱旋門をちょっとだけ眺めて、帰りもアヴニュ・ド・ラ・グランダルメをホテルまで歩いた。この大通りはこの旅行中何度も歩くことになるだろうと思いながら歩いたのだが、結局この最初の夜しか歩かなかった。僕たちのホテルの目の前にある「ジェイムズ・ジョイス・パブ」というアイリッシュパブ（「ジェイムズ・ジョイス・パブ」という店名なのだからアイリッシュパブなのだろう）にはたくさんのニュージーランド人が集まっていた。このパブにもこの旅行中何度も通うことになるだろうと思いながら前を通ったのだが、結局最後まで一度も寄らなかった。旅というのはそういうものだ。

ホテルの部屋の窓から午前0時のエッフェル塔の点滅を楽しむ。ほどなく睡魔が襲ってきてベッドに潜り込む。0時30分就寝。

10月13日（土）

「レキップ」10月13日号

●1面　大見出し「ビッグ・ゲーム［グラン・ジュー］を破れ！」

短文「フランスのフィフティーンは『最大の敵』イングランドと再び会う。今夜（21時）スタッド・ドゥ・フランスで、ラグビー・ワールドカップの準決勝で。公認の世界チャンピオンに相対するベルナール・ラポルトの選手たちには激しい戦闘だ」

●2・3面　大見出し「フランス－イングランド、永遠のスリル［フリソン］」（署名　ミッシェル・ダローニ）

前文「英仏海峡［ラ・マンシュ］のそれぞれの側で、スポーツは小さな歴史が大きな歴史を書き換えてきたフランス人とイングランド人の間の決闘［デュエル］で飾られている。ラグビーしかり、サッカーしかり、モータースポーツしかり、陸上競技しかり、オリンピックしかり、例外はない。その物語」

「歴史家でラグビーの情熱的なコラムニストのジャン・ラクテュールが、どうしてすべてのスポーツのフランスとイングランドの対戦にこれほど独特の風味があるのかを説明する。

――フランスのフィフティーンは今日、ワールドカップの準決勝でイングランドに立ち向かいます。この対戦はラグビーを超越した情熱を掻き立てます。それは正確には何を表わしているのでしょうか？

ラクテュール：二つの国は共通の古来の歴史を持っている。その上、その歴史は近年は多くの対立から生み出されてきた。そのことが常に印象に残っている。彼らは必ず両国の関係と対戦に含みを持たせる。スポーツの分野においてさえも。それは徹底的に競争する二つの文化、二つの文明だ。強く堅い同盟は知性と信念ゆえに結ばれた。我々は第一次世界大戦の時のイングランド人が第二次世界大戦の間と同じくらい立派だったことを忘れてはならない。我々は彼らに多くを負っている。しかしフランス人にとって、イングランド人との関係はデリケートで困難なままだ。逆もまた真なり。『不実なアルビオン』（岩切註：フランスによるイングランドのニックネーム）は我々を、常に我々フランス人を不安にする。そしてイングランド人は辛辣な皮肉を込めて、多くの無理解によって表現されるフランス人の話をする。我々の関係は不信と賛美でできている。どちらもとげのある言葉［ピケ］を引っ込めない。揉めごとの歴史だ。

——スポーツの分野は二つの国が古くからの揉めごとを解決できる最後の場所ですか？

ラクテュール：そうではない。スポーツではもちろんライバル関係が表現される。でもそれは存在しているし、時にはあらゆる形で同じように顕著になる。外交上あるいは経済上の政策でも。

——2012年の夏季オリンピック大会開催権の競争でパリがロンドンに敗れたのは、その外交上のライバル関係の一つの例証ですか？

ラクテュール：そうだ。スポーツを発明し、それによって運動を体系化したイングランド人は、権利を剥奪されかねないという観念に我慢できない。その点では、オリンピック大会を獲得することは彼らにはとても重要だった。それがオリンピズムのリノベイターであるピエール・ドゥ・クーベルタンの国、フランスの首都パリとの対決で獲得されたのだからなおさら重要だった。

——それがイングランドの代表を打ち負かすフランス・チームが常にとても痛快であり続ける理由です

……。

ラクテュール：そこにシンボリックな何かがある。それは勝利であり、おまけに、我々の最大の敵に対して獲得されるものだからだ。1964年のイングランドの大西洋横断ヨットレース［トランザ］におけるエリック・タバリーの勝利の反響を、あるいは30年代のフランスのテニスの四銃士たちがウィンブルドンの芝の上でイングランドの選手を打ち負かした時に味わわされた快楽を、忘れてはならない！その間、これらの試合中に、客席の観衆が冷静なままでいたことに注目しよう。興奮を表現する方法はもはや当時と同じではない。何世紀もの間、幸運にも、フランス人とイングランド人はもはや武器を手にして戦っていない。そして我々がグラウンドで再会する時、スリルのようなものが、復讐と思える感情がある。それはとても特別なものだ。

――ラグビーはそのスリルの最高のベクトルですか？

ラクテュール：ラグビーは回避できない対決のスポーツだ。シックス・ネイションズやワールドカップは戦場だ。勝利はフィジカルな翻訳が可能で、それが重要なのだ。フランスのラグビーマンは、多大な敬意、賞賛、その上詩情を込めて、ウエールズの魅力、スコットランドのロマンティシズム、アイルランドの高潔の話をする。イングランド、それは別のものだ。打ち倒すべき競争相手だ。それから、バラのエンブレムの真っ白のジャージ［マイヨ］がある……。我々はそれを捕まえたい。このフランス・イングランド戦はとてもエキサイティングだ。この準決勝はパーフェクトなチャンスだ。

――このプログラム［アフィシェ］が決勝だったら素晴らしい決勝になっていたでしょう……。

ラクテュール：そうだとしたら同じものにはなっていなかっただろう。

――なぜですか？

ラクテュール：この準決勝は勝者が敗者から決勝を奪うから二つの国にとってパーフェクトなのだ。だから予想からして甘美なのだ。

――ラグビーは長い間二つの国民の特徴に完全な自己表現を可能にしてきました。今日、その方法におけるスタイルの均等化は、二つの国の歩み寄りを祝福しないのではないですか？

ラクテュール：フレンチ・フレアは常にイングランドの厳格さと対比されてきた。しかし、少し前から、イングランド人がフレンチ・フレアのタッチを彼らのプレイに混ぜようとしてきたこと、そして、フランス人が僅かな厳格さは結果に害を与えない可能性があるとわかってきたことは事実だ。この二つのチームは互いに良く似ている。二つの文化の魅惑的な部分の結合［マリアージュ］。いずれにせよ、そのことは効果があることを示した。フランスとイングランドの友情［アミティエ］の象徴としてのラグビー？　仮定するのは興味深い。試合は我々に多くのことを語るだろう。

●17面（ラグビー・ワールドカップ特集1面）　大見出し「世間は狭いですね［こんなところでまたお会いしましたね］」（署名　アンリ・ブリュ）

前文「今夜（21時）、イングランドとフランスは、ワールドカップの決勝の一つの座を懸けてスタッド・ドゥ・フランスで対決する。さらに言えばアルゼンチンは明日南アフリカに挑戦するが、それは確率的にはまず起こるとは思えない大勝利だ」

史上最も起こるとは思えない『土壇場［クランチ］』の時だ。1ヶ月前に誰が2003年のシドニーの断腸のリメイクとなるこのイングランド・フランスの対戦に賭けただろうか？　計画、組織、正当な理由を、結果の継続を強く信じるのであれば、もはやこれまでだ。でもそういうことだ。アルゼンチン、フランス、イングランドがワールドカップの準決勝に存在しているということは、準備期間の3ヶ月に言われていたことをもう一度証明する。不安定な均衡は立て直すことができるのだ。

それはほとんど誇張ではない。例えば、今日のフランス・チームのメンバーを取り上げよう。ラファエル・イバネスは2年前に復帰する前、２００３年に引退していた。２００７年春には、ファビアン・プルースはワールドカップを闘うことはないと多くの人たちが考えていた。同じ年の6月に、ティエリー・デュソトワールは事前選出の３０人の選手の最初のリストに載っていなくて、エルヴィス・ヴェルムランが怪我による棄権を表面した時、セレクターは彼を指名するために5日間熟考する必要があった。開幕のアルゼンチン・フランス戦の時点では、イマノル・アリノルドキがフランスのナンバーエイト［ヌメロ・ユイット numéro huit］だったし、ピエール・ミニョーニがスクラムハーフ［ドゥミ・ドゥ・メレ demi de mêlée］、ダヴィド・スクレラがフライハーフ［ウヴルール ouvreur］、セドリック・エマンスがフルバック［アリエール arrière］だった。

今夜、イングランドに対して、ジュリアン・ボネールがブルーのナンバーエイト［トロワジエム・リニュ・サントル troisième-ligne centre＝バックロウ・センター］になるし、ジャン・バティスト・エリサルドとリオネル・ボクシスがハーフバック団［シャルニエール charnière＝蝶つがい］を構成するし、そして……ダミアン・トライユがブルーのフルバックとしての二試合目をプレイする。言わば偶然（あるいは適応）が、ここにきて実に周到にすべてを手配したも同然だ。彼らの今日の対戦相手も同様の軌道を追っていた。４年前から繰り返し屈辱を味わって、イングランドは1年前にコーチを変え、ジェイソン・ロビンソンとローレンス・ダラーリオを引退させ、ジョニー・ウィルキンソンをほぼ４年間の欠場ののちに復帰させた。彼らはさらには7人制ラグビーの深みのないチームにスクラムハーフのアンディ・ゴマソールを取り戻しに行った。３６歳のマイク・キャットをぎりぎりのところで再び捕まえて正選手のセンター［サントル centre］にし、２００４年6月から２００７年6月まで選抜ゼロだった３５歳の若きフッカー［タロヌール talonneur］を前5人のリーダーにした（岩切註：マーク・リーガンのこと。「若き」はジョーク）。言わばそれらのすべてが事前に綿密に細部まで準備された計画だった臭いがするも同然だ。準備のための高水準の定期的な試合がなかったトップエイトの唯一のチームであるアルゼンチンに関しては（彼らは２００６年１１月以来ランキングの上位のチームに立ち向かっていなかった）、7月の初めに選手たちを集めて、ただちにフロリダとアルゼンチンでの練習に移って、ウエールズと強化されたベルギーとの試合で準備を終えた……。（後略）

●１９面　大見出し「『嫉妬深い人たち、私は彼らを気の毒に思う』（署名　アミッド・イマククヌ）

前文「フランス・フィフティーンのコーチ、ベルナール・ラポルトは、レ・ブルーのワールドカップと今日の準決勝に集中する」

カーディフにおける対オールブラックスのレ・ブルーの勝利以来、決勝の道程に出現する最後の暗礁に取り組まなければならないフランス・チームにその方法を思い起こさせるために、ベルナール・ラポルトは飽くことなく謙虚［ユミリテ］の価値と仕事［トラヴァーユ］の価値を引き合いに出す。選手た

ち と同じようにしばしば和やかで穏やかだった今週、ブルーのコーチは、それでも、『レキップ』で自分の考えを表現する機会を利用する。いくつかの斬新なメッセージを発するために。

――フランス・ラグビーにとって、ワールドカップの準決勝のフランス対イングランドと言えば、オーストラリア大会の大失敗です……。

ラポルト：2003年には、イングランドは世界でいちばん優れたチームで、ただ単純に我々よりも優れていた。彼らは我々にミスを起こさせた。我々は二枚のイエローカードをもらい、熱くなり、脆くなり、全体的にキックのゲームに対して、欠陥があった。我々はとてもとても屈強なフォワード［アヴァンavants］の集団に前進を阻まれたし、ウィルキンソンはキックでトリックを証明した。しかし2003年は、もはや私の頭にはまったくない。完全に遮断されている。

――今日、フランス・チームは、このフランス・イングランド戦にどのように取り組みますか？

ラポルト：決意を持って。それと、すべての集中、厳格、私のようにスタッフの先頭に立つ者がそれを必要とする選手たちに伴走することによって。準々決勝で成し遂げたことは良いことだし、美しい。しかし高水準のスポーツは永遠に繰り返しだ。それだけのことだ。目標を高く掲げて、互いに多くを要求して、ものごとを遣り直さなくてはならない。我々は準決勝にいる。フィフティ・フィフティだ。

――イングランドとニュージーランドの違いは何ですか？

ラポルト：イングランドとフランスは同じ水準にいる。当然にニュージーランドがより多くの潜在能力を持っているのに対して。イングランドについては、この前の土曜日の対オーストラリアの彼らを観た。強力なディフェンス、強力なフォワード、ウィルキンソンのキック……。ワールドカップの開幕以来、彼らが作り上げているものは、尊敬の今なお美しいレッスンだ。彼らは一度、たった一度失敗した。我々のように。対南アフリカで、彼らにとってとても重要なウィルキンソンを欠いて。しかし彼らは再燃する術を知っていた。すべての人々が彼らを叩いていて、『彼らは無能だ』と言っていた。昨冬のトゥールーズのように……。

——9月7日の対アルゼンチンでああいうことが起こったあと、あなたはレ・ブルーがすっかり駄目になったと思いませんでしたか？

ラポルト：まったく思わなかった。選手たちは最初にこう言われた。『決勝トーナメントの出場権はまだ残っている』と。一位通過のためには、我々にはもうカードがなかった。しかし出場権のためには、頑張らなければならなかったし、彼らはそうした。最もプレッシャーが掛かった試合は、アイルランド戦だった。その時は、生きるか死ぬかの問題だった。

——結局、対アルゼンチンの最初の失敗は、良いことのための悪いことだったのではないですか？

ラポルト：いずれにしても、それは我々に、一人がほかの一人にもっと踏み込むことを強いた。我々はとても困難な期間を過ごしたのだから。痛手を負った時には、考えを改めるために、話し合って、人間のさらに奥深くを探求しなくてはならない。我々がレストランでの食事を企画したのはそのためだ。ナミビア戦の前の週、私は10人ほどの選手たちを招待した。私はリーダーたちが彼らの役割をちゃんと果たしたことを強調したいと強く望む。アルゼンチン戦のあと、人々が彼らを非難したことを私は知っている。しかし彼らは決して放棄しなかった。失敗したり大試合に欠場したりした何人かにとって、他人に『良くなるためにやらなくては』と言うのは簡単なことではなかった。

――その敗北のあとの2日間に、膿みは破れたと言われています。何人かの選手があなたに非難を投げ掛けたのですか?

ラポルト:全然ない! どのような非難もなかった。ただしもちろん議論はした。『この地域ではどうするのがいちばん良いだろう? ほかのことはどうやって改善しよう?』。意見の交換は最も重要だ。とりわけ打ちのめされている者に対しては。我々のように、私のように、私がそうだったように。48時間の間、空は我々の頭上に落ちていた。しかし絶対的に考え過ぎないこと、深刻に捉え過ぎないことも学ばなければばならなかった。私は彼らに言った。『スポーツに過ぎないんだ、ラグビーの一試合に過ぎないんだ』。私はラファエル(・イバネス)と私の部屋で議論した。その30分間は良かったし、実りがあって、有益だった。私は、彼が、皆が意見を交換することを、皆が一つにまとまることを必要としていたことに気が付いた。それこそまさに彼の名誉だったんだ。

――そのフランス・アルゼンチン戦の準備では大変な物議を醸しました。犯した過ちはありましたか?

ラポルト:それは明白だ。おそらく大衆の熱狂や情熱にあそこまで拘らなければ良かったのだと思う。それにおそらく我々が舞い上がっていた間の準備の三試合がほんのちょっと過ちの原因になった。あとになれば、いつでも言い訳は見付けられる。しかし真実は、グラウンドの上で我々が我々自身ではなかったということだ。我々はストレスを受けて、窮地を脱出する術を知らなかった。そして何よりも、その夜起こったことに大いに寄与しているのは彼ら(アルゼンチン)なのだ。彼らの優位を認めよう。

――その失敗した開幕のあと、あなたに対しては多くの言及があり、多くの批判がありました。中でも例のギ・モケの手紙の朗読についてのあなたのイニシアティブには……。自分のプランで過ごすのが特に難しい時期だったのではないですか？（岩切註：ギ・モケは第二次世界大戦中に対独レジスタンス活動家だった当時17歳のフランス人少年。1941年10月22日にナチスによって仲間とともに銃殺される直前、「僕の人生は短かったが、後悔していない」などと死の覚悟を家族への手紙に書き残した。サルコジ大統領は愛国精神の象徴として10月22日に全国の高校でその手紙を朗読するように命じていた。その手紙をラポルトがアルゼンチン戦の数時間前に選手に読ませたことがのちに発覚して問題になっていた）

ラポルト：ノン。コーチであれば、素早く再建することを考えるものだ。『どういうチームにしようとしているのか？　どうやって練習しようとしているのか？』（彼は興奮している）。ギ・モケの手紙の問題じゃない！　それは何の関係もないことだ。準備期間中は、しばしばビジネスの世界、スポーツの偉業、歴史と比較して対照していた。しばしば引用を使っていた……。

――しかしあなたの話し振り［トン］では、この話題が、あなたにあるいはフランス・チームに命中した批判が、あなたをとても苛立たせたことを感じます……。

ラポルト：我々は8月の準備の三試合では良い試合をしたし、対アルゼンチンではろくでもない試合をした。我々はそれで完全にオーケー［ダコール］なんだ。それは我々が僅かの間に無能になったからではない。我々は一度引き裂かれた。しかしいくら何でもひどいものだ。私はこのグループについて言われたことのすべてを聞いた。しかしこのグループは前回のワールドカップ以降、三度のヨーロッパ・チャンピオンになったんだ。この4年間にその大会の二十試合中十七試合に勝ったんだ。これは重要なことだ。これまでにどのフランス・チームも成し遂げられなかったことだ。それほど忘れっぽい人たちなのだろうか？

――今回の過度の露出をあなたはどのように味わいましたか？

ラポルト：私は8年間フランスのチームのコーチをした。そして青少年とスポーツの閣外大臣になる予定だ。私の講義を受けたいという人もたくさんいる！　もし私が辞めると言っていなければ、続けて欲しいと言われていたと、率直に思う。断言はしないが……。しかしコーチにとっては、長期在任は嬉しいことだ。あとになって、嫉妬深い人たちが考えたことは、ふん……。

――しかしあなたへの反対意見を表明することが嫉妬ですか？

ラポルト：ノン。私は議論には賛成だ。ディスカッションはあって良い。何度でも！　その点は心配はない。私が我慢できないのは、辛辣さだ。批判のための批判だ。そうしたい人もいれば、そうすることがもう我慢できない人もいる……。そして人が絶えず君のことを話題にする時は、君のことを嫉妬しているからだと私は思う。嫉妬深い人たち、私は彼らを気の毒に思う。それは決まって怖ろしいものだ。（中略）

――セバスチャン・シャバルについて話しましょう。彼は成功した賭けですか？

ラポルト：だが、二列目［ドゥジエム・リニュ deuxième ligne］での『セブ』の成功は、我々は瞬時も疑っていなかった。本当に、それは賭けではない！　我々はワールドカップの最中に賭けはしない！　彼には三列目［トロワジエム・リニュ troisième-ligne］以上にその持ち場で成功する潜在能力がある。しかし強烈な試合では80分間ずっとは持たない。彼は出ると常に我々に多くのものをもたらしてくれる。

――このフランス・チームにおける大成功はグループとしての政策であるように思えます。マネジメントするのは難しかったですか？

ラポルト：とてもプロフェッショナルで、責任のあるグループだ。連帯［ソリダリテ］、敬意［レスペ］、互助［アントレード］が、このグループを結束させている。すべてのことが見せ掛けではない。試合に出ていない8人の態度を見るだけで充分だ。カーディフの前、カーディフのあと、イングランド戦の前に、彼らは常に熱心な態度を示してほかの者のために主導的な役割を果たした。

――結論として、この準決勝のための理想的なシナリオは？

ラポルト：我々が勝つこと。一点差でも。そして我々が決勝に行くこと。準決勝は、勝ち取られるものだ。ほとんど決勝のように。

5時30分起床。外はまだ真っ暗だ。1階（日本で言う2階）の朝食会場でビュッフェの朝食を取る。チーズがたくさん食べられてどれもとてもおいしい。7時30分くらいからようやく明るくなり始める。パリ最初の朝。外は曇っている。前の夜に少し雨が降ったようだ。

僕と相方は今回のパリの散策をルーヴル美術館から始めることに決めていた。僕たちにとってパリの街を歩き回る最大の目的は美術館を訪ね歩くことなので、最初は当然ルーヴルだろうという単純な発想だ。ルーヴルの開館に間に合うように、8時15分にホテルを出発する。地下鉄のポルト・マイヨの駅でカルネという十回分の回数券を買って地下鉄一号線に乗る。パレ・ロワイヤル・ミュゼ・デュ・ルーヴルで降りる。そしてルーヴルの地下の入口の行列に並ぶ。行列と言っても10人かそこらしか人はいない。

10分ほど待って9時に開館。しかしパリ・ミュージアム・パスという美術館共通券を購入する場所がわからなくて、15分ほどうろうろしてしまった。ようやく場所がわかると今度は待たされる。4人しか並んでいないのだが、カウンターの内側の女性たちの対応がどうしようもなく遅くて――わざとそうしているとしか思えないくらいにもたもた・のろのろしていて、さらに10分くらい待たされる。4日間のパスは45ユーロ。1ユーロ170円として7650円、2人で90ユーロだから15300円だ。このユーロ高には本当に財布を痛め付けられる。ただ、反対に言うと本当の貨幣価値は六掛けから七掛けくらいなのではないか、パリの住人にとっては1ユーロ100円くらいの感覚なのではないかと思う。でも早くも財布がピンチであることに変わりはない。

ドノン翼からルーヴルに入る。最初に迷い込んだのはドノン翼の古代エルトリア・ローマの彫刻群の部屋。個々の作品がどうのこうのではなく、ところ狭しと作品が立ち並ぶ迫力と、建物と彫刻の調和の魅力に圧倒されてしまった。なるほど美術品というのはこういう味わい方もあるのだなあと感心させられてしまった。この最初に迷い込んだ部屋でルーヴルの印象が半分以上決まってしまった。

まずは「ミロのヴィーナス」が観たいので案内の矢印に向かって進んで行く。やがて通路の突き当りの階段の上に「サモトラケのニケ」が現われる。すごい。さらに進むと「ミロのヴィーナス」の部屋がある。これもすごい。僕は、ほんの3分ほどだけれど、このエーゲ海のヴィーナスと二つの部屋に二人きりになる至福の時間を味わった。

でも「ミロのヴィーナス」のすぐ右側にある「17」という展示室が、僕がルーヴルで最も気に入った場所だった。シンメトリーに陳列された古代ギリシアの彫刻群に明るい陽の光が降り注ぐその光景は、まるで天国にいるみたいだった。

そのあとはイタリア彫刻の部屋に移ってミケランジェロの「瀕死の奴隷」。フランス絵画の大作の部屋でジェリコの「メデューズ号の筏」やドラクロワの「民衆を導く自由の女神」。そしてイタリア絵画の中のダ・ヴィンチの「モナ・リザ」の特別室。この「モナ・リザ」の部屋がやはりいちばん人が多かった。それからドノン翼のいちばん先端までイタリアとスペインの絵画を観て歩く。そのうちに相方が足が痛いと言い出す。そのあとたまたま迷い込んだアフリカやアジアの彫刻群の部屋も印象的だった。簡素にして豊潤。おかしくてちょっと哀しい。極端に言うと、「ここにすべてあるじゃないか？」という気がしてくるくらいだった。

ポルト・デ・リオンから一度外に出る。カルーゼル凱旋門。ピラミッドの噴水の前で少し休む。スペイン系の観光客の家族の写真を撮ってあげる。それからまた中に入ってリシュリュー翼を観て歩く。疲れていたこともあったのだけれど、こちらの翼にはそれほどの感興はなかった。メソポタミアの部屋には「ハムラビ法典」がある。「サルゴン二世の宮殿の飛牛」の部屋では小学校中学年くらいの子どもたちがデッサンを描いている。こういう勉強って良いよなあと思う。そのほか、フランス、ドイツ、オランダ、フランドルの絵画はほとんど素通りした。

ルーヴルの中にある「カフェテリア・デ・ラ・ピラミッド」で遅めの昼食。ビュッフェ形式で、キッシュ、野菜スープ、サラダ（ラムカン）、チーズ、アムステル・ビール二本で二人で23・70ユーロ。ということは4029円。うへえ。やはり高いなあと呆れてしまう。

食事のあとはルーヴルの別施設でリシュリュー翼の先端にある「広告美術館」「モードとテキスタイル美術館」「装飾芸術美術館」というところを観る。装飾芸術美術館では中世以降の家具や内装や食器の変遷を勉強。そしてそろそろ出ようかと言いながらちょっとだけ覗いてみるつもりで入ったところが、相方が愛するジャン・デュビュッフェのコレクションだった。素晴らしい。デュビュッフェの世界を満喫する。

15時50分ごろにパレ・ロワイヤル・ミュゼ・デュ・ルーヴルから地下鉄に乗ってポルト・マイヨに戻る。駅から直結しているパレ・ド・コングレ・ド・パリの地下のショッピングセンターのスーパーマーケットで水とアトラス・ビールとボルドーを買う。レジにはものすごい行列ができているのに、従業員は実にのんびりしていて急ごうという素振りさえ見せない。荷物を部屋に置いて17時のロビーの集合にぎりぎりで間に合う。

今回の旅行はホテルとスタジアムの間も貸し切りバスで送迎してもらえるのでとても楽だ。でもこれも正直に言うとちょっと物足りない。前回のシドニーを思い出しても、スタジアムまでの道の

ルーヴルの別施設で偶然見付けたデュビュッフェのコレクション

りが楽しいのだけれどなと僕などは思う。今日はともかくとして、明日以降は自分たちでスタジアムに行くのも良いかもしれないなと思う。そう思いながらバスに乗る。バスは途中ラ・ヴィレットという地域に寄ってそこでも日本人客を乗せてからサン・ドニのスタジアムに向かう。

サン・ドニはパリのすぐ北側にある街なのだが、回り道をしたためかスタッド・ドゥ・フランスまでは1時間近く掛かった。スタジアムの正面にはバスを停められないので、メトロの駅に近いスタジアムの北西側のブルヴァール・アナトル・フランスという大通りでバスを降りてスタジアムまで歩く。メトロの駅前には屋外のパブリック・ビューイングの施設があって、「ヴィレッジ・サン・ドニ・ラグビー・カラー」という看板が出ている。でもとりあえずはスタジアムに向かう。西陽がスタジアムの外側を照らしている。サン・ドニ運河を渡る。１９９８年のサッカー（ＦＩＦＡ）・ワールドカップのために建設されたスタジアム。「プログラム・バイ・ヒア」の出店の女の子からプログラムを買う。１０ユーロ。北西からスタジアムの敷地に入って時計の針の反対周りでスタジアムを半周する。ところが途中でちょっとしたハプニングが起こった。スタジアムの南西側でジョン・カーワンに遭遇したのだ。僕たち一行はサインを求めたり写真を撮ったり。僕と相方も一緒に写真を撮らせてもらった。

スタジアムの南東のBのゲートで一度解散。ゲートはまだ開いていなくて、スタジアムの外側で時間を過ごす。オフィシャル・ショップを覗いてみるが、規模が小さくて商品も少ないので何も買わない。売店でハイネケンを買おうとすると、8ユーロと表示してあるのに１０ユーロだと女の子が言う。おかしいなと思いながらもう2ユーロを出そうとすると、冗談よと笑われる。ティーンエイジのパリ・ジャンヌにそうやって絡まれて悪い気はしない。

そうこうしているうちに太陽が落ちる。夕焼けの中で立ったままでビールを飲む。周辺の人の数が増えてきて、だんだん雰囲気が盛り上がってくる。フランスのサポーターとイングランドのサポーターがファイティング・ポーズを取ってふざけている。イングランドのサポーターが「ウィ・ハヴ・ジョニー・ウィルキンソン!」と叫んでジョニーがゴールキックを狙う時のポーズを取っている。周囲のフランス人たちはその彼に柔らかいブーイングを浴びせて笑っている。ワラビーズのジャージのオーストラリア人たちがイングランドのジャージのイングランド人たちからカンガルーの真似をしてからかわれている。イングランドのジャージがスプリングボクスのジャージに「南アフリカに行ったことがあるよ」と話し掛けている。オールブラックスのジャージのニュージーランド人たちはそれらのどのサポーターとも接触しないで固まってビールを飲んでいる。トゥイッケナム

西陽が当たるスタッド・ドゥ・フランスの正面

の有名な旗振りおじさんもいる。シャバルのかつらをかぶっているフランス人もいる。すべてがそういう具合に進行していく。これこれ。これがラグビー・ワールドカップ。そう言えば僕はこれを求めてここまで来たのだなあと思う。そう思うと心が弾んでくる。

２０時３０分くらいにＢのゲートからスタジアムの中に入る。チケットのバーコードを機械に読み取らせて係の女の子に半券を千切ってもらう。簡単な荷物検査と簡単な身体検査がある。それからいよいよ客席の中に入る。この日の僕たちの席はＢ２・６５・３０〜３１。ゴール裏のコーナーの、三層のスタジアムの最高層。メイン・スタンドのカメラから見ると右の奥側の最上階だ。え？ 席種はカテゴリー1のはずだったのに？ カテゴリー1だというから僕たちはこのツアーに申し込んだのに？ これはちょっとないのではないかと僕は不満。でも今言っても始まらないので、あとで苦情を言うことにして、ハイネケンを二杯買ってきてスタンバイする。

フランスの選手たちが練習に登場すると大歓声が上がる。スタジアムに二つある大モニターではピッチの上でインタビューを受けているセルジュ・ブランコの姿が映し出される。ブランコは僕にとってはフランス・ラグビーを象徴するアイドルの一人。客席から「アレー・レ・ブルー！」の大合唱が起こる。イングランドの選手紹介が始まると大ブーイングが起こる。最大のブーイングはジョニー・ウィルキンソンに。今度はフランスの選手紹介が始まって大歓声が起こる。最大の歓声は今大会の最大の人気者セバスチャン・シャバルに。

２０時５３分、選手入場を予告する「ワールド・イン・ユニオン」の今大会用の変奏が流れ始める。音楽がだんだん盛り上がってくる。そして２０時５５分、いよいよ選手が入場して来る。場内は総立ちで両軍の選手を迎える。イングランドは最初にこのゲームで50キャップ目のフルバックのジェイソン・ロビンソンが一人で入場。フランスはもちろんキャプテンのラファエル・イバネスを先頭に全員で入場。

国歌斉唱。まずは「ガッド・セイヴ・ザ・クイーン」。続いて「ラ・マルセイエーズ」。もちろん後者は大合唱になる。モニターには客席にいるニコラ・サルコジ大統領が国歌を歌っている姿が映し出された。

国歌が終わるとフランスのスタジアムでお馴染みのトランペットのファンファーレ。「オーレ!」の掛け声。もう一度ファンファーレ。もう一度「オーレー!」の掛け声。このファンファーレはバスク地方の闘牛の試合で使われていたもので、スペインのホアキン・ロドリーゴの「アランフェス協奏曲」のテーマとして有名なメロディだ。でも僕は昔からフランスのスタジアムのこのファンファー

スタッド・ドゥ・フランスにはイングランドとフランスの有名サポーターの姿も

レは観客の誰かがトランペットを吹いているのだと思っていた。録音されたものが流れているとは知らなかったのでちょっとびっくりした。

今日のレフリーは南アフリカのジョナサン・カプラン。フランスの⑩ボクシスのキックオフでゲームが始まったのは21時ちょうどだった。そして、最初の思い掛けないトライが飛び出すまでに1分とちょっとしか掛からなかった。

フランスは最初のプレイでノックオン。さらにイングランド陣内10メートルライン上のスクラムでフリーキックの反則を取られる。イングランドは⑨ゴマソールがすかさず速攻。⑧イースターがポイントになってラックを作って、さらに④ショウがポイントになってもう一度ラックを作って、ゴマソールが奥にまっすぐハイパントを上げる。⑪ルーシーが左タッチライン際をフルスピードで駆け上がり、フランスの⑮トライユが追い付けないでいる間にバウンドの変わったボールを取って、トライユのタックルを正面から受けながら左隅に着地してトライ。時計は1分17秒。イングランドの見事な電光石火だった。

このトライの原因は本来はセンターのトライユのハイパントの処理ミス。ということは準々決勝に続いてトライユをフルバックとして出場させた首脳陣の起用ミスでもある。それにしてもゴマソールがハイパントを蹴った直後のトライユの動きは緩慢だった。その初動のもたもたは映像では残っていないのだが、最初からがむしゃらに戻っていれば防げたトライだった。⑩ジョニー・ウィルキンソンの左隅からのゴールは左に逸れる。しかし5対0。イングランドの先制だ。

ただ、試合の前半を制したのはどちらかと言えばフランスだった。5分には自陣45メートルのマイボール・ラインアウトからボールを左右に動かして攻め続け、⑩ボクシスの自陣42メートルからのDGはチャージされたが、ラックでイングランドのペナルティを誘う。7分、⑩ボクシスが正面24メートルのPG成功。3対5。

10分にイングランドはフランスのキャリバックから相手ゴール前5メートル・スクラムを得るが、マイボールをコントロールできずに後退する。13分には場内に「スウィング・ロウ」の大合唱が沸き起こる。この日はイングランドから4万人のサポーターがドーヴァーを渡ってパリに来ていると報道されている。ちなみにこの日の観客は8万283人だった。

16分にはイングランドの①シェリダンがスクラム・コラプシングの反則。17分、フランスの⑩ボクシスが中央やや左寄り48メートルのPGを決める。6対5。フランスの逆転だ。

この前後はフランスの時間帯。22分にはイングランド・ゴールまであと15メートルに攻め込んだラインアウトから④プルースが前進して生きたボールを出すが、⑩ボクシスがDGを蹴ってしまって失敗。ここはボールを保持して攻め続けたかった場面だった。このプレイでプルースが痛んでしまって、24分、早くも⑱セバスチャン・シャバルがピッチに登場、大歓声が上がる。

イングランドは25分、⑩ウィルキンソンが右中間42メートルのDGを失敗。29分、ウィルキンソンが中央やや右側53メートルのPGを狙うがこれも失敗する。

30分にはフランスの⑱シャバルが傷むが、すぐに立って戻って大拍手を浴びる。34分にはイングランド陣内左中間45メートルからフランスの⑩ボクシスがDGを狙うが失敗。6対5とフランス

1点リードのままハーフタイムとなる。

フランスはゲームを制しているものの、肝心なところでボールを蹴ってしまってなかなか得点に結び付けられない。一方のイングランドは良く前に出ているし、ここぞというプレイでの集中力はさすが。そしてこの僅差の展開はどちらかと言えばイングランドのゲームだ。ただ、フランスはホームの観客を味方にして後半は突き放すだろうと多くの観客が思っていたに違いない。何しろフランスは前週にオールブラックスを破ったチームなのだ。それを言えばイングランドだって前週にワラビーズを破ったチームではあったのだが。

21時53分、後半スタート。この時間になるとスタジアムはやはりかなり冷え込んでくる。イングランドはキックオフのボールをいきなり好捕して集中力を見せる。しかし42分にブレイクダウンに横から入る反則。43分、フランスの⑩ボクシスがイングランド陣内右中間10メートルライン上からPGを決める。9対5。これでフランスはちょっと楽になった。

けれども直後の44分、フランスの⑫ジョジオンの小さなキックからイングランドのチャンスになって、⑬テイトが好走する。フランスは自陣ゴール前5メートルでテイトを止めるが、後続の選手がポイントに横から入って反則。46分、イングランドの⑩ウィルキンソンが23メートルまで戻って左5メートルライン上からPGを決める。8対9。このジョジオンの小さなキックから、このゲームの流れが変わり始めた。

47分、再び「スウィング・ロウ」の合唱が起こって、フランス・サポーターは大ブーイング。49分には反対に「ラ・マルセイエーズ」の大合唱が起こる。

フランスは50分、⑩ボクシスに代えて⑳ミシャラクを、②イバネスに代えて⑯スザルゼウスキーを投入する。すると途端に動きが良くなって、51分にイングランド・ゴール前5メートル・スクラムのチャンスを得る。⑧→⑨（はちきゅう）で攻めようとするが、⑧ボネールから⑨エリサルドへのパスがうまく渡らず、エリサルドが強引なロング・パスを放る。ポイントができたあと、52分、⑳ミシャラクが27メートルのDGを蹴って失敗。フランスはこの得点機に得点できなかったことが最後になって響くことになった。

53分、イングランドは⑦ムーディに替えて⑲ウォーズリーを投入。あとから考えればこれがイングランドの勝利を引き寄せる采配となった。ウォーズリーはこのあとの決定的な場面でイングランドの救世主的な働きをすることになる。

58分にはイングランドの⑩ウィルキンソンが中央やや左寄り29メートルのDGを蹴って、ボールがゴールポストに当たる。フランスの⑭クレールがボールを確保して大きく蹴るが、イングランドの⑮ロビンソンが自陣に2メートルほど入った地点でキャッチすると、1人、2人、3人、4人とディフェンスを抜いて大きくゲイン。フランス・ゴールまであと10メートルと迫るが、イングランドの⑰スティーヴンスにフランスの⑱シャバルが絡んで、ノット・リリース・ザ・ボール。今度はイングランドが絶好の得点機に得点を逃した。

60分にフランスは⑪エマンスに代えて㉑ドミニシを投入。63分、また「ラ・マルセイエーズ」の合唱が起こる。フランスは65分、イングランド陣内22メートルライン上でマイボール・ラインアウトを得て、⑱シャバルがキャッチしてモールを押すが、生きたボールが出たのに⑳ミシャラクがボールをインゴールに蹴ってしまってドロップアウト。またこの展開である。

66分にフランスは⑥ベッツェンが⑲アリノルドキに交代する。その直後の67分、フランスはイングランド陣内32メートルのラックから出たボールを⑫ジョジオンが左にキック・パス。また蹴ってしまったと思ったが、左タッチライン沿いに立っていた⑧ボネールがボールを内側にタップ・パス、ボールを受けた⑭クレールがタッチライン沿いをラン。トライか!と思ったところで、イングランドの⑲ウォーズリーがクレールにぎりぎりのアンクルタップ、クレールはバランスを崩して倒れる。ボールは⑱シャバルに繋がってチャンスは続いたが、トライラインまであと2メートルのラックでホイッスル。しかし68分、フランス・ボールの5メートル・スクラムが崩れて、ブレイクダウンでシャバルがノット・リリース・ザ・ボール。フランスは絶好のトライ・チャンスを逃

後半、フランスがイングランドのゴール前に迫る

してしまった。この場面がこのゲームの最大の山場だった。

69分にイングランドは⑧イースターに代えて⑱ダラーリオを出場させる。そしてゲームの最後の10分間を迎える。ここまで来てもまだフランスがこのまま逃げ切るだろうと多くの観客が信じていたに違いない。しかし実はこの時点ですでにイングランドのシナリオ通りにゲームが進行していたのではないだろうか？

70分、ミシャラクとウィルキンソンがともに痛んだところで、このワールドカップの全試合でスタジアムで流れていた曲が流れる。「ヴィーノ・グリエーゴ Vino griego」すなわちスペイン語で「ギリシアのワイン」という曲。フランスのバスク地方のバイヨンヌのラグビー・クラブ「アヴィロン・バイヨンヌ」の応援歌だ。民族的で、牧歌的で、力強いのに、どこか物哀しく、ラグビー・ソングとしてぴったりの曲。逆境下の選手を団結させて奮起させる力があると思う。さびのところで「アーレー、アレー！」と場内が大合唱になる。ミシャラクとウィルキンソンは2人ともすぐに復帰する。

72分、イングランドは㉑フラッドがDGを失敗。だが73分、ドロップアウトからイングランドがボールを展開したところで⑮ロビンソンにフランスの⑯スザルゼウスキーが痛恨のハイ・タックル。74分、イングランドの⑩ジョニー・ウィルキンソンが正面28メートルのPGを落ち着いて決める。11対9。ついにイングランドが逆転だ。

いきなり窮地に立たされたフランスは75分に⑱シャバルが突進するもタッチに押し出される。おまけにシャバルはタッチジャッジ・リポートによってホイッスルのあとにタックラーに肘鉄を食らわせたペナルティを取られる。イングランドはキックでフランス陣内30メートルのラインアウトを得る。⑥コリーがボールを取って、モールを押して、一度、二度、三度、四度とポイントを作ってから、⑩ウィルキンソンにボールを回す。７７分、右中間１０メートルラインやや内側からウィルキンソンがDGを蹴る。成功。１４対９。５点差である。

あとがなくなったフランスは直後の７８分、キックオフからボールを確保して攻撃する。しかし、⑳ミシャラクの力のないパスを㉑ドミニシがノックオン。８０分にはイングランドの⑱ダラーリオの反則から最後の攻撃を仕掛けるが、⑲アリノルドキや⑭クレールや⑫ジョジオンの前進も突破口を開くには至らない。２２メートルラインから少し入ってポイントができたところでホイッスルが鳴ってノーサイドとなった。

フランスのよもやの敗戦。イングランドのまさかの勝利。抱き合うイングランドの選手たち。立ち尽くすフランスの選手たち。うずくまるセバスチャン・シャバル。ジョニー・ウィルキンソンがそのシャバルの肩を叩く。呆然とするスタジアム。歓喜するイングランド・サポーター。湧き起こる「スウィング・ロウ」。フランスは、自国開

45／準決勝／10月13日／サンドニ・スタッドドゥフランス						
レフリー：ジョナサン・カプラン／観客：80283人						
	イングランド				フランス	
	14				9	
	5		前半		6	
	9		後半		3	
	1		T		0	
	0		G		0	
	2		PG		3	
	1		DG		0	
1	A.シェリダン			1	O.ミルー	
2	M.リーガン	→16		2	R.イバネス	→16
3	P.ヴィッカリー	→17		3	P.デヴィリアス	→17
4	S.ショウ			4	F.プルース	→18
5	B.ケイ			5	J.チオン	
6	M.コリー			6	S.ベッツェン	→19
7	L.ムーディ	→19		7	T.デュソトワール	
8	N.イースター	→18		8	J.ボネール	
9	A.ゴマソール	→20		9	J.B.エリサルド	
10	J.ウィルキンソン			10	L.ボクシス	→20
11	J.ルーシー	→22		11	C.エマンス	→21
12	M.キャット	→21		12	Y.ジョジオン	
13	M.テイト			13	D.マルティ	
14	P.サッキー			14	V.クレール	
15	J.ロビンソン			15	D.トライユ	
16	G.シューター	2→		16	D.スザルゼウスキー	2→
17	M.スティーヴンス	3→		17	J.B.プクス	3→
18	L.ダラーリオ	8→		18	S.シャバル	4→
19	J.ウォーズリー	7→		19	I.アリノルドキ	6→
20	P.リチャーズ	9→		20	F.ミシャラク	10→
21	T.フラッド	12→		21	C.ドミニシ	11→
22	D.ヒプキス	11→		22	C.ポワトルノー	
	0		イエロー		0	
	0		レッド		0	

催のワールドカップで、優勝はおろか決勝進出さえ逃してしまった。スタジアムは一気に盛り下がってしまった。

このゲーム、フランスは戦い方を間違えたとしか思えない。ボールをキープして攻め続けていればイングランドの防御網に穴が開きそうだったのに、芸のないキックでボールを相手に渡してしまう場面が何度もあった。前半からゲームを制圧していたために、いつでもトライが取れそうな雰囲気が漂っていて、結局本気で取りにいかないまま最後の10分を迎えてしまった。そして最後の最後にどうしてもトライを取らなければならない場面で取り方がわからなくなってしまっていた。74分まで得点上はリードを保っていたことも、マイナスに作用してしまった。どうしてこういうゲームにしてしまったのだろう？　オールブラックス戦と同じように戦えば勝てると思ってしまったのだろうか？　最初から圧倒するつもりで臨ん

イングランド、歓喜の場内一周。ウィルキンソンの顔も

でいればまったく違った結果になっていたのではないだろうか？　もちろん反対に言えば、こういうゲームに持ち込んだイングランドを褒めるべきなのかもしれないけれど。

ホテルに戻るバスの中でいつの間にか眠ってしまった。目が覚めるとバスがホテルに着いたところだった。部屋に戻ってビールを飲みながらメモをまとめる。でも返す返すも残念だ。開催国がワールドカップから消えてしまった。フランスのワールドカップが終わってしまった。これでフランス人の熱も冷めてしまうだろう。パリの街の灯も消えてしまうだろう。「パリは燃えていません」だ。「火は今夜消えました」だ。

2時30分ごろ就寝。

10月14日（日）

「レキップ」電子版

●「彼らは落胆した」（インタビュー：ソフィー・ドルガン）

失望［デセプション］、フラストレーション、衰弱［アバトマン］の中で、フランス・フィフティーンの選手たちは、土曜の夜のスタッド・ドゥ・フランスの対イングランドの彼らの敗北（9対14）を説明しようと試みる。しかし言葉は打ち砕かれた夢の前にぶつかり合う。対オールブラックスの勝利のあと、レ・ブルーは自分たちがヒマラヤに登ることを確信した。しかし彼らは落胆した［高みから落ちた］。『我々は落胆している［高みから落ちている］。でもそれが人生だ［セ・ラ・ヴィ］。辛くなるのは今夜ではなくて、明日（日曜日）だ』とクリストフ・ドミニシは胸の内を語った。

○ディテールで決まった

理解と分析の時は来ない。一人一人が、幸運［シャンス］が運命あるいは成功と紙一重のところでひそひそ話の説明に縋り付く。『先週は僕たちにあったほんのちょっとした成功が今回は僕たちになかった。もしヴァンサン（・クレール）がアンクルタップ（キュイエール cuillère ＝スプーン）を食らっていなければ、僕たちはしかめ面をしていなかっただろう。でもそれは『もし』だ……。すごく遠かったわけじゃない。こういう種類の試合は大きなことで決まるものではない。アンクルタップと、一つか二つの不当な駆け引きのボールと、とりわけあの5メートル・スクラムで決まった。最初のトライではボールのバウンドが僕たちに有利ではなかったし、4点リードできたはずの攻め込んだ一連の場面ではさらなるペナルティを得ることができなかった』とインタビュー・ゾーンに最初に到着したジャン・バティスト・エリサルドは列挙した。このハーフバック団の相棒とグラウンドの上で連れ添っていたフレデリック・ミシャラクも同様に、この不幸な運命を弁護する。『ディテールで決まった。僕たちは遠かったわけではない。僕たちには最後に幸運が欠けていた。最後に彼らは二度僕たちの陣地に来た。そして二度とも得点した。最もフラストレーションが溜まるのは、今日勝てる余地があったことがわかっているからだ』。一時的につき［シャンス］のせいにすれば、あまりにも残酷な現実に立ち向かうことから逃避できる。ディミトリ・スザルゼウスキーに倣えば、『運命だ。僕たちにとってはバウンドが悪かったし、決して食らってはならないトライを食らってしまった。試合は僕たちの手の届く範囲にあった』

○僕たちにはリアリズムが欠けていた

質問の流れに沿って、舌が解れ、説明は敗北を具体化し始める。試合が終わった時には慰めようがなかったセバスチャン・シャバルは、彼らが『しなければならない試合をしなかった』と考える。彼の二列目の相棒であるジェローム・チオンは、リアリズムの欠如と表現する。『僕たちは試合の初めに殺戮のトライを食らった。僕の印象では、対アルゼンチン戦と同じシナリオだった。僕たちがちょっと盛り返したあと、僕たちには排除できたはずのいくつかのボールに対するリアリズムが欠けていた。僕たちは戦い［バタイユ］に負けた。フラストレーションが溜まる』。このリアリズムの欠如は、具体的ではない重要な場面についての多くの談話で繰り返し話題になる。『僕たちはスタートが悪かった。でも復調した。僕たちは大半の時間を彼らの陣地で過ごした。でもスコアできなかった。ヴァンサン（・クレール）がアンクルタップを食らった時、僕たちの試合は死んだのかもしれない。僕たちは5メートル・スクラムを得て、ペナルティを得た。それから彼らは僕たちの陣地に二度来て、二度3点を入れた』。ダミアン・トライユは要約する。

○プレイの空気を入れ替える必要があった

ヤニック・ジョジオンも同様に、プレイにおける無策を残念がる。『僕たちはこのワールドカップで、プレイを提示してこないチームと対戦した二つの試合に負けた。キック・ゲーム［ジュー・オ・ピエ］とパス・ゲーム［ジュー・ア・ラ・マン］の中間で妥協しなければならなかった。僕たちは先週はそれがうまくできた。それは僕たちのハイライトとしてマークしなくてはならない種類の試合だった。プレイの空気を入れ替えなくてはならなかったのだけれど、後半にはそれをする術がわからなくなっていた』。後悔はフレデリック・ミシャラクに倣ってすぐに現われ始める。『僕たちには、忍耐［パシャンス］、野心［アンビション］、新鮮さ［フレシュール］が欠けていた』。そしてその『果汁』の欠如はいくつかのコメントの栄養になる。『もし僕たちにもうちょっとたくさんガスが溜まっていたら、僕たちはもうちょっとプレイしようと試みていたのだけれど。でもそれは込み入ってしまっていた。彼らはラックでは荒々しかった。僕はラックで数え切れないほど押さえ付けられた。僕たちはラックのサポートが足りなかったのかもしれない。それは僕にはわからない。僕たちは先週はたくさんの果汁を残した。しかしそれが最大の言い訳じゃない』とジャン・バティスト・エリサルドは告白する。悲嘆が圧倒的になると、説明は表面に出てこない。分析のためには、日曜日を待たなくてはならない。そしてクリストフ・ドミニシには正当な理由がある。『辛くなるのは今夜じゃない。明日だ』。二日酔いの風采で目を覚まして。

●「反応」

ラファエル・イバネス（フランス・チームのフッカーでキャプテン）：僕たちは出だしは悪かったけれどどこの大会での自分たちのチャンスを信じていた。困難なことはわかっていた。イングランドはブラヴォだし、僕たちについては仕方がない。それが遠かったわけではないのが残念だ。選手たちはこの大会では非常に勇気を示した。出だしが悪かったあと、復活して大試合をやり遂げる必要があった。でもこのスポーツでは僕たちはチャンピオンを奪い取れなかった。それが僕たちにはとても辛い。

ジャン・バティスト・エリサルド（フランス・チームのスクラムハーフ）：感傷はある……。僕たちはここに到達するために大きな何かを残した。とりわけ先週のカーディフでは。大したプレイができなかった……。複雑になってしまった。アンクルタップが一つあって、与えてしまったボールが一つか二つあった。僕たちは先週にはすべてがうまくいった。ここではそれがうまくいかなかった。僕たちは地域は支配した。負けてはならない力づくの試合だった。終わる時には、こういうものだ。僕たちには脚［カンヌ］に少し疲れがあった。とても現実的だったイングランド・チームに対して言い訳を探すわけではないが、万事が順調ではなかった。

ファビアン・プルース（フランス・チームの第二列）：僕たちには確かにイングランドのディフェンスに穴を開けるためのパンチが少し欠けていた。ワールドカップが相変わらず続いていくのは不運だ。僕たちには先週と同じ激しさを再び取り出す術がわからなかった。

ダミアン・トライユ（フランス・チームのフルバック）：失望している。先週は幸福で満たされていただけに。僕たちはイングランドに対して2003年の準決勝のように負けた。優勝候補を排除して次の相手の仕事を楽にしてしまった。僕たちは僕たちと応援してくれたすべての人たちのために失望している……。最初のプレイでは、僕はボールを取りたかったのに滑ってしまった。僕はがっかりしている。その最初のボールで5メートルのところでボールがタッチに出るのを防ごうとしたからだ。それに関しては非常に後悔しているかもしれない。僕たちは釘を打つことはできたが、それを作ることはできなかった。僕たちはとてもがっかりしている。僕たちは大きな何かがしたかった。先週の対オールブラックスでは、彼らがボールのポゼッションを保持したが、僕たちが勝った。そして今回は僕たちがポゼッションを保持して、僕たちが負けた。僕は出場できなかった8人のためにもがっかりしている。三位決定戦まで長い週になる。

フレデリック・ミシャラク（フランス・チームのフライハーフ）：ディテールで決まった。僕たちはゴールラインの遠くにいたわけではない。最後に運が足りなかった。彼らは二度僕たちの陣地に来て二度とも得点した。最もフラストレーションが溜まるのは、今日勝つための余地があったことがわかっているからだ。今は、まだ終わってはいないと自分に言い聞かせなければならない。最後に僕たちのランクを保つためにプレイする三位決定戦の試合が残っている。しかしこの敗戦は僕たちには本当に試練だ。

ディミトリ・スザルゼウスキー（フランス・チームのフッカー）：僕たちは彼らに8点を与えて、彼らは最後に僕たちを5点リードした。僕たちにはたくさんの機会があったが、それを具体化するのが難しかった。僕たちは二つか三つのミスを犯して、それが僕たちには高く付いた。ここまで大きな何かを成し遂げたのだから残念だ。そして今やほかのチームがケーキを食べようとしている。辛いことだ。

ブライアン・アシュトン（イングランド・チームのコーチ）：私たちは今日しなければならないことを知っていた。私たちは後半に一度良いプレイをして、うまく成功して、自分たちの地域を取り戻した。フランスと戦うのは簡単ではない。私のチームは輝かしい男たちで構成されている。彼らはすでにここを通過している。そういう経験に勝つことはできない。

フィル・ヴィッカリー（イングランド・チームのキャプテンでプロップ）：ただ単純にファンタスティックだ。ファンを含めて全員が傑出した集団の努力の結果だ。とても特別なことだ。僕は全員に本当にありがとうと言いたい。僕たちはグラウンドに出てあのような雰囲気の中でさえ勝てることを示した。

ジョニー・ウィルキンソン（イングランド・チームのフライハーフ）：途方もない経験だった。僕たちは一試合一試合勝つことを学ばなければならなかった。今や僕たちにはこの勝利の衝撃を味わう一日がある。それからこのあとすぐに来週のことを考えなければならなくなる。僕たちは勝つことを学んで微笑むことを学んだ。当然ながら次の試合にも自信はある。そのすべてが僕たちが学んできた課題だからだ。

でも僕たちにはまだたくさんの仕事が残っている。それは愉快な物語だった（原註：彼のキックのこと）。入ったものもあれば入らなかったものもあった。僕は自分のすべての力で取り組んで、最後にそれが入った。単純にそれを受け入れなければならない。

ジェイソン・ロビンソン（イングランド・チームのフルバック）：途方もない試合だった。またも白熱した試合で、僕たちは屈服を拒むことを示した。それほど美しくはなかったが、見事な勝利だ。プール・マッチでは僕たちは本当に価値のあるプレイができなかった。でも僕たちはもっと良い自分たちを知っているし、とりわけ試合を封じ込める方法を知っている。

ローレンス・ダラーリオ（イングランド・チームの第三列）：直近の二試合、その一試合目の対オーストラリアで、僕たちは忍耐力の水準を引き上げた。僕たちはラグビーをプレイする術を知っていることを証明した。そして今日はイングランド・ラグビーにとって素晴らしい一日だった。

●「ユニゾンの新聞の見出し」

独創的[オリジナリテ]！この10月14日(日)のフランスの二つの全国一般日刊紙、『ル・パリジャン・ディマンシュ』と『ル・ジュルナル・デュ・ディマンシュ』の第1面は、感嘆符まで正確に同じだ。『腹が立つ［ラジャン］！』（岩切註：「独創的」はジョーク）

二つの新聞の第2面の見開きのページは非常に似通っている上に、そのタイトルもとても良く似ている。前者は『イングランドが全員の夢を打ち砕く』、後者は『イングランドが大きな夢をブルーに終わらせる』

二つの新聞は、その上、『レキップ』同様タイトルにセバスチャン・シャバルの写真を添えて、さらに擬態を強めている。いくら何でもその写真は異なっているが。『ル・ジュルナル』の方は髭を生やして髪を伸ばしてしゃがみ込んでいる彼が、イングランドのショートパンツの高さで呆気に取られている目付きが見える。『ル・パリジャン』の方は空中戦の無力なポジションの彼が、両手でしっかりとボールを掴んでいる敵に向かって伸ばしている腕が見える。

また、『ル・パリジャン』はそのサブタイトルで、すでに敗北の説明を探している。『ベルナール・ラポルトの選択と戦略についての調査』と。『ル・ジュルナル』では、セレクターの後継の問題にすでにおそらく答えが出ているのだが。『サンタンドレがラポルトの後継に？』と。

●「ウィルキンソン今なおヒーロー」

ウィルキンソン、未だにそして常に。すでに2003年に、対フランスの準決勝と続く対オーストラリアの決勝でイングランドの救世主だったジョニー・ウィルキンソンは、王国の小王子〔ル・プティ・プランス〕であり続ける（岩切註：「ル・プティ・プランス」はサン・テグジュペリの「星の王子さま」の原題）。

バラのフィフティーンのフランスに対するワールドカップ準決勝の勝利の翌日、英国の新聞は改めて称揚する。『征服王ウィルコ』という称号は『ニューズ・オヴ・ザ・ワールド』紙（岩切註：「征服王ウィルコ」は征服王ウィリアムGuillaume Le Conquérant（ウィリアム1世）をもじっている）。『ジ・オブザーヴァー』紙はこの偉才に『魔法だ、ジョニー』と喝采する。『金のブーツが改めて驚嘆させる』

と叫ぶのは『ザ・メイル・オン・サンデイ』紙で、次のように続く。『本当に重要な時、違いを創り出すのは常にジョニーだ』。そして釘を打ち込む。『左足の二つのキックで、フランスは彼らの要塞から追い出された。パリ中の光が消えて、イングランドは決勝に進んだ』。それが何か？

6時起床。外はまだ暗い。もうちょっと眠っていたい気もしたが、時間が惜しくて起き出した。朝食を取りながら何かに付けて口を突いて出るのは、「フランスが負けてしまった」というため息だった。僕はラグビーフットボールにおいては特定のチームを応援しているわけではないし、基本的には「力量が劣っていると見られているチームを応援する」ことを観戦の信条としているのだが（ラグビーに限らずスポーツ全般においてそうだ）、今回のワールドカップではフランスにはせめて決勝には進んで欲しいと思っていた。そしてパリが1998年のサッカー（FIFA）・ワールドカップの時のように「燃えている」ところを観たいと思っていた。そういうふうにパリが盛り上がってこそ、非アングロサクソン系国でワールドカップが開催されることの意味が明らかになると思っていた。だから前夜のフランスの敗退は僕にはとても残念だった。大会が盛り下がってしまうのが心配になった。何だか力が抜けてしまった。

確かに、今回のレ・ブルーは魅力的なチームではなかった。少なくとも1987年や1999年の時のような魅力的なチームではなかった。しかしニュージーランドに敗れるならばまだしも、ニュージーランドを破った翌週にイングランドに敗れるとは。いったい誰がこういう展開を予想しただろう？　つくづく、ラグビーはわからないと思う。

気を取り直してパリの街に繰り出す。9時15分にホテルを出発。この日の最初の目的地はオルセー美術館。ポルト・マイヨから地下鉄一号線に乗ってテュイルリーで降りて、朝のテュイルリー公園を横断する。美しい公園。空気が引き締まっていて、澄み切っていて、ちょっと冷え込んでいて、すごく気持ちが良い。セーヌ川をロワイヤル橋で南すなわち左岸に渡る。そしてオルセー美術館へ。ミュージアム・パスで入る。

最初に地上階（0階）を観て、次に上階（5階）を観て、6階のファストフードのようなカフェで休む。カプチーノ二杯で5・60ユーロ。そしてまた上階を観て、それから中階（2階）を観て、最後にもう一度上階を観る。

圧巻は上階（5階）。ロートレック、セザンヌ、ファン・ゴッホ、モネ、ルノアール、シスレー、マネ、ドガ。そして、アンリ・ルソーの「戦争」と「蛇使いの女」。さらに、ゴーギャン、スーラ、ちょっとだけマティス。印象派から後期印象派に掛けての名作がずらりだ。

僕は高校時代からアンリ・ルソーが好きで、「戦争」にはそれほど思い入れはないのだが、「蛇使いの女」は長年思い焦がれてきた一枚だったので、この時は感激の対面だった。直接向かい合った「蛇使いの女」はやはりとても力のある作品だった。ちなみにルソーはオルセーでは「ドワニエ（税官吏）・ルソー」と紹介されていた。ルソーがもともと税官吏だったことから付けられたニックネームだ。なるほど、パリっ子はルソーをそう呼ぶのだな。

そのほかの作品では、ファン・ゴッホは青がすごかった。特に「オヴェールの教会」の青は並大抵の青ではなかった。あとは、意外に良かったのがモネ。一枚だけ良かったのがルノワール（「ムーラン・

ド・ラ・ギャレット」)。やはり僕には難しかったのがセザンヌ。でもいずれも帰国したあとにもっとじっくりと観ておけば良かったという気になるような名作ばかりだった。

オルセーを出てセーヌ川をソルフェリーノ橋で北すなわち右岸に戻る。快晴の日曜日のテュイルリー公園にはたくさんの人が出ている。次の目的地はテュイルリー公園の西の端にあるオランジュリー美術館。12時30分の開館の直後だったので、美術館の前には長い列ができていた。僕たちの後ろに並んだ老婦人と老夫婦が会話を始める。老婦人の方はアイルランドから来たと、老夫婦の方はオーストラリアから来たと自己紹介している。そのうちに三人はどういうわけだかジム・モリソンの話題で盛り上がり始めた。僕も加わろうかとちょっとだけ思ったのだが、話を壊しても悪いよなと思ってやめにした。あとで聞くと相方も同じことを思ったのだそうだ。

30分ほど並んでオランジュリーの中に入る。モネの「睡蓮」の二つの部屋も良かったが、ヴァルター＝ギヨームのコレクションもすごかった。アンリ・ルソー、モディリアーニ、マティス、ピカソ、ユトリロ、スーティン。その多くは過去に日本に来たことがある作品だけれど、モディリアーニの一連の作品などはやはり生で観ると胸に迫ってくる。売店で「睡蓮」と「ジャン・ヴァルターとポール・ギヨームのコレクション」の資料的画集を購入する。一冊11・90ユーロで計23・80ユーロ。

テュイルリー公園の中でオランジュリーと対称の位置にあるジュ・ド・ポームは、ミュージアム・パスが使えないと言われたので入らなかった。このジュ・ド・ポームは今では現代写真美術館になっているけれど、映画「大列車作戦」で描かれていたようにオルセーのコレクションはもともとここにあったのだ。

ジュ・ド・ポームのすぐ前のコンコルド広場に渡って、快晴の青空の下、エジプトのオベリスクを見上げる。このコンコルド広場からのパリの眺めは絶景。西はシャンゼリゼの向こうにエトワール凱旋門、東は観覧車越しにカルーゼル凱旋門とその奥にルーヴル、南はブルボン宮、北はマドレーヌ教会。パリの歴史の真ん中にいる気分。この日はとても良く晴れていて、汗ばむくらいの陽気だった。写真を撮ってくれた二人の若い女性はドイツ人だった。

マドレーヌ広場のマドレーヌ教会からリュ・ド・セーズという路地を通ってブルヴァール・ド・マドレーヌに出たところにカフェがあって、ラグビー・ジャージ姿の非フランス人がたくさんいたこともあって、屋外の空席に滑り込む。「カフェ・ド・ロリンピア」という店。僕はスパゲティ・カルボナーラ。相方はミスター・クロッキ。クロッキはまあまあいけたけれど、スパゲティはべちゃべち

オランジュリー美術館のモネの「睡蓮」

やだった。「フランスにはアルデンテのパスタはない」という誰かの言葉を思い出した。生ビール二杯と合わせて29・60ユーロ。5032円。もう日本円に換算するのはやめにしよう。

僕たちの二つ隣の席にアルゼンチンのジャージを着た若い男とその恋人らしき女性が座っていて、隣の席に座っていたフランス人の中年の男性が話し掛けて会話を始めた。その男性が連れていた子どもはラグビーの絵本のようなものを読んでいて、「22メートルの外側から蹴ったボールが直接タッチを割るとダイレクト・タッチなんだって」という意味のこと（たぶん）を父親に報告している。今回のワールドカップで初めてラグビーに関心を持ち始めたフランス人がやはりいるのだなあと感心させられた。

オペラ座（パレ・ガルニエ）のすぐ近くにいるので行ってみることにする。ブルヴァール・デ・カピュシーヌを北西に向かうとすぐだった。オペラ座は外装を改装中。1人8ユーロを払って中に入る。観客席の天井画はシャガール。そろそろホテルに戻らなければならない時間なので、雰囲気だけ味わって早々に外に出る。

ホテルに帰るために地下鉄の入口を探したのだが、どういうわけだか全然見付からない。あとで知ったのだがこのオペラ駅はちょうど工事をしていたところで、おそらくいくつかの入口が閉鎖されていたのだと思う。だんだん焦ってきて、仕方がないのでタクシーに乗る。これがなかなか快適なドライブだった。ブルヴァール・マルゼルブからブルヴァール・デ・クールセルを通ってホテルまで10分も掛からなかった。メーターは10ユーロで、チップも加えて13ユーロを渡す。

タクシーを下りたところでまだこの日の新聞を買っていなかったことを思い出して、パレ・ド・コングレ・ド・パリのショッピングセンターの売店で買い集める。この日は日曜日なので「レキップ」は休刊――だとこの時は思ったのだが、あとになってこの日も発行されていたことを知った。たまたまこの店で売り切れていただけだったのだと思う。そうだよな。この日売らなくていつ売るのだという日だものな。荷物を部屋に置いて、17時の集合にこの日もぎりぎりで間に合った。

送迎バスは前日と同様にスタッド・ドゥ・フランスの北西側のブルヴァール・アナトル・フランスで停まる。そこからスタジアムまで歩くのだが、スタジアムを取り囲む人の数が前日よりも明らかに少ない。僕たちは前日と同様にすぐにはスタジアムの中に入らずに立ったままでビールを飲む。スタジアムの周りには南アフリカのサポーターがたくさんいる。彼らはいつでもどこでも強烈な存在感を発している。あるいはそれは威圧感と言っても良いかもしれない。それはもちろん彼らのか

スタッド・ドゥ・フランスの遠景

らだが大きいというだけの理由からではない（本当に大きい。選手だけではなくてファンも大きい。男性だけではなくて女性も大きい）。どうしてなのかはわからないが、もしかしたらそれは彼らが南アフリカこそ真のラグビー王国だと、スプリングボクスこそが世界チャンピオンだと、心の底から信じ込んでいることと関係があるのかもしれない。

僕たちは同年代くらいのニュージーランド人の夫婦と20分くらい立ち話をした。南アフリカのサポーターが彼らにぶつかって、男性が手に持っていた紙コップのビールがこぼれてしまって、うちの相方がウエットティッシュを差し出したのがきっかけだった。両手にビールの紙コップを持っていた男性は、約束していた友だちがなかなか来ないからと言って一杯を僕にくれた。「どっちを応援するの？」と訊かれて、「アルゼンチンだよ」と答えると、「僕ももちろんアルゼンチン」と彼。「フランスを応援していたけれど、今となっては、一にアルゼンチン、二に南アフリカ、三にイングランドだ」と言う（僕も同じだと言う）。「でもやはり南アフリカが強いと思うけれどもね」と彼は言う（僕もそう思うと言う）。彼らはウェリントンから来たと言っていた。このあとオランダに行ってまた決勝を観にパリに来ると言っていた。決勝でまた会おうと言い合って別れたのだけれど、あとから考えればちゃんと連絡先を交換しておけば良かった。もちろんこの夫婦と決勝の日に再会することはなかった。

そのうちにアルゼンチンのロス・プーマスのサポーターの数も増えてくる。行列を作って太鼓を打ち鳴らしながら大声を発している気合の入った一団もいる。南アフリカのサポーターも彼らに近寄って相互に激励する。でも眉毛を吊り上げて声を張り上げているロス・プーマスのサポーターに対して、スプリングボクスのサポーターは「彼らの応援は面白いね」などと談笑していて余裕綽々だ。

スタジアムに入ってハイネケンを買って着席すると選手紹介のアナウンスが始まった。南アフリカに対する声援の方が圧倒的に大きい。この日の僕たちの席はB1・73・7〜8。メイン・スタンドから見ると右の奥側のゴール裏のコーナーの最高層。前日とほとんど変わらない位置。

選手紹介が終わると「ワールド・イン・ユニオン」の変奏が流れ始めて、20時54分に選手が入場して来た。アルゼンチンは⑧ロンゴと①ロンセロの二人がまず入場。あとで聞いたところでは前の試合でロンゴが50キャップ、ロンセロが25キャップを獲得したための配慮だったそうだ。南アフリカはもちろん②ジョン・スミットを先頭に入場。アルゼンチンは出て来るとすぐにピッチの上で円陣を組む。

国歌。最初に「ンコシ・シケレリ・アフリカ〜ディ・ステン・ヴァン・スイ・ド・アフリカ」。続いて「イモノ・ナシオナル・アルヘンティーノ」。

試合前に交流する南アフリカとアルゼンチンのサポーター

大一番の雰囲気が漂う。アルゼンチンの国歌が終わるとロス・プーマスの選手たちはいきなりピッチの上を走り出した。彼らは今夜も気合充分だ。

レフリーはニュージーランドのスティーヴ・ウォルシュ。21時ちょうどにアルゼンチンの⑩エルナンデスのキックオフでゲームが始まった。

開始直後は互いにボールを蹴り合う一進一退の展開。双方とも互角、もしくはアルゼンチンの方が動きが良いくらいだった。最初にゲームが動いたのは5分過ぎ、アルゼンチンの⑮コルレートが自陣でパントをキャッチして左のタッチライン際の⑪アグジャにパス、アグジャがランで大きくゲインしたところからだった。アルゼンチンは左にできたポイントから右に⑨ピショット、⑫フェリペ・コンテポーミ、①ロンセロ、⑭ボルヘスとボールを回してボルヘスがゲイン、南アフリカ陣内22メートルライン上にできたポイントから今度は左に⑨ピショット、⑫フェリペ・コンテポーミとボールを回してフェリペ・コンテポーミがちょっとボールを持ってから左にパスを投げた。すると、パスを受けようとしたアルゼンチンの2人の選手が重なってしまって、その瞬間に南アフリカの⑨デュプレアが走り込んで来てインターセプト。そのまま75メートルを独走して中央に先制トライ。時計は6分28秒。⑮モンゴメリーのゴールも成功して7対0となった。攻め込んでいたアルゼンチンとしては残念な失点だった。

けれどもアルゼンチンは引き続き良く攻める。8分には⑩エルナンデスが35メートルのDGを失敗。11分には南アフリカ陣内10メートルライン付近のラインアウトからフォワードが再三縦を突いて、南アフリカの②スミットに反則があって、14分、⑫フェリペ・コンテポーミが中央やや左39メートルのPGを決める。3対7。

しかし直後のキックオフでアルゼンチンは反則。16分、南アフリカの⑮モンゴメリーが右中間24メートルのPGを成功させ、あっさりと10対3にする。

アルゼンチンは18分、⑫フェリペ・コンテポーミが左寄り45メートルのPGを狙うが失敗。19分、そのドロップアウトから南アフリカの⑩ジェイムズが蹴ったボールをアルゼンチンの⑪アグジャが落球、南アフリカの⑮モンゴメリーがキックでアルゼンチン・ゴール前7メートルまで戻すが、アルゼンチンは⑮コルレートの好走で敵陣22メートルまで戻し返す。アルゼンチンらしい見事なカウンター・アタック。20分、アルゼンチンは敵陣10メートルライン上でマイボール・ラインアウトからモールを押して22メートルラ

アルゼンチンの国旗が揺れる

インに迫るが、モールが千切れてしまってアクシデンタル・オフサイド。

23分、南アフリカは⑫ステインが自陣に3メートル入った左寄りの地点からDGを狙うがこれは遠過ぎた。アルゼンチンは29分、中央やや右の30メートルのPGを⑫フェリペ・コンテポーミが決める。6対10。

30分、アルゼンチンの⑧ロンゴが敵陣10メートルラインの内側まで持ち込んだボールに南アフリカの⑥スカルク・バーガーが絡んでマイボールにする。⑭ピーターセンがボールを出して、⑫ステインのロング・パスから⑨デュプレア、⑩ジェイムズ、⑪ハバナと回すと、ハバナが自陣40メートルでボールをキック。アルゼンチンのフォワードの選手と横一線で走り出したハバナはぐんぐん加速して抜け出して独走。敵陣30メートルでボールをキャッチしてそのまま左中間にダイビング・トライ。今大会の中でも個人技の輝きという意味では屈指のナイス・トライだった。⑮モンゴメリーのゴールも成功して17対6となる。

さらに39分、アルゼンチンは自陣のポイントから⑨ピショットのパスが伸びずに⑩エルナンデスが落球してしまう。エルナンデスが蹴ったボールを南アフリカの⑫ステインが取って、⑬フーリー、⑥バーガー、⑧ロッソウと素早く回して、最後はロッソウがトライ。⑮モンゴメリーがゴールを決めて24対6としてハーフタイムとなった。アルゼンチンから見ればこのトライは非常に痛かった。

前半はプーマスが攻めていたが、スプリングボクスが相手のミスをうまく得点に結び付けていた。ただ、今大会ここまでいくつもの「奇跡」を演じてきたアルゼンチンだ。まだまだ勝負はわからないぞと思いながら後半を待つ。

21時53分、南アフリカの⑩ジェイムズのキックオフで後半開始。アルゼンチンはスクラムを押し込んでペナルティを取って攻め込んで、43分、⑭ボルヘスの攻撃的なキックで南アフリカ・ゴールまであと6メートルのラインアウトになる。南アフリカのボールだったが、モールが崩れてアルゼンチンがボールを確保。⑦ファン・マルティン・フェルナンデス・ロベと②レデスマ・アロセナの突進でトライラインまであと2メートルと迫ると、⑨ピショット、⑩エルナンデス、⑬マヌエル・コンテポーミと回してマヌエル・コンテポーミがインゴールに飛び込む。ノックオンかどうかでビデオ・レフリーになるが、トライが認められる。時計は44分。⑫フェリペ・コンテポーミのゴールも成功。13対24と11点差にする。

52分には⑫フェリペ・コンテポーミが右寄り47メートルのPGを右に外したが、この時間帯はアルゼンチンが攻撃の主導権を握っていた。ただ、細かいミスが多くてトライに繋げることができなかった。ここでこの日の観客は7万7055人だと発表がある。

南アフリカは59分に⑩ジェイムズが51メートルのDGを失敗。アルゼンチンは61分に⑫フェリペ・コンテポーミのランから敵陣28メートルのラックでペナルティを得て速攻を仕掛けるが、突進した⑮コルレートが孤立してノット・リリース・ザ・ボールを取られてしまう。

南アフリカは62分にも⑪ハバナのトライかという場面があったが、ハバナへのパスがフォワードパスの判定だった。68分に⑫ステインが右寄り52メートルのPGを狙うがこれは失敗。だが、⑮モンゴメリーが70分と74分にPGを決めて30対13と突き放す。

さらに74分、アルゼンチンのスクラムからの攻撃で⑨ピショット、⑩エルナンデスとボールが回つたところで、エルナンデスのパスを南アフリカの⑪ハバナがインターセプト。そのまま８０メートルを走り切ってトライ。⑮モンゴメリーがゴールを決めて３７対１３として試合を決めた。７７分に南アフリカの⑦スミスが、７８分にアルゼンチンの⑫フェリペ・コンテポーミがシンビンとなったが、大勢に影響のないままノーサイドとなった。

今回のワールドカップで旋風を巻き起こしたアルゼンチンがここで敗退。ミスが多かったことも敗因だったが、この日のロス・プーマスはちょっとよそ行きのラグビーをしようとしていた感があった。バックスのパスとランに拘っていて、これまであれほど有効だったエルナンデスのハイパントをほとんど封印していた。そしてそういう戦い方は南アフリカから見れば思う壺だった。無理に攻撃を仕掛けないでアルゼンチンのミスを待ち、ターンオーバーから一気にトライを奪っていった南アフリカはさすがと言えばさすがである。アルゼンチンとしては悔いが残る試合だったのではないだろうか？

46／準決勝／10月14日／サンドニ・スタッドドゥフランス
レフリー：スティーヴ・ウォルシュ／観客：77055人

南アフリカ				アルゼンチン		
37				13		
24			前半	6		
13			後半	7		
4			T	1		
4			G	1		
3			PG	2		
0			DG	0		
1	OS.デュラント	→17		1	R.ロンセロ	
2	J.スミット	→16		2	M.レデスマ・アロセナ	
3	CJ.ファンデルリンデ			3	J.M.セルソ	→17
4	B.ボタ	→18		4	C.I.フェルナンデス・ロベ	→18
5	V.マットフィールド			5	P.アルバセテ	
6	S.バーガー			6	L.オスティリア	→19
7	J.スミス			7	J.M.フェルナンデス・ロベ	
8	D.ロッソウ	→19		8	G.ロンゴ・イリア	
9	F.デュプレア			9	A.ピショット	
10	B.ジェイムズ	→21		10	J.M.エルナンデス	
11	B.ハバナ			11	H.アグジャ	
12	F.ステイン	→22		12	F.コンテポーミ	
13	J.フーリー			13	M.コンテポーミ	→22
14	JP.ピーターセン	→20		14	L.ボルヘス	
15	P.モンゴメリー			15	I.コルレート	
16	B.デュプレッシー	2→		16	A.ヴェルネット・バスアルド	
17	J.デュプレッシー	1→		17	O.ハサーン・ファリル	3→
18	J.ムラー	4→		18	R.アルヴァレス・カイレリス	4→
19	B.スキンスタッド	8→		19	J.M.レギサモン	6→
20	R.ピナール	14→		20	N.フェルナンデス・ミランダ	
21	A.プレトリアス	10→		21	F.トデスキーニ	
22	W.オリフィエ	12→		22	G.ティエシ	13→
1			イエロー	1		
0			レッド	0		

試合終了後にアルゼンチンの選手たちはピッチの出入口のすぐ横に陣取っていた家族のところに駆け寄って抱擁を交わしていた。やがて始まった場内一周は自分たちの子どもを引き連れて。フェリペ・コンテポーミは子どもを抱いて。アグスティン・ピショットは二人の子どもの手を引いて。冒険の余韻を楽しむように。心に残るシーンだった。

決勝に進めなかったのは残念だったが、今年のロス・プーマスはラグビー・ワールドカップの歴史の中で長く語り継がれるチームになるだろう。スタジアムの外の人の波の中で、僕は、消沈しているアルゼンチンのサポーターに握手を求めてはその肩を叩いて歩いた。

0時30分ごろ就寝。

10月15日（月）

「レキップ」10月15日号

決勝進出を決めてゴール裏のファンに挨拶するスプリングボクス

●21面（ラグビー・ワールドカップ特集1面）　大見出し「彼らはランデブー中」（ブライアン・ハバナのダイビング・トライの写真）（署名　アンリ・ブリュ）

前文「南アフリカは昨夜アルゼンチンを制圧して（37対13）、ワールドカップの決勝でイングランドと再び相見える。失望に打ちのめされたレ・ブルーにとっては、金曜日のプーマスとの対戦は、三位の座を勝ち取って冒険を立派に締め括るために結集する好機となる」

イングランドは1ヶ月前のプール・マッチで36対0で圧倒された南アフリカと初めて決勝で対戦する次の土曜日にタイトルの保持を試みる。彼らはタイトルを防衛する可能性のある二番目のチームではない。オーストラリアは1999年に勝ち取ったトロフィーを維持する賭けに成功しなかった。4年前の2003年に自国で失敗した。

ワールドカップの優勝は出生地国籍主義によって登録されるわけではない。つまるところ、自分たちのサポーターにトロフィーを提示することができたのは、第六回に達する大会で二つのチームしかない。1987年のニュージーランドと、1995年の南アフリカだ。

フランスは当然その三番目になることを夢見ていた。4年前から最も獰猛なライバルとして候補に上がっていたオールブラックスを排除してからはさらに一段と強く夢見ていた。その進路に2003年の大艦隊からはほど遠いと評価されるイングランド人を据えて、また、この4年間に一度しか敗れていない相手に対して、その夢は手が届かないとは思えなかった。

後悔は永遠の気質になる。2007年のフランス・チームの選手たちは彼らの生涯を通じてこの秋を思い出す度に口の中に酸っぱさを感じるだろう。数人ではなく全員が土曜の夜の決勝を見物するのだ。

しかし現実は常に再び人を捉えて終わる。奇跡によって生き返った――カーディフの勝利――トリコロールのキャンペーンは、最高の栄誉で終えられる勝負だと思われた。それは敗戦の失望のうちに、栄光はなく、華々しさもなく終わる。この逸した機会が今後長期間フランス・ラグビーを封印するかどうかはわからない。もっとできることがあったのではというチームに対する主な非難は、本物のアイデンティティ、心の底からの確信、より入念に練り上げられた試合――とりわけアタックにおいて――の準備が、ほとんど理想的同然だった状況の有利さを活用しなかったというものだ。支援する準備が整っていた莫大な観衆の波に乗ることに成功しなかったというものだ。というのも、フランスが国としてワールドカップを成功させたのに対して、フランスのチームは失敗したからだ。彼らはさまざまな対戦相手に応じた作戦に適応することと、それを考え出すことを試みなくてはならない状態に、大会期間中にチームを一つに組み立てることを試みなくてはならない状態に突然陥った。それは決して理想的なことではない。

「レキップ」10月15日号21面「彼らはランデブー中」

惑星が一列に並ぶのをもう一度見ることができるとしても、世界タイトルの獲得に取り組むのにこれほどの好機があっただろうか？　戦後の偉大なナショナル・チームの中で、4年間『ビル』――ウィリアム・ウェブ・エリス・トロフィーにニックネームを付けているオーストラリア人による――を所有したことがないのは彼らだけだ。一世代前もできなかった。自分たちの岸から遠く離れてそれを獲得することを期待するには、当然、間に合わせ仕事を放棄して、まとまりのあるキャンプの一団を構成する必要がある。

絶対的な形で、このフランス・チームの歴史上の位置という面で、トリコロールのパフォーマンスの質を性急に評価することはいつであろうと危険だ。しかし、プール・マッチでの敗戦という開幕から、スタッド・ドゥ・フランスで組まれた三試合、すなわち観衆の面前の4時間の試合時間の中で、トライが二つだけだった（対アイルランド）ことは、彼らは歴史的に最も納得のいかないチームとして分類されることになる。1991年のチームとともに。彼らはカーディフの勝利を遺産として遺贈するだろう。しかし続けて新しいパフォーマンスを示すことができなければ、ラグビーの世界は、あの試合を、何よりもオールブラックスの新しい敗戦として記憶することになるだろう。彼らはまだ金曜日の夜にアルゼンチンとの対戦が残っている。ワールドカップで三敗する初めてのトリコロールのチームになることを避けなければならない。

●30面　大見出し「ボクスはタンゴがお好き」（署名　フランク・ラメラ）

前文「アルゼンチンの気前の良さに付け込んで、南アフリカは常に行くことを定められていたところに達した：決勝へ」

自分たちの才能や能力に無理をせずに、スプリングボクスは昨日毒を含んだアルゼンチンに対する解毒剤を手に入れた：スコアで先行することが必要なのだ。スコアで追い付くことが問題になるとすぐに、相手の苛立ちが溜まることを期待してゲームができないことが問題になるとすぐに、勇敢なプーマスはその段階で必要なギャランティをさらに多く提供する。あるチームがワールドカップの準決勝で最初の得点をすると、彼らは勝つのだ。そのことは直近の7試合で実証された。

そしてそれは『青と白』との再度の、さらに本物の対決だ。タッチラインの外からざっと検討すると、ハイパントの数が同じという大きな戦法の過ちの張本人であるマルセロ・ロフレダの揺さ振りの一味は、南アフリカのリアリズムに完全に勝利を譲った。南アフリカの四つのトライのうち三つを贈呈してしまって、プーマスは不本意にも彼らが『ハバナ・アンド・カンパニー』に与えようとしていた優勢に異議を唱えられる印象をまったく与えなかった。フランス・イングランド戦ほどの興奮はなく、時にはテリトリーを獲得するキックのしつこい競争で内容が少なく、この準決勝は当然にあまりにも早急に一部を切り取られたシナリオの被害を受けていた。スクラムハーフのフーリー・デュプレアによって率いられた非の打ちどころのない南アフリカに突破口が開けられると、ハバナがトライで糸を紡ぎ、モンゴメリーがペナルティとコンバージョンに糸を通した（昨日は17得点で成功率100パーセントだった）。

炎を上げる代わりに臨床によって、ジェイク・ホワイト・ボーイズは彼らが1995年以来嗅がされていなかった決勝の香りを取り戻す。大会期間中不安にさせることはまったく一度もなく、彼らが自分たちを大いに確信しているのはもっともだ。南アフリカはこの大会で負けていない唯一のチームだ。そして決勝ではプール・マッチで非常に厳しく懲らしめた（36対0）チームと再び出会う。

○アルゼンチンの不運。――フェリペ・コンテポーミの不正確さ、南アフリカの初っ端（7分）の最初のトライに至るインターセプト、フォワードパスやノックオンの不運とタッチの距離の判定の不適切さ、を列挙できると思われる。彼らの伝説のペネトレイト集団はルールの限度の解釈によってレフリーに阻止されたとも表現できると思われる。レ・プーマスによって与えられたペナルティの数も考慮できると思われる。レ・ボクスの三つ目のトライ（76分）に放ったお粗末なフォワードパスの張本人である、星の王子様エルナンデスの大失策も強調できると思われる。オーエス・デュラントとの決闘を34分で剥奪された、プロップのセルソの怪我による早過ぎる退場も表現できると思われる。10月の露はボールを滑りやすくしてしまうのか？　最後の疲労が最後のプレイ［ジェスト］に有害だったのか？　気前の良い贈り物を全部利用するあまりに幸運な南アフリカと対戦するアルゼンチンにとって、前半は、一連の長過ぎる粗雑と災厄だった。南アフリカはマヌエル・コンテポーミの非常に異論の余地のあるトライを食らうことを受け入れた。

◯ハバナは常にそこにいる。――ヒューマノイドがまた驚きをもたらした。しかも観衆におまけするために二度トライを奪って、8トライという成績で、1999年以来ジョナ・ロムーによって保持されてきた一大会トライ記録に肩を並べて最多トライスコアラーの先頭に立った。この機会に、彼はまず初めに32分に左ウィングとして長いボールを受けて、たった一人でラインから遥か遠くの彼の運命に直面した。自分でボールを小さく蹴って、スプリントで軌道に乗って、発射し、この翼を持った11番のマイヨに追い付こうとするフェルナンデス・ロベをほとんど問題にしなかった。好都合なバウンドと事件は前方10メートルで演じられた。（中略）

『彼に掛かっては、彼がボールを持てば、たとえ目に見える危険はまったくなさそうでも、絶えず魔法が起こり得る』と予言者ダニー・ロッソウはこの1週間以内に語った。そしておまけとして、ハバナは試合の最後に80メートルに亘るスプリントのためにインターセプトを奮発した。もちろん挽回不可能な。
○ボクのラインアウトは上空飛行。——予想されたフォワードの激しい決闘の中で、ただ一つの領域だけは試合前から不平等だと思われていた：ラインアウトだ。しかし南アフリカの優勢がこれほど高く滑翔するだろうとは想像できなかった。

知性派と乱暴者の比類のない同盟、バキース・ボタとヴィクター・マットフィールドの世界の屋根の上のデュオのおかげで、南アフリカは相手が投入したボールを八個収穫した。その水準には唖然とさせられる。試合前、マットフィールドは、おためごかしを言うのではなく、アルゼンチンとの激突では堅固なスクラムの重大さが復活するのを見ることになると思っていた。その道筋は間違っていた。ボクスが非常に重要なボールを略奪したのはラインアウトにおいてだった。

●31面　大見出し「幸運はデュプレアにあり」（署名　ベンジャミン・マッソ）
前文「南アフリカのスクラムハーフは大いに期待外れのピショットとの対決の上を飛んだ」
長い髪、ラテンの肌、白い靴のファッションの者。一方、短い髪、相手を威圧する目つき、黒い靴の者。サン・イシドロの郊外の良家の息子アグスティン・ピショットを対面にして、プレトリアのブルドッグ、フーリー・デュプレアは、試合であると同時に決闘のスタイルだった。昨日、この南アフリカ人は、彼のライバルに明らかに勝っていた。ブライアン・アシュトンと世界中のたくさんのラグビーマンが、デュプレアが『最もブリリアントなスクラムハーフ』であることをわかっていると思っていることを改めて裏付けた。試合前、ナンバー9のボクは、昨夜の対面について思っていることをすっかり表明した。『ピショットは相手を苛立たせる人だ。彼は常に君を怒らせようとする』。たびたびのことだが、ピショットはしばしばレフリーにやかましく喋っているところが見られた。ハーフタイムにウォルシュ氏にラックとフェイズの獲得に対する彼の判定について自分の考えを言いに行ったように。

しかしその前に、前半を通じて、デュプレアは彼が一流であることのすべてを見せびらかした。そして彼こそがスプリングボクスの試合のかなめであり頭脳であることを見せ付けた。この男はすべてが引き起こす結果を知っている。たとえ彼がプーマスの相手を無気力にする狂ったリズムに嵌められないようにあまりにも性急に一つのペナルティをタップキックで再開した（4分）としても、彼はフェリペ・コンテポーミの危険を伴ったパスをインターセプトして最初に試合の均衡を崩した。80メートルを走ったあと、インゴールに傾れ込んだ。このインターセプトも数年前からシェリル・カルダー博士と行なわれてきた練習に起因する。カルダー博士は『目の知覚の覚醒［ヴィジュアル・アウェアネス］』でボクスを訓練して彼らを怖ろしいインターセプターにした。

しかしデュプレアはそれだけに留まらなかった。そのパスの速さ、ブッチ・ジェイムズとの協調、そのキックの力強さと正確さはボクスが冷静にプーマスを支配することを可能にする。反対にピショットの賭け金はここまでだった。彼はハイパントをうまく受けられなかった（28分）。さらに悪いことには、パスもうまく合わせられずに、パスの距離が不足していた。悪いことのn乗の連鎖で、彼はエルナンデスに短過ぎるパスを送り、エルナンデスをまごつかせた。スタンドオフはボールを失い、ダニー・ロッソウのトライに結び付く（40分）。これが試合をハーフタイムで壊してしまう（24対6）。

後半の冒頭に、ピショットは反撃し、24対13に戻すプーマスの優勢な時間に関与する。デュプレアの最初の——そして唯一の——趣味の悪さを見るにはキックを取り損なう51分まで待たなければならない。そしてアルゼンチンが攻め込む時、ピショットはラッキングでペナルティを与えられる(56分)。フーリー・デュプレアは、彼のフェスティバルを続ける。ディフェンスのカバーに秀でていて、ラインアウトの南アフリカに30メートルもパスを伸ばした。ピショットに与えられた次のペナルティ(71分)は彼の長く苦しい試練に幕を下ろすだろう。優れたキャプテンとして、彼は78分の小競り合いの際にチームメイトたちを落ち着かせる。

○ピショットの感動

最後のホイッスルの音に、ピショットはチームメイトと対戦相手に挨拶する。二人のスクラムハーフの間では、心の籠もった抱擁ですべてが終わる。試合前、このアルゼンチン人は表明していた。『世界中が僕たちに準決勝進出おめでとうと言うのが聴こえる。この日曜日に何が起ころうと、僕たちは大きな何かに成功することになるだろう……。でも、僕は、そういうふうにものごとを見ていない。僕たちが決勝で、もちろん、世界チャンピオンになることを見ている』。不幸にも、彼らの歴史において初めてワールドカップの準決勝に到達したプーマスの夢は、昨日のスプリングボクスとの対戦で終わる。最後に、このチームの魂であるピショットは、選手、指導陣、補欠選手を集めて、彼らの心の奥に秘密としてしまっておく言葉を言うために中央に立つ。それから彼の二人の子ども——一人はプーマスのマイヨを身に付けている——と名誉の場内一周を行なう時が来る。ピショットは多くの勝利を体験してきたスタッド・ドゥ・フランスのグラウンドの上に長く留まる。デュプレアにとっては、冒険は続いている。チームメイトと神に祈りを捧げたあと、彼は思い掛けない南アフリカの名誉の場内一周に参加する。彼はプール・マッチの対イングランドの勝利（36対0）の立役者だった。新たに昨日の南アフリカの散歩の鍵の男になった。次の週末ウェブ・エリス・カップを掲げる期待に必要な人物でもある。

●24面　大見出し「老兵の消滅」（署名　ジャン・クリストフ・コリン）

前文「プルースとイバネスによって率いられたフランス・フィフティーンの選手たちの一世代は、決して世界チャンピオンになることはない。所感」

彼らは自分たちがこのように退場することを望まないだろう。サン・ドニの10月の夜のあともう少しだった試合で、フランスのフィフティーンから退こうとしている二人のフォワード・リーダーでキャプテン経験者のファビアン・プルース（33歳）とラファエル・イバネス（34歳）は、消えて行こうとしている。もちろん彼らは自分たちのキャリアにずっと留まるわけではない。しかし彼らは年老いたのちの夜にどうしてもかつて失ったこの機会について考えてしまうだろう。『これが現実だ。これで最後になる選手たちの大きな夢を実現させるのはまたも難しかった』と、国際試合からの引退を発表したセルジュ・ベッツェンは自分の決定を取り消す前にため息をつく。

しかし一つだけ確かなことは、彼にとってはクリストフ・ドミニシとピーター・デヴィリアス（二人とも35歳）にとってと同じように、『僕は決して世界チャンピオンになることはないだろう』ということだ。『僕はクラブでは何度も優勝した』とプルースは言葉を続ける。『世界チャンピオンは僕に欠けている唯一のタイトルだ。僕は自分の残された人生をその痛恨とともに生きるだろう』。そう、彼らはその乱雑なロッカールームの中の執拗な記憶を持って行くだろう。ベッツェンの言う『一人一人にとっての静寂と孤独の重要な時』に。

プルースは昨日の朝、ワールドカップのあとにそれを発表すると慎み深く明言した。しかしワールドカップの準決勝の対イングランドの10月13日が彼の最終で最後の代表になることは明らかだった。彼は25分に脇腹を乱暴に傷め付けられた。『そのあと僕は大変なストレスを抱えて試合を注視した。この試合に敗れるかもしれないと感じていたからだ。チームのプレイはバラバラで、動きはいい加減で、脇腹の痛みがぶり返した』。畜生!である。

ラファエル・イバネスは、それほどそう思っていない。彼はフランスのチームは運命の偶然を受けない状況に立っていなかったと見ている。『ハーフタイムの僕の発言はテンポを上げる必要があると指示するものだった。しかし僕たちは成功しなかった。そのことが腹立たしい。後半にもっと覇気がなければならなかったのに、完全に互角の試合の状況に再び立ってしまった。まったく反対の展開にすることもできたのに』。このダックス人［ダッコワ］は、強者が勝利して敗者がすべてを受け渡す瞬間の敗北に何一つ心残りがないという意味で徹底的なスポーツマンだ。（中略）

○変遷するスポーツの証人

直前に彼（岩切注：イバネス）はこう言っていた。『僕には哀しみとフラストレーションが混ざり合った感情がある。まだ試合が残っているのだから、うまく取り除かなければならない。そしてパルク・デ・プランスで良い締め括り方をしなければならない。それはフランス・ラグビーのために大いに意味がある』。イバネスにはこのスタジアムで締め括ることに個人的な物語がある。彼はフランス・チームが最後にここで試合をしてからパルク・デ・プランスの試合でプレイしていないのだ。『付き纏う遠い昔に戻される伝説的な場所だ。今の経験のある状態に加えて当時の若さが欲しいね……』

その1997年の試合では、フランス・チームは南アフリカから手厳しい仕打ちを受けた（10対52）。ソニャック・エ・カンブラン人である彼はフランス・フィフティーンの一巻を勝利によってサン・クルー門で閉じたいことだろう（岩切註：大デュマの「三銃士」のダルタニャンが同郷であることから。ダルタニャンがコンスタンスを救出に行くのがサン・クルー城。三位決定戦の会場のパルク・デ・プランスはサン・クルー門の目の前）。消耗し、疲労し、しかし落ち着いた、最後のシャワーを浴びる物語。アマチュアを謳っていたラグビーの、最初のインターナショナルのキャリアの最後。『1993〜94年には』と彼は思い出す。『僕は20歳で、週に二度練習をしていて、試合のあとは朝7時に寝ていた。今日では1日に二度練習に行くために朝7時に起きている。でも僕はその二つとも深く愛していた』

二つというのは彼だけではなく、彼と、彼が学生時代にトゥールーズで一つの部屋を共有していたもう一人とのことでもある。彼らはまた軌道と同じ視点をも共有した。『以前にはラグビーは人間が何かを共有して生きるための口実に過ぎなかった』とプルースは説明する。『でも僕は二つの時代に跨ってきた』。見るのも、聴くのも、昨日の朝のソフィテルの記者会見の席でも二人は一緒で、このあと改めなくてはならないことがあると互いに言っていた。このプロ以前の記憶はフランス・フィフティーンの中にはもはやないのだから、彼らは必然的に若者たちに、またその集団に、一種の英知を与えていた。栄光、勝利、敗北の関連性の意味を。

プルースは1995年10月17日のルーマニア戦で、イバネスは1996年3月16日のウエールズ戦で、最初の代表を経験した。昨日と今日の間に『事態は非常に変化した。比較できない二つの時代』。118キャップという最多記録のプルースは要約する。

こうして彼らとともにスポーツの時代の移り変わりは遂行される。彼らの賃金は週の練習の数と同様に六倍に増加した。彼らの最初のキャップの際、フランス選手権の上位のクラブの予算は、今日のプロのD2の上位のクラブの六分の一だった。すべてが変わったのだが、つまりは、まったく変わっていないのだ。『アマチュアであろうとプロフェッショナルであろうと』とプルースは強調する。『敗北の翌日は常にきつい』。そう、負けることは常に耐えられないことだし、フランス・チームは常に、立て続けに二つの偉業を達成することの難しさと同じくらいの痛みも味わってきた。『それはスポーツの中で最も耐えられないことだ』とベッツェンは分析する。『それは試合の続きなのだ』。もしかすると今回は違うかもしれない。フランス・チームの中で過ごす時間はあと1週間残っている。インターナショナルと称される少数の試合と宿泊。彼らが断念しようとしている子どもの頃の夢。『それにラグビーの試合はほかにも、これからもある』とイバネスは強調する。もちろんほかにも試合はある。国内選手権の日常の、まさに日常の。

この日から4日間は試合がない。僕たちは今回はもちろんワールドカップの試合を観戦するためにパリまで来ているわけだけれど、試合のある日はまともなレストランでまともな夕食を取ることができないし、観光や散策も夕方までには切り上げなくてはならない。そういう意味では試合がない日の方がパリの街を存分に味わうことができるので、この「試合のない4日間」もそれなりに楽しみにしていた。この月曜日から本格的にパリの街の探訪が始まる感じ。これが僕たちの「ラグビー・ワールドカップの歩き方」である。

6時30分起床。この日はポンピドゥー・センター（ジョルジュ・ポンピドゥー国立美術文化センター）の国立近代美術館から歩き始める予定にしていた。その開館が11時なので、朝食のあとはこれまでのメモをまとめたり、ウェブサイトの記事を読んだりして部屋でのんびりと過ごした。

10時25分にホテルを出発。ポルト・マイヨから地下鉄一号線に乗ってシャトレで十一号線に乗り換え、ランビュトゥーで下りる。ポンピドゥー・センターはすぐ目の前。11時の開館の少し前に到着すると、入口前に行列ができていた。

エスカレーターで5階（日本で言う6階）まで上る。フォーヴィスム、キュビスム、シュールレアリスムの作品群。マティスに始まって、ブラック、グリス、ブランクーシ、モンドリアン、カルダー、ミロ、ピカソ、マン・レイ、ジャコメッティ、ダリ、カンディンスキー、デュビュッフェ、ポロック、などなど。それぞれに好みであったりなかったりするのだが、僕はピカソが改めてすんなりと「わかった」気がしたのが収穫だった。「鳩を抱く女」を観ているうちに、それまでばらばらにしか観えなかったものが一つに観えた瞬間があったのだ。それはとても素敵な体験だった。

続いて4階（日本で言う5階）の現代美術を観たのだが、これはそれこそ僕には「わからない」としか言いようがなかった。そして企画展を開催している6階（日本で言う7階）にちょっと上ってみる。ここからのパリの街の眺望は素晴らしかった。すぐに引き返すつもりだったのだが、念のためにいちばん奥の企画展の会場まで行ってみる。するとなんと「アルベルト・ジャコメッティのアトリエ展」という表示がある。ジャコメッティは僕も相方も大好きなので大喜びで入ろうとすると、この企画展は17日（水）からで今日はプレスしか入れないと係の女性に止められてしまう。残念。日本のプレスだと言っても嘘ではないのだけれど、ここは引き下がることにする。でもパリに滞在している間にジャコメッティの本格的な回顧展が開かれるのはまたとない幸運。ここはもう一度来ることにしてエスカレーターを下りる。

ポンピドゥー・センターに別棟で併設されているブランクーシのアトリエに入ろうとしたが、こちらは開館が14時で、まだ入れなかった。14時開館の美術施設っていったいどういう運営方針なのだろう？仕方がないのでポンピドゥー・センターの目の前の「ル・カヴァリエ・ブルー（青の騎士）」というブラッスリーで昼食を取る。屋外席に着席。この日のパリは前日までの好天が一転、空は曇ってきていて、風は冷たくなってきていて、これでいよいよパリも冷え込んでくるのかなと思う。でもこの屋外席にはヒーターがあったのでちっとも寒くなかった。マダム・クロッキとクラブ・サンドウイッチとボルドーをグラスに二杯で22・50ユーロ。食事のあと、目の前にあったホームセンターの「ルロワ・メルラン」をちょっとだけ覗く。

ブランクーシのアトリエはとても良かった。明るくて、静かで、白で統一されていて、天井が高くて、そしてやはり明るくて静かな空間だった。こういうところで創作に打ち込めたらどれほど幸福だろうと心から思った。

それからマレ地区を散策する。リュ・ランビュトゥーからリュ・デ・フラン・ブルジョワへと名前の変わる通りを歩く。途中に無印良品（ＭＵＪＩ）があってちょっと覗いてみる。リュ・エルゼヴィルからリュ・デュ・パルク・ロワイヤルを経てリュ・ド・テュレンヌに出て、リュ・サント・アナスタスからリュ・ド・トリニーに回り込む。この辺りの街並みは僕が昔から思い描いていたパリのイメージそのもの。喧騒のすぐ近くなのにひっそりとしている裏通り。その一角にある17世紀の塩の徴税人の屋敷「サレ館」を改装したのがピカソ美術館だ。

この美術館はピカソの若いころからの作品を年代順に並べているのだが、先刻のポンピドゥーで の体験があったので、「楽器シリーズ」などが以前よりも楽しめたような気がした。僕の体験から言えば、ピカソは観察したり点検したりしてはいけない。頭の中を空っぽにして、精神をニュートラルにして絵の中の一箇所に集中すると、自然と立体が立ち上がってくる。でもそういうふうに観

天国みたいに美しかったポンピドゥー・センターのブランクーシのアトリエ

ているうちにだんだん意識が朦朧としてきてしまって、からだがふらふらしてきてしまった。

このピカソ美術館では一つの不思議な符合があった。ピカソの自筆のオブジェの下絵が残されている「夕刊パリ（パリ・ソワール）」の1937年4月19日号の1面が展示されていたのだが、その1面の右端に「ラグビー・フランス・ドイツ　パルク・デ・プランス（France Allemagne de rugby　Parc des Princes）」という記事の見出しがあったのだ。帰国後に記録を調べてみると、確かにその前日の1937年4月18日にフランスとドイツはパルク・デ・プランスでテストマッチを戦っている。結果は27対6でフランスが勝っている。ちなみにこの両国は1927年から1938年に掛けて15試合を戦っていて、フランスの13勝、ドイツの2勝という戦績。しかし1938年5月22日を最後に一度も対戦していない。これはもちろん1940年に両国が開戦した影響である。ちなみに西ドイツ時代には1977年2月20日に一度対戦があるだけだ。それにしてもピカソ美術館の展示物でラグビーフットボールの貴重な資料を目にすることになろうとは。今までこの見出しに気が付いた来館者はどのくらいいるだろう？　この美術館の前庭で子どもたちがラグビーボールで遊んでいたのも「不思議な符合」のように感じられた。

ピカソ美術館を出たあとは、リュ・ド・ラ・ペルル（宝石通り）、リュ・デ・クァトル・フィス（4人の息子通り）、リュ・デ・オードリエッテと短い間隔で名前の変わる通りを西に歩いて、リュ・デュ・タンプル（寺院通り）を南下、さらにリュ・デ・アルシーヴ（古文書館通り）を南下。この辺りは小綺麗なレストランが点在している趣のある一角だった。今度パリに来ることがあったらこのマレ地区に宿を取るのも良いと思う。ラグビー・ファンもところどころにいるらしくて、ショウ・ウィンドウにラグビーボールと今回のワールドカップの開幕戦のチケットを飾っているワイン専門店があった。

やがて目の前にパリの市庁舎が現われる。建物の外側に「ラグビー、感動の世界（RUGBY, UN MONDE D'ÉMOTIONS）」という垂れ幕が下がっていて、「２００７年9月4日〜11月３０日」「無料公開」「１０時〜１９時」「日曜休日以外毎日」などと書かれている。そういうものが開催されているならば観たいと思って、そこに表記されている番地を探してリュ・ド・リヴォリをうろうろしたのだが、しばらくしてからこの市庁舎そのものが会場であることがわかった。建物の北側に入口があって、早速入ってみる。この展示が予想以上に「感動の世界」だった。

身体検査を終えて中に入ると、まずは正面にフランスの前キャプテンであるファビアン・ガルティエの「私は思い出す……」と題された文章が掲示されている。

子どものころ、奇妙で予知的な夢を見たことを思い出す。ラグビー選手たちが互いの肩を抱き合い、輪になっている。私はその中央にいる。フランスの雄鶏をあしらったジャージを誇らしく示して、フランス国歌を歌いながら。ラ・マルセイエーズ。「ファビアン、ファビアン、起きなさい！　遅れるわよ！」。祖母の声だった。数年後、子どものころと同じ感動を持って、私はラ・マルセイエーズを再び歌った。フランス・フィフティーンのキャプテンとして。これは子どもから大人まで、感動と喜びの長い旅にあなたを運ぶ、情熱に転化する出会いの物語だ。試合の催事は先祖からの儀式に基づいて催行される。あたかもすべてのラグビーの国々が喜びの延長戦を求めているように。このスポーツの秘密の世界に入って導かれてみよう。ラグビーの一日。試合の慣例と習慣を見通して、単なるピッチのバウンドを越えて行こう。

そして、試合の日の朝（マチネー）、更衣室、試合前、試合、試合後と、それぞれの場面に分けてさまざまな写真と文章とがパネル展示されている。代表チームのジャージを展示している一角があれば、オールブラックスのハカを上映している一角もある。写真も充実していて、フランスとニュージーランドの最初の試合の記念写真から、若き日のジョー・マゾとか、パパランポルトとジャック・フルーとか、ジャン・ピエール・リーヴとジャック・フルーとジャン・クロード・スクレラとか、興味を引かれる写真がたくさん展示されている。でも僕がいちばん感激したのはところどころに掲示されているラグビーについて語られた言葉の数々だった。

「ラグビーはただのゲームではない。それはウェイ・オブ・ライフなのだ。両チームのサポーター

パリ市庁舎で開かれていた「ラグビー、感動の世界」の入口

は出会うと即席のランチをともにする。そのランチはしばしば何年も記憶から消えないものとなる」アンドリュー・マリガン（アイルランド）
「ラグビーは人がほかの人物と出会う唯一のスポーツだ。ほかのスポーツでは人は互いに通り過ぎて行くだけだ」リュシアン・ミア（フランス）
「ラグビーとは何か？　感動、連帯、一千の酒場の歌の無限の組み合わせだ」ドニ・ティリナック（フランス）
「スクラムの編成は素晴らしい光景だ。最も見事で、最も純粋で、最も豊饒で、最も簡潔で、最も整理された世界の出会いの意味の図柄だ。私は、一列目の3人の抱擁を固定するために両腕を広げるフッカーの毅然とした兄弟愛的な仕草に、心を動かされなかったことはない」ジャック・ペレ（フランス）

レイモンド・チャンドラーではないけれど、なるほどフランス人は何ごとに対してもうまい言葉を持っているものだ。しかもその捉え方がいかにもフランス的という感じがする。これらのほかにはフランソワーズ・サガンの言葉もあったのだが、これはあまり面白くないと思ってメモしてこなかった。メモしておけば良かったとあとになって思った。

そのほかには書籍も多数販売されていた。ラグビーの入門書から、歴史書、解説書、写真集、記録集、今回のフランス代表を紹介している書籍まで、たくさんあった。フランスでずいぶん多くのラグビー関連書籍が出版されていることに感心する。僕はジャン・ピエール・リーヴの著書「闘牛士Bestiaires」（17ユーロ）と、今回のワールドカップ参加各国の国歌を集めたCD（18・90ユーロ）を購入した。このリーヴの著書はペーパーバックで、「レキップ」のラグビー・イラストでおなじみのロジェ・ブラション（ラグビー・プレイヤーでもある）の素晴らしい挿絵が付いている。表紙は「Vestiaires」の「V」を消して「B」と書き直して「Bestiaires」という表記になっている。「Vestiaire」はクロークとかロッカールームのことだが、ラグビーの試合で「Au vestiaire!」と叫べば「ロッカーに引っ込めへっぽこ！」という意味なので、「へっぽこ、否、闘牛士」とふざけているわけだ。ジャン・ピエール・リーヴはガレス・エドワーズと並んで僕のラグビー人生の最大のアイドル。この書籍が入手できたのは収穫だった。

さらに、立ち去る前にふと手に取ったポストカードに、「ジャン・ピエール・リーヴ」「芸術とラグビーへのオマージュ（HOMMAGE à L'ART ET au RUGBY）」という文字を発見した。「2007年10月5日から21日まで」「サントゥーアンの蚤の市」とある。今では芸術家として活躍しているジャン・ピエール・リーヴだが、彼の作品を生で観ることができるのであれば、ぜひとも行ってみなければならない。この展覧会の情報を入手できたことも収穫だった。

というわけでメモを取りながら展示の数々を観ているうちに1時間以上が経ってしまった。この日はノートルダム大聖堂まで歩くつもりでいたのだが、すでに17時を過ぎているので、塔の上には入れそうにない。計画を変更しよう。

市庁舎のすぐ西側のオテル・ド・ヴィル広場にはラグビーのゲームのパブリック・ビューイングのための大きなモニターがあった。左右にある裸婦像にはフランスとイングランドのそれぞれのジャージが着せてある。試合からもう2日が経っているのにそのままになっているのは、フランスの敗戦のショックの大きさを物語っているように思える。広場では父親と娘と息子らしい3人がタッチフットで遊んでいた。

市庁舎の東側のサン・ジェルヴェ・サン・プロテ教会をちょっとだけ覗いてから、まだ行っていなかったワールドカップのオフィシャル・ショップのオペラ店に行くことにする。オテル・ド・ヴィル駅から地下鉄一号線に乗って、パレ・ロワイヤル・ミュゼ・デュ・ルーヴル駅で七号線に乗り換え、オペラ駅で下りる。アヴニュ・ド・ロペラを南東に歩いてオフィシャル・ショップに向かう。

オフィシャル・ショップのすぐ手前にはセルジュ・ブランコが経営している紳士服店「１５（カーンズ）」があって覗いてみる。ちょっと安っぽいデザインのラグビー・ジャージまがいのシャツも売っているけれども何も買わない。オフィシャル・ショップでは、フランス代表のキャップ（１５ユーロ×２個＝３０ユーロ）、ワールドカップ２００７のキャップ（１５ユーロ×２個＝３０ユーロ）、僕のポロシャツ（３５ユーロ）、相方の

セルジュ・ブランコの紳士服店「１５（カーンズ）」

ポロシャツ（35ユーロ）を買う。合計130ユーロ。このオフィシャル・ショップ、ワールドカップの閉幕を5日後に控えてちょっと品薄の感があった。

それからこの夜の夕食の計画を練るために適当なカフェを探す。思うような店がなかなかなくて近くのスターバックスコーヒーに入る。パリまで来てスターバックスに入るとはと苦笑しながらカフェラテ（3・80ユーロ×2杯＝7・60ユーロ）を飲む。さてどこで食事をしよう？ 夕食を取る店を考えるのは前日まではなかった大きな楽しみだ。結局、「ロンリー・プラネット」に載っていた「シャルティエ（Chartier）」という大衆レストランに行ってみることにした。

ブルヴァール・モンマルトルからリュ・デュ・フォブール・モンマルトルにちょっと入ったところにあるその有名なレストランまで歩いて15分くらいだった。1896年創業の店内はまるで駅舎のようでものすごく雰囲気がある。客の話し声が反響していてとても賑やかだ。ギャルソンが紙のテーブルクロスに注文を書き込んで料金を計算するのも面白い。これは良い店に入ったぞと思う。

ところが注文した料理がなかなか出て来ない。前菜のソーセージやトマトはそのうちに来たのだが、そのあとのローストビーフやポトフが全然来ない。早く持って来てくれと頼んでも全然来ない。ワインの小瓶も早々に空いてしまって、追加の料理を頼む気にもならない。結局あとの注文はキャンセルして、13・80ユーロの請求に15ユーロを置いて店を出た。

ホテルに戻るためにグラン・ブルヴァールから地下鉄八号線に乗ったのだが、コンコルドで乗り換えて一号線に乗るつもりが、間違えて反対のホームから乗ってしまった。いろいろとうまくいかない夜。仕方なくそのままバスティーユまで乗って、そこから一号線に乗り換えてポルト・マイヨに戻る。

でもまだ腹が空いている。そこでホテルのすぐ近くの「シェ・クレマン（寛大な店）」というレストランに入る。チェーン経営のようなのだが、店名通りの親切なレストランで、ほんの少ししか注文しないのに嫌な顔一つしないで料理を出してくれた。

2時45分就寝。

10月16日（火）

「レキップ」10月16日号

＊1面はサッカー。現金と言えば現金なものだ。ワールドカップ特集は15面以下8面組まれてはいるのだが。

＊2面にはラポルトを題材にした風刺のイラストがある。たくさんのマイクに囲まれたラポルトがべそを掻きながら釈明しているイラスト。タイトルは「クプル［カップル couple］の終わり」。もちろん今フランスで大変な話題になっているニコラ・サルコジ大統領とセシリア夫人が間もなく離婚を発表するだろうというニュースと「クープ［カップ coupe］の終わり」を掛けている。ラポルトの頭上には二つに割れたハートが描かれている。ラポルトの言葉は、「我々は愛し合い、別れる」「彼女は私が大臣になるのを望まなかった」「私はフランス・チームとのこの度の別離を発表する」「ほかの不運な者たちのもとで慰めを見付けるつもりだ」となっている。

●15面（ラグビー・ワールドカップ特集1面）　大見出し「試合をやり直す」（署名　クリスチャン・ジョレーナ）

前文「ワールドカップの準決勝におけるイングランドによるフランスの辛い敗退から2日後、彼らは戦闘に配置しなければならない。今朝、金曜日のアルゼンチンとの謎めいた雪辱戦のためのベルナール・ラポルトのチームの最後のメンバーが発表される」

誰が出場するのか？　今朝9時30分、ベルナール・ラポルトが金曜の夜にパルク・デ・プランスでアルゼンチンに立ち向かう彼の九十八番目で最後のチームのメンバーを発表する時、明らかになる。この試合に泥を塗る必要はないが、改めての疑問は、レ・ブルーは対イングランドの敗戦の3日後に、なぜ練習をしない、あるいはほんの少ししかしないのか？

二日酔いの口の中のねばねばがなかなか消えず、フランスはブルーに転換し、交通機関がストライキで麻痺する木曜日の前にラグビーで麻痺するのを感じる。

土曜日の夜まではすべてが明白だった。それ以降はすべてが明確ではなくなっている。ラポルトの最後の選択は、すでによそにあるのでなければ、非常に簡単なものではないだろう。彼自身はカーディフでオールブラックス戦の勝利の翌日に『フランス・チームにあと二試合残っていることを期待している』と漏らしたが、金曜日の試合を一試合に数えない言い間違いだった。現在では彼は別の心配を抱えている。金曜日の夜までに、ラポルトは彼のチームと同じように幻滅したコーチになるだろう。

土曜日の昼、試合を終えて、月曜日にスポーツ閣外大臣のポストに就任して1週間以内に最初の閣議に参加する前の最後の記者会見の際に、彼は彼のラグビー人としての墓碑銘を宣言するだろう。その日、選手たちはトップ１４のスタートのための最後の準備のために自分たちのクラブに戻る。大部分の選手は最初の日の出場は免除され、疑いなく二試合目も同様で、１１月中旬のヨーロッパカップ目掛けて直下する。彼らは我々と同じくその時までに消化するだろう。フランスのラグビーは何人かの国際的なスターによって補強された興奮に満ちたクラブの試合とともに続いていく。１１月１８日にはカナル・プリュスがトゥールーズ対レンスターを放送する一方で、ラポルトは、大の相撲愛好家で気分を害しているシラク大統領に対抗する王位継承者サルコジのスペードである日本の相撲取りに機嫌を取る方法を学ぶ。この日には、そうこうしている間に会長（岩切註：ベルナール・ラパセのこと）が国際協会の会長になったフランス協会（公式には金曜日に選ばれる）に選出されるフランス・チームの新しいコーチの名前が確実にわかる。

新しく選ばれる者の使命はベルナール・ラパセが２００３年にラポルトに託したそれとまさに同じものになる：次のワールドカップを勝ち取ること。ニュージーランドにおける２０１１年はフランスにおける２００７年よりもさらに難しくなる。より決定を吟味して失敗の原因を分析することに時間を掛ける――慌てることはない、次の試合は２００８年2月3日のエディンバラなのだ――フランス・チームが機能する新しい方法を確立する必要がある。同じように関係する機関の一つ一つの役割を定義するのに時間を掛ける――国立技術局、選手雇用者代表連盟、クラブの技術スタッフ――彼らが共同のプロジェクトの中で協力者となるために。彼らはそこでたくさんの菓子を作るために今日の失敗に関するあらゆることに関心を持つ。

従ってレ・ブルーの最後の試合には重大な焦点はない。アルゼンチンに報復を与える運命と、このワールドカップの間ずっと彼らと彼らのスポーツに夢中になっていたすべての人々に対して素晴らしい勝利という義務があるだけだ。

6時30分起床。9時40分にホテルを出発する。この日の朝のパリもこれ以上ないくらいの快晴だ。

ミュージアム・パスが使えるのがこの日までなので、まずはパリ市立近代美術館に向かう。ポルト・マイヨから一号線に乗ってフランクラン・デ・ローズヴェルトで乗り換え、九号線のアルマ・マルソーで下りる。アルマ橋と言えば1997年8月31日にダイアナ妃が亡くなったトンネルがこのあたりの地下。没後10年の報道はつい先日のことだった。

地上に出るとパレ・ド・トーキョーの東棟の市立近代美術館までは歩いてすぐだった。この美術館は入口の前に落書きやごみが多くてちょっと荒れている感じがした。入館する時になって気が付いたのだが、この美術館はもともと常設展は入場無料なので、ミュージアム・パスは不要なのだった。

いきなりマティスの巨大な二つの作品「パリのダンス La Danse de Paris」(1931〜1933)と「未完のダンス La Danse Inachevée」(1931)に迎えられる。10時の開館直後で部屋には僕たちだけという贅沢。このマティスのおかげで気分がすごく良くなった。

ピカソの「グリーンピースをついばむ鳩(Le pigeon aux petits pois)」に続いて現われたのが、ロベール・ドローネの「カーディフのチーム(L'equipe de Cardiff)」(1913)だった。まさかこの絵がここにあるとは思っていなかったので、思わずおお!と声を上げてしまう。観覧車をバックにラグビー・プレイヤーたちがラインアウトのボールを奪い合っている有名な一枚。「カーディフのチーム」というタイトルはもちろんウエールズの名門カーディフ・クラブのことだろう。右端に「PARIS」という文字も見えるのでカーディフがパリに遠征してきた時の試合を描いた絵なのだろう。

そう思ってこれも帰国してから調べてみると、カーディフRFCは１９１１～１２年のシーズンにパリに遠征してスタッド・フランスと対戦、１９対３でスタッド・フランスが勝っている。ドローネはこの試合を観てこの絵を描いたのだろう。そう思ってもうちょっと調べてみると、ドローネは新聞の写真の切り抜きを題材にこの絵を描いたというのが定説になっていることがわかった。でも僕はその説にはちょっと疑問がある。なぜならこの絵はカーディフ・クラブのジャージの色――ブルー&ブラックのストライプ――を忠実に再現しているからだ。やはりドローネはその試合を観たのではないだろうか？　彼はラグビーが好きだったのだろうか？　それともアンリ・ルソーの「フットボールのプレイヤーズ Joueurs de football」にでも触発されたのだろうか？　ちなみにドローネがアンリ・ルソーの影響を大きく受けていたことは周知の事実で、あの「蛇使いの女」を最初に買ったのはドローネの母親だったという。

パリ市立近代美術館のロベール・ドローネの「カーディフのチーム」

この美術館にはほかにはモディリアーニが何枚かあって嬉しく思いながら観た。それからボナールの「入浴する裸婦（Nu dans la bain）」もあった。でも現代芸術になるとやはり僕には「わからない」としか言いようがなかった。

市立近代美術館を出て、セーヌの河畔に下りて南西方面に歩く。秋の昼前の快晴のパリ。雲一つない青空。舞い散る落ち葉。セーヌの向こう岸にはエッフェル塔。最高の気分。

トロカデロ庭園の階段を上る。シャイヨ宮のテラスから正面のエッフェル塔を望む。塔をバックに自分たちの写真を撮ろうとするが、逆光でなかなかうまく撮れない。他人に頼んで撮ってもらおうとするが、なかなかうまく撮ってもらえない。ロシア人、ブラジル人、中国人。誰に頼んでもうまく撮ってくれない。「フレームの中に太陽は入れないで欲しい」「でも塔の全景は入れて欲しい」と注文するのだが、これが外国人には意外に難しいらしい。傑作だったのは人の良さそうな白人の青年で、シャッターを押したあとに、「エッフェル塔は入らなかったんだけど、これで良かったかな？」と満面の笑顔で言われてしまった。エッフェル塔をバックに写真を撮っているのにエッフェル塔が入らない写真を撮ってどうしようというのだろう？この時のことは今思い出しても笑ってしまう。

そういうふうにしてエッフェル塔を眺めながら1時間近くをそのテラスで過ごした。それから階段を下りたところにあるワールドカップのオフィシャル・ショップに行ってみる。ここはただのオフィシャル・ショップではなくて、「ラグビー・タウン」という表示があって、テントふうの造りの施設の中は思ったよりも広々としている。ただ商品を売っているだけではなくて、ビールが立ち飲みできるようになっていて、ちょっとしたステージがある。今回のワールドカップの全試合の試合球も展示されている。

昼食前にビールでも飲もうかななどと考えながらぶらぶらしていたのだが、ふと奥を見ると、マーティン・ジョンソンに良く似た長身の男性がいる。「?」と思ってさらに奥を見ると、ジョン・イールズにそっくりの大男がいる。「?・?」と思ってきょろきょろすると、なんとジンザン・ブルックがいる。「?・?・?」と思って奥の方に歩いて行くと、なんとジョエル・ストランスキーがいる。早速、一人一人に話し掛けて、サインと握手を求めて、一緒に写真を撮らせてもらった。

ジョン・イールズは、本当に繊細そうな、ちょっと気が小さいのではないかと思えるくらいに繊細そうな感じの人だった。マーティン・ジョンソンは、意外なくらいに（失礼）とても優しく楽しい人で、写真を撮る時に僕の肩に回した腕をふざけてじわじわと締め付けてきた。ジンザン・ブルックは、見るからに誠実そうで実直そうな人。ジョエル・ストランスキーは、最初は取っ付きにくそうに思えたのだが、やはり親切で丁寧な人で、笑顔が最高に爽やかだった。

一瞬躊躇していた僕たちに、「遠慮しないでサインをもらうと良いよ」と声を掛けてくれたのは、中年の南アフリカ人の男性だった。その彼によると、14時からこの会場で彼らのトーク・イベントが催されるという。まだ1時間以上の

ジョン・イールズと

時間があるけれど、生ビールを立ち飲みしながら待つことにする。先ほどの4人は奥のレストランに入って行く。するともう1人、なんとフィリップ・セラまで登場して、先の4人を追い掛けるようにしてレストランに入って行く。要するに、今回のラグビー・ワールドカップのスポンサーであるVISAが宣伝に起用しているラグビー・レジェンドの5人なのだった。その5人がトーク・イベントの前に早めに集まってランチを一緒に取っているのだった。セラにもイベントが始まる直前にサインと写真を頼むことができた。セラもまた僕にとってはフランス・ラグビーを象徴するアイドルの一人。彼はやはりこのメンバーの中では飛び抜けてお洒落で格好良い人だった。

生ビールを三杯ほど飲んだころには、がらがらだった会場は押し合い圧し合いの大混雑になっていた。ようやく始まったトーク・イベントは、決勝の予想や今大会の感想などをざっくばらんに語り合う1時間ほどの催しだった。優勝の予想は5人とも南アフリカ。最優秀選手としては、ブルックとイールズはブライアン・ハバナ、セラはバキース・ボタとルイス・ムーディとフーリー・デュプレア、ストランスキーはジュアン・スミスとバキース・ボタ、ジョンソンはアメリカのタクズワ・ングウェニア（「ハバナを振り切ってトライを奪ったあのカール・ルイス」と言っていた）とアルゼンチンのアグスティン・ピショットを挙げていた。また、セラは「決勝は史上稀に見るキッキング・ゲームになると思う。イングランドのウィルキンソン、南アフリカのモンゴメリー、スティン、ジェイムズと、両チームに屈指の好キッカーが揃っているのだから」と発言していたが、これは僕の耳には「つまらない試合になるに決まっているさ」と言っているように聴こえた。このイベント、5人の性格とそれぞれの国民性がはっきりと表われていてなかなか面白かった。

イベントのあと、5人は集まったファンに対して丁寧かつ親切にサインと握手と写真撮影に応じていた。僕はそういう光景を写真に撮っていたのだが、ストランスキーにカメラを向けていたら、彼が振り向いた瞬間に彼の顔をフラッシュで直撃してしまった。一瞬見つめ合ったあと、同時に笑い出して、ハグ。この時のことは今思い出しても微笑んでしまう。

それにしても、第四回大会優勝キャプテンのイールズと第五回大会優勝キャプテンのジョンソンを始め、第一回準優勝のセラ、第二回優勝のイールズ、第三回優勝で試合を決めるDGを蹴ったストランスキー、第三回準優勝のブルックと、ラグビー・ワールドカップの歴史を作ってきた5人に会うことができて感激。昼食を取るのも忘れて思い掛けない偶然を楽しんだ。

そのあともう一度トロカデロ庭園のシャイヨ宮のテラスに上って行くと、若者がギターでアントニオ・カルロス・ジョビンの「ガロータ・ヂ・イパネマ」を弾いていた。さらに続けて「フェリシダーヂ」を弾き始めた。これも僕には思い掛けない偶然の一致である。

さて、イエナ橋でセーヌを左岸に渡ってエッフェル塔の足元に迫る。そして「バトビュス（ボートバス）」というセーヌの遊覧船に乗ってみることにする。セーヌの遊覧船にはパリ滞在中に一度は乗ってみたいと思っていたのだが、あま

ジョエル・ストランスキーと

りにも天気が良いのでこの午後に乗ることにした。２日間有効のチケットは1人１４ユーロだった。

　バトビュスはまずはセーヌを東へと上って行く。グラン・パレ、ブルボン宮、オルセー、ルーヴル。シテ島の対岸で一度船を下りて、ノートルダム大聖堂に行ってみた。内部の見学はともかくとして先に南塔に上ろうと行列の最後尾に付いたのだが、この日はもう締め切りだと言われてしまう。残念。そこでもう一度バトビュスに乗り直す。船はサン・ルイ島を過ぎたところでUターンして今度は西へと下って行く。パリ最古の「ポン・ヌフ」を始め、橋を潜るのも楽しい。何よりも青空の下でセーヌの上を風を切って進むのが楽しい。そして同乗の客たちがまた楽しい。僕たちのすぐ脇に立っていたスプリングボクスのジャージの大男は、川岸で釣りをしているおじさんに「ヘイ！」と声を掛け、両手を軽く広げて「このくらいのが釣れたかい？」とジェスチャーで訊ねた。するとそのおじさんは思い切り両手を広げて「このくらいのを釣ってるよ！」とジェスチャーで返した。やがてバトビュスは最初に乗ったエッフェル塔の足元に到着。僕たちはここで船を下りた。

　エッフェル塔の展望台の切符の行列に並ぶ。塔の中央に吊り下げられている巨大なラグビーボールを真下から見上げる。いちばん高い展望台まで1人１１・５０ユーロ。長い長い行列で順番を待って、エレベーターを乗り継いで、最上階まで辿り着いたのは３０分以上経ってからだった。眺めはさすがに最高。パリという都市が緑に囲まれた限られた範囲に構築された都市であることが良くわかった。一言で言って、パリは小さな街なのだ。最上階に到着してしばらくすると夕陽が沈んでいった。だんだん暮れなずんでいって、灯りが瞬き始める最高の時間を楽しむことができた。

　エッフェル塔から下りたところで歓声が上がる。ちょうど２０時の塔の電飾の点滅が始まったところだった。塔から離れたところから写真を撮ろうとずんずん歩いて行って、しばらく経ってから、思っていたのとは反対のトロカデロ庭園の方向に向かっていたことに気が付いた。１０分間の点滅が終わって、シャン・ド・マルス公園の方向に戻る。この公園のエッフェル塔を見上げる絶好の位置には、「１００％ピュア・ニュージーランド」と書かれた白色のラグビーボール型の建物が設営されている。でもこの時はもう閉館していて中には入れなかった。

しばらく夜の公園の芝生の上に座って休む。それから食事ができるところを探すことにする。考えてみるとこの日はホテルの朝食のあとは何も食べていない。どこでも良いから入ろうと、公園の北東側に出て、ジェネラル・グロー広場に面した「ル・ドーム（丸屋根）」というブラッスリーに入った。モンパルナスの有名なカフェ「ル・ドーム」とは別の店。ステーキ・グリルとサイコロ・ステ

エッフェル塔に吊り下げられていたラグビーボール

ーキとハイネケン二杯とワイン25ｃlとで50・40ユーロ。それほどおいしいわけではないのに、やはりすごく高い。日本だと合わせて3500円くらいに感じる量と質だった。

食べ始めたところでまだこの日の新聞を買っていなかったことに気が付いて、食事を終えて早々にそのブラッスリーを出る。エッフェル塔の足元に戻ってシャン・ド・マルス・トゥール・エッフェル駅から地下鉄に乗ろうとしたのだが、どういうわけだか警官がたくさんいて道路を封鎖している。仕方がないのでトロカデロ庭園まで戻ってトロカデロと11月11日広場にあるトロカデロ駅から六号線に乗る。

時間は21時を過ぎたところ。この時間にパリのどこでこの日の朝刊が買えるだろうと考えてみたのだが、探検を兼ねてモンパルナスまで行ってみることにする。だが、モンパルナス・ビヤンヴニュ駅で地下鉄を下りて、国鉄の駅の構内から外に出ても、21時過ぎのモンパルナスは静まり返っていて、営業している売店は見当たらない。あとから考えるとその辺りはモンパルナスの中でも賑わっていない地域だったのだが、仕方がないのでゲテ駅から今度は十三号線に乗って、シャンゼリゼ・クレマンソー駅で下りる。シャンゼリゼを歩いて行くとようやく開いている売店を発見。無事に新聞を購入できた。シャルル・ド・ゴール・エトワール駅から一号線に乗ってポルト・マイヨまで戻る。この日は部屋に入ってすぐに眠りに就いた。

0時40分就寝。

10月17日（水）

「レキップ」10月17日号

●15面（ラグビー・ワールドカップ特集1面）　大見出し「最後の最後」（岩切註：「ラ・デル・デ・デル（LA DER DES DERS)」は「最後の戦争」という意味でもあるし、「Der」には「びり」の意味もある）（署名　クリスチャン・ジョレーナ）

前文「ベルナール・ラポルトはアルゼンチンに打ち勝ってより良い成績で立ち去るために彼の最後のフランス・チームを編成した」

クリストフ・ドミニシはラポルト時代の最初の試合と最後の試合の唯一の先発選手としてフランス・チームの歴史に残るだろう。それは1998年にブレニュスの盾（Bouclier de Brennus）（岩切註：フランスの国内リーグのトップ14の優勝チームに授与される盾）を獲得してスタッド・フランスの選手とコーチとしてアンサンブルを発揮したのちに始まって、同時にインターナショナルの舞台から退いていくこの二人にとって美しい象徴だ。しかしこの最後のキャップを将来のスポーツ閣外大臣のルートからパリのウィングへの贈り物と見てはならない。『我々は可能な限り最高のチームを編成した。そのことは保証する。もし我々が贈り物をしたければセルジュ・ベッツェンを選んでいるところだ……』

本当だ。ベッツェン（「疲れた」と申し出た）もファビアン・プルース（脇を負傷して出場取り消し）もパルク・デ・プランスの対アルゼンチンでは最後のタンゴを踊らない。この二人の古参もまた2000年2月5日のカーディフでウエールズに大勝した（35対3）ラポルトの最初のチームにいた。プルースはナンバーエイトの先発で、ベッツェンは、こちらも疑いなく最後となる金曜日の夜の対アルゼンチンに先発出場するラファエル・イバネスとピーター・デヴィリアスと同じように交代要員だった。

次に記録文書は何を語るか？ カーディフでの見事な成功のあとのフランス・チームは、まさに準決勝でオールブラックスを見事に破った（43対31）1999年のワールドカップの決勝進出チームは、2000年2月19日にスタッド・ドゥ・フランスで対……イングランドに、先週の土曜日（9対14）ととても近いスコア（9対15）で屈した。

歴史は結び目を作り、レ・ブルーは彼らのワールドカップを締め括るために、先の9月7日の開幕戦の際に彼らを打ちのめした競争相手と、もう一度対戦しに行く。この彼らの敗戦（12対17）が悪影響を及ぼして、最初の試合の先発の数人は汚名を身に纏うことになった。その夜に立派なところがまるでなかったオレリアン・ルージュリーは、大会の残りの期間を『シャレット charrette』――準々決勝と準決勝のための22人のグループから締め出された8人に与えられた異名――で過ごすことになった（岩切注：シャレットとはもともとは貨車や荷馬車のことだが、解雇されたり追放されたりした一団をこう呼ぶようになったようだ）。彼は左のウィングのポジションとこの贖罪の試合の執行人の立場を取り戻す。同じく右のウィングのポジションを手に入れたドミニシと同様に。

これはピエール・ミニョーニ――『2日前から全力で走れない』とジョー・マゾは昨日言った――と、レミー・マルタン――イグナシオ・コルレートのトライを導いたインターセプト・パスの張本人――の場合には完全には当てはまらない。この2人の選手は『シャレット』のほかの2人の乗客：ニコラ・マスとセバスチャン・ブリュノとともに補欠になる。

開幕戦のフライハーフ［ウヴルール］のダヴィド・スクレラは、閉幕ではセンターに戻る。彼はダヴィド・マルティとヤニック・ジョジオン――コーチと理解し合えずにこのワールドカップを離れる――

の怪我を埋める。ダミアン・トライユはもし膝が完全に回復しているならもう一人のセンターになる。そうでなければセドリック・エマンスあるいはクレモン・ポワトルノーがユーティリティ［ポリヴァランス polyvalence］として出場する。

それにつけても冒険の終わり、立ち去る支度をする前の最後の一行程という感じがする。士気はもはやまったくなく、これまでの試合を終えたピーター・デヴィリアス、ラファエル・イバネス、ジェローム・チオン、ティエリー・デュソトワールの脚は何トンもの重さになっているに違いない。『グループに食欲を与えるのは僕たちだ』とスクレラは差し挟む。スクレラはヤニック・ニヤンガ、ジャン＝バティスト・プクス、ポワトルノーとともにチームの新品のメンバーの一人となる。というのは、たとえチョコレートでもレ・ブルーはメダルを齧りたいし、彼らが成し遂げたことのないより上位の成績でこのワールドカップを終えたいし、立ち去る者たちを立派に立ち去らせたいからだ。

●16面　大見出し「それぞれの復讐」（署名　ジャン・クリストフ・コリン）

前文「フランス・チームの選手たちはアルゼンチンに対して正真正銘のラグビーの試合を交える個人的かつ丸ごと一つの理由がある」

敗者同士の試合はスポーツの機会の中でも奇妙なものだ。苦渋対苦渋。それでもこの陰険なプチ・ファイナルを戦わなければならない。歴史の中でどのような地位も与えられないこの試合に意義を見出すこと。失望を乗り越えた彼らに残されている銅メダルは、準決勝で敗退したチームが取りに行かなければならないオリンピックのそれのような本物の賞杯ではない。しかしそれこそ、ラグビーでは、それが問題ではないのだ。スタッド・ドゥ・フランスにおけるアルゼンチンに対する敗戦のトラウマを忘れさせるものは何もない。選手たちは歳を取っても、彼らの指の間から滑り落ちたあの試合を考え直すだろう。パルク・デ・プランスの試合で締め括ったということはほとんど思い出せなくなっているだろう。それでも、彼らは金曜日の夜の芝生の上に、彼らの贖罪を期待するフランスの前に立つだろう。それでは、彼らはこの試合を戦うために彼らの奥底から何を引き出すのだろうか？　彼らに残っている勇気を擲つためにそれを行使する原動力はどのくらいあるのだろうか？　ラグビーの試合を受けて立つためには、その名の通りの全力投入なしには、ほかの場所で生きられるようにはグラウンドの上には立てない。というのは、それは戦闘だからだ。その点で、彼らには運がある。それは対戦相手だ：アルゼンチンである。開幕戦で彼らを打ち負かした相手であり、また、フランスのフィフティーンに対してフレンチ・フレアを当てこする週に二つか三つの雑言を浴びせている相手だ。『フランスのシャンペン・ラグビーは終わった』。例えばコンテポーミは微笑んだ。そして、そう、それは反逆の潜在能力を持ちながら気分を滅入らせている選手たちに強く訴えるには申し分ない。クレモン・ポワトルノー：『アルゼンチンは、自分たちが世界チャンピオンになったつもりでいるのをやめるべきだ。だってそうなっていないのだから。彼らはシャンペン・ラグビーのことを言うけれど、彼ら自身がモールとハイパントしか使っていない……決着は金曜日だ』（後略）

●19面　大見出し「ホワイト、アフリカ年代記［サガ・アフリカ］」（署名　フランク・ラメラ）

前文「南アフリカのセレクション担当はスプリングボクスの子どもたちであるすべての世代のナショ

ナル・チームをコーチした。今や彼は地球的な王冠を狙っている」

永遠の芳香を放っていた戴冠式の日々に、とても神話的な信徒たちの中で、いたずらっぽい青い目の最も小さな先生はまったく変わらなかった。感じが良くて善良な、場合によっては辛辣な彼は、繰り返し、そして常に、ラグビーのゲームのあとのおいしいビール（それと同じようないくつかのもの）の前にことあるごとに話していた。ワールドカップの決勝の準備のための時間を確保しなくても良ければなあということが頭から離れないと。パークタウン・ボーイズ高校から偉大なボクスまで、ジェイク・ホワイトはラグビーを教えて人生を送ってきた。運転手オーエス・デュラントとスカルク・バーガーとその一味の前に、彼は、ヨハネスブルグのイェッペ高校、ウィットウォータースランド大学、ランドアフリカーンス大学で数百人の年少のラグビーマンを養成してきた。能力開発における大黒柱［プロップ］は自身は国代表の基準に適合していなかった。彼は指導という別の方法でその情熱を共有できることをすぐに理解した。

『思い起こせば、私がコーチを始めて19年になる。私には金銭が必要だったし、午後に30ランド（5ユーロ）を払って勉強していた大学の正面の道路に位置していた学校が必要だった。私はただちにプレイするよりも楽しいことを手に入れた。私はそれが気に入った。それは人間の人生を変える力だ。私はラグビーで秀でている大学に入学できる不良少年たちに会ってきた。私は本当に小さなアパルトマンに6人グループで暮らしていたポルトガル人もコーチしたし、そのほかにずっと裕福な家庭で暮らしている白人もコーチした。そして私が本当に気に入ったのはそのようなさまざまな社会をグラウンドの上で取りまとめることだった』（後略）

6時30分起床。朝まだ暗いうちは雨が降っていたのだが、朝食を取っている間に空が明るくなってきて、雨も上がってきた。メモをまとめて、ウェブの記事を読んで、10時20分にホテルを出発する。前日とは打って変わって低く厚い雲が垂れ込めている。いつまた雨が降り出すかわからない。

この日はモンパルナスを歩くことに決めていた。ポルト・マイヨから一号線に乗ってコンコルドで十二号線に乗り換え、ポルト・ド・ヴェルサイユで下りる。最初の目的地は古い古いアパート「ラ・リュシュ（蜜蜂の巣箱＝通称「蜂の巣」）」だ。

ブルヴァール・ルフェーヴルを東に歩いていくと、歩道上に食品の出店が出ていた。野菜、肉、シャルキュトリー、チーズなどが並んでいて、ちょっとした市場である。チーズの品揃えがものすごい。写真を撮ろうとすると、従業員が「どうぞ俺を撮ってくれ！　俺を映画に使ってくれ！　パリは世界の首都なんだ！」という意味のことを口走ってふざける。客たちが笑う。僕たちも笑う。

リュ・ド・ダンジという道路からちょっとした小路に入って、ラ・リュシュの建物の前に着いた。ちょうど中に入ろうとしていた住民らしい男性がいて、手招きをして塀の中の敷地に入れてくれた。メルシー・ボクー。十二角形の3階建ての建物。モディリアーニ

ラ・リュシュ（蜂の巣）で。住民が手招きして敷地に入れてくれた

やスーティンやシャガールやブランクーシが暮らしたアパート。そこだけ別世界の古き良きモンパルナス。時々住人が出入りしていたが、今でもアーティストが暮らしているのだろうか？

それから近くのジョルジュ・ブラッサン公園で少し休む。この公園はプラタナスの落ち葉の絨毯が一面に広がっていた。再び歩き出すと雨が落ちてくる。リュ・ブランション、リュ・デュト、リュ・デュ・ドクトゥール・ルーと名前が変わる通りを北上。雨はまたすぐに上がる。この辺りには1920年代の面影はまったくなくて、しっかりした造りのマンションが立ち並んでいた。途中に「シャンピオン」というスーパーマーケットがあったので中を覗いてみる。チーズが安くて本当に羨ましい。

やがてパストゥール病院とパストゥール研究所の間を通ってブルヴァール・パストゥールに出る。パストゥールには「科学には国境はない。でも科学者には祖国がある」という有名な言葉がある。僕は以前からこの「科学」はいろいろな言葉に置き換えることができると思っている。例えば「ラグビー」と言い換えるととてもしっくりくると思っている。

リュ・ファルギエールからリュ・アントワーヌ・ブールデルを通って、ブールデル美術館の前を通って、アヴニュ・デュ・メーヌから奥まった袋小路にあるモンパルナス美術館に辿り着いた。もともとはマリー・ヴァシリエフというロシアの画家のアトリエだった建物で、その彼女が第一次大戦の時代に食堂として開放し、レジェ、フジタ、ブラック、ピカソらが利用していた建物。この袋小路にもヴァシリエフという名前が付いている。

1人6ユーロを払ってモンパルナス美術館に入る。企画展としてキキ・ド・モンパルナスに関連する動画を上映したり作品を公開したりしていた。展示されている作品の中でいちばん興味深かったのはモディリアーニがジャンヌをモデルにして創作した彫刻。アフリカの影響が如実に表われていた。

でもこのモンパルナス美術館は、何よりもこの袋小路全体が印象的だった。美術館そのものももちろん雰囲気があるのだが、現在もアーティストのアトリエとして使われている隣の建物の趣が何とも言えなかった。建物は木造で、窓枠も木造で、入口の扉の奥に2階へと続く階段が見えて、建物に絡まる蔦が紅葉・落葉していて、20世紀初頭のモンパルナスがそのまま残っている感じがした。

もっと言うと、僕はこの静まり返ったレトロスペクティブな一角で、どういうわけだか自分が生まれ育った東京都練馬区の風景を思い出していた。40年近く前の幼少だった自分が生活していた住居や周辺の景色のことを、そうだった、ちょうどこういう感じだったと思い出していた。この一角の建物と空間が織り成す雰囲気には言いようのない懐かしさがあった。その懐かしさはラ・リュシュのすぐ近くでも一瞬感じたものだった。それはおそらくモンパルナスの都市化から取り残されたこの一角に1960年代の日本と共通する何かがあるからなのだろう。あるいはそれは30年前までは世界のどの都市にも同じように存在していた何かだったのかもしれない。それはもちろん建物の形状とか街路の構造とかの共通点なのだろうけれど、もっと言うと、それは世界が一昔前まで共有していたある種の精神性なのかもしれない。僕はこのモンパルナス美術館の袋小路で、なぜだか日本を思って、東京を思って、僕たちが喪失してきた風景や精神を思った。僕たちはこういうところで生まれて、こういうところで育ってきたんだよなと思った。世界は昔こんなふうに美しくて、こんなふうに新しかったんだよなと、僕たちの周りはこんなふうに楽天的で、こんなふうに感傷的だったんだよなと思った。

それからモンパルナス・タワーの下にあるショッピングセンターを覗いてみる。家具店のハビタ（フランスではアビタと発音する）を見て、スポーツ用品専門店を見る。スポーツ店は強豪国のラグビー・ジャージの品揃えが充実していて、アルゼンチンのジャージを買おうかなとも思ったのだが、もうちょっと考えてからにしようと、この時は買わずに店を出た。

そして悪名高きモンパルナス・タワーに上る。1人9・50ユーロ。56階からのガラス窓越しの眺めももちろん良かったのだが、59階すなわち屋上からの障害物のない360度の眺めはすごかった。正直に言って怖かった。でもパリという街が四方向を森と緑に囲まれた平野の中の街であることが改めて認識できた。

モンパルナス・タワーを下りて、1940年6月18日広場からブルヴァール・デュ・モンパルナスを南東に向かう。モンパルナスでもいちばん賑わっている界隈。ほどなくブルヴァール・ラスパイユと交差するパブロ・ピカソ広場（ヴァヴァン交差点）に出た。モンパルナスの象徴。パリのカフェの聖地。南西側に「ル・ドーム」、向かいに「ラ・ロトンド」、「ラ・ロトンド」の少し西に「ル・セレクト」、「ル・ドーム」の少し西に「ラ・クーポール」。「ル・ドーム」は高級なシーフード・レストランになっているので、「ラ・ロトンド」の屋外席に座ることにした。ピカソやモディリアーニの時

モンパルナス美術館がある袋小路で

代を偲びながら遅めの昼食。僕はサーロイン・ステーク・イン・ペッパーコーン・ソース。相方はワイルド・スコティッシュ・サーモン・フィレ・イン・セサミ・クラスト。これがどちらもとてもおいしかった。特に後者のソースはとびきりおいしかった。ワインはギャルソンに選んでもらったボジョレーを25cl。トイレへの行き帰りに店内を眺める。合計47ユーロ、チップも含めて55ユーロを置いて出る。パリに来て初めてそのくらいの価値があると思った食事だった。

そのあとはジャン・デュビュッフェ財団に向かってブルヴァール・デュ・モンパルナスを北西に戻る。途中でノートルダム・デ・シャン教会をちょっと覗く。やがてデュロックの交差点に着く。リュ・ド・セヴルを右折してすぐの建物がデュビュッフェ財団。インターフォンのボタンを押して鍵を開けてもらう。僕がイメージするパリの典型的なアパート。パリの秋の夕刻のうらぶれた中庭。すごく雰囲気がある。その中庭の突き当りが財団で、1人4ユーロを払って、展示されている作品を観る。僕たちのほかに客は二組。静かな静かな建物の中でデュビュッフェの無心の作品を味わう。2階（日本で言う3階）まで上って見下ろした中庭の景色も映画の一シーンみたいだった。相方はデュビュッフェの画集を購入する。

ところで僕はデジタルカメラのメディアの容量があと僅かしか残っていないのが気になって仕方がなくて、この際なのでメディアを買うことにした。デュロックから地下鉄十三号線に乗ってシャンゼリゼ・クレマンソーで下りる。シャンゼリゼのカメラ・ショップで無事にメディアを購入（64ユーロ）。これで心置きなく写真が撮れる。

それから先ほどまでの散策の続きをとサン・ジェルマン／カルチェ・ラタン地区に向かう。フランクラン・デ・ローズヴェルトから地下鉄一号線に乗ってシャトレで乗り換え、四号線に乗ってオデオンで下りる。ブルヴァール・サン・ジェルマンを東に向かい、カルチェ・ラタンを歩く。途中に「ミスター・ラグビー」というラグビー・ショップがあった。この辺りもとても美しくて雰囲気のあるパリらしい区域。ソルボンヌ。オデオン座。西の空の夕焼けが美しい。灯り始めた明かりも美しい。カフェが賑わい始める時間。どの店も屋外の席はほぼ埋まっている。世界各国の旗を掲げてラグビー・ファンを歓迎している店も少なくない。ブルヴァール・サン・ジェルマンを西に向かうと、やがてサン・ジェルマン・デ・プレ教会が見えてくる。

もう日もほとんど暮れているので教会の中に入るのは遠慮する。教会の目の前のカフェ「レ・ドゥー・マゴ」へ。外の席で二人でクローネンブール。12ユーロ。続いてすぐ隣の「カフェ・ドゥ・フロール」にはしご。今度は中の席でサンテミリオンをグラス（18cl）で。13・40ユーロ。サルトルとボーヴォワールを偲んでのカフェめぐり。「カフェ・ドゥ・フロール」はジャコメッティが通った店でもある。辺りはとっぷりと暮れてきた。

この日は昼にしっかりと食べたので夜は簡単に済ませようということになって、ホテルに戻ることにする。サン・ジェルマン・デ・プレ駅へ。文字を天井に投影したホームの美しいデザインを写真に撮る。四号線に乗ると地下鉄の中にアコーディオン弾きがいた。シャトレで一号線に乗り換えると今度はトランペット＋アルトサックス＋クラリネットのジャズ・トリオがいた。こうしてポルト・マイヨに戻る。

ホテルの隣のショッピングセンターのスーパーマーケットはちょうど閉店したところだった。ホテルの近くの売店で水だけ買って部屋に戻る。結局この夜はそのあと食事もしないで眠ってしまった。

23時20分就寝。

10月18日（木）

「レキップ」10月18日号

●17面（ラグビー・ワールドカップ特集1面

大見出し「浮かび上がる不安」（署名　クリスチャン・ジョレーナ）

前文「ミシャラクとドミニシの発言を通して、昨日、我々はレ・ブルーがこの傷付いたワールドカップをどのように終えるかを感じ取ることができた。アルゼンチンとの対戦がどうなろうとも」

彼らは前回のリポートの間にカラーを掲げることもできたのだが。グループが維持している連帯感、立派に締め括りたいというこの集団が共有している願望について話すと、彼らが自分たちと全

サン・ジェルマン・デ・プレの「カフェ・ドゥ・フロール」

体に対してしなければならないことは、アルゼンチンに打ち勝つだけの強さを主張することだと予測できる……。まさしく、昨日レ・ブルーのスポークスマンとして指名された四選手、クリストフ・ドミニシ、フレデリック・ミシャラク、ティエリー・デュソトワール、イマノル・アリノルドキは、それらのすべてを忘れずに話した。必ずしも良い兵卒ではなく、それ以上に彼らの観客と、7月の初めに計画された彼らの汚れのない人間としての冒険を尊重している青年たちは。

もし彼らが予定通りに来ることができれば、ダミアン・トライユ、ピーター・デヴィリアス、ジェローム・チオンは、パリのホテルの入口に押し寄せ続けているサポーターに対して確実に同じ言葉を言っていただろうが。しかしこの三選手は治療で残っていた（先の2人）か熱で寝たきりになっていた。3人とも、すでにファビアン・プルース、オリヴィエ・ミルー、ヤニック・ジョジオンの出場取り消しで折り合いを付けなければならなかったチームにおいて、出場は不確定だ。このことは、プロップ、二列目、センターのポジションに欠場が集中するという事態をもたらした……。そしてそれは彼らが上品に勝ち取るはずだった試合の行方において不安の材料になるかもしれない。だが、昨日、試合前会見はほかの試合のそれとはまったく違っていた。『重要なのは次の試合だ』という神聖不可侵の格言に忠実な高水準のスポーツの代わりに、全員が過去を蒸し返していた。『忌々しい、今なお失われた』フランス・アルゼンチン戦（9対14）を。そして同じく、それよりさらに遠い、フランス・チームに勝ち取る術がなく、勝ち取ることができなかったこのワールドカップを。一人一人がその辛さを明かした。アリノルドキは『大きな空虚』が毎日大きくなることを感じている。その空虚は南アフリカとイングランドがタイトルを奪い合う土曜日の夜に最大値に達するだろう。デュソトワールは個人の満足を味わうことがうまくできないでいる。彼は最初の30人のリストの中には入っていなかったが、議論の余地のないレギュラー［ティトゥレール］で終わるのだ――グループが共有する幻滅の中で。しかしいちばん強くいちばん厳しい言葉を持っていたのはミシャラクとドミニシだ。どうしても悪意を含みがちになるところをそうならずに。トゥールーズのフライハーフ［ウヴルール］（岩切註：ミシャラクのこと）はとりわけ、彼によればこの4年間に充分に進化してこなかったフランス・チームのプレイについて話した。前日の火曜日、彼は『レキップ』に長時間意中を打ち明けた。そして急いで（次のページを）読むに違いない。彼は記者会見ほどには重圧にも厳密にもならない範囲で語った。記者会見では必然的に失敗を犯さないようにしなければならないし、一つの言葉や一つのカンマを間違えないようにしなければならない。あとになって謂われのない論争を引き起こさないために。

水曜日にはベルナール・ラポルトには多くのことは起こらなかった。ラポルトは、もし青年・スポーツ閣外大臣という彼の新しい職務が彼の気に入らなかったら、いやはや、彼は辞退していたと言った。メディアで取り上げられる政治家の一言、そういう文脈の発言は、雪だるま式に膨らんで政治の世界で苛々した連鎖的な反応を引き起こした。こうしてドミニシがこう表現する考えに思いを巡らせる機会を持つことができる。『人々は気分を悪くする。フランスがあまりうまくいかないと。彼らはラグビーを自分と同一視する。そして挫折があった。すべての人々が日常生活に、心配ごとに戻っている』

スタッド・フランスの選手（岩切註：ドミニシのこと）には明らかに肝っ玉がある。彼は自分が何よりも自分自身に『怒っている』と言っている。しかしそれだけではない。彼は彼が決して世界チャンピオンにはなれないということを認めざるを得ない。たとえ正確には『選手としては』であろうとも。

そして、ミシャラク、アリノルドキ、デュソトワール、そのほかの全員のように、ドミニシは4年前から起こったことのすべてを心の中で反芻して、こういう辛い結論に到達する。『人生では、人は自分が値するものしか得ることができない』

●18面　大見出し「ラポルトの時代は終わった」（岩切註：「ラポルト・ア・フェ・ソン・タンLaporte a fait son temps」の「avoir fait son temps」には、「現役を引退する」「兵役を務め上げる」、「使い古しになる」、「時代遅れになる」などの意味がある）（署名　オリヴィエ・マルゴ）

前文「レ・ブルーのフライハーフ［ドゥミ・ドゥヴェルテュール demi d'ouverture］、フレデリック・ミシャラクは『レキップ』に長時間胸の内を打ち明ける。そして復讐する」

この日、彼は25歳の誕生日を祝った。そしてこういう見事なフレイズを口にした。『人生は情熱的に生きるべきものだ』。冷静に、ソフィテル・セーヴル・ホテルのとても英国的な部屋に身を落ち着けて、フレデリック・ミシャラクは2時間語った。譲歩も曖昧もなしに。大きな力と自信と柔和を織り混ぜて。彼がこのワールドカップの総決算をする時、彼には確信、謙遜、後悔がある。明らかに、ベルナール・ラポルトは彼の理想的なコーチではない。10日以内に、フレッド・ミシャラクは南アフリカのダーバンに行く。明日の夜、彼はパルク・デ・プランスで対アルゼンチンの試合をプレイする。それが彼の50回目の代表戦になる。

——最後の対アルゼンチンの試合に何を期待しますか？

ミシャラク：喜びを。僕たちは解放されようとするだろうし、守ること、イニシアティブを取ること、ボールを動かすことによって喜びを得ようとするだろう。僕は自分がジャン・バティスト（・エリサルド）の横で一つ一つのパスを楽しめることを期待する。ピエロ（・ミニョーニ）が帰ってきて彼が楽しむことを、リオネル（・ボクシス）がプレイして彼もまた喜びを得ることを期待する。要するに、ブルーのジャージ［マイヨ］にはその重要さとそれを着ることの喜びがある。たとえそれが三位のためではなくても。

――対イングランドの試合の最後に、あなたがジャン・バティスト・エリサルドを長い間抱擁しているところが見られました……。

ミシャラク：互いに感謝し合いたかったのだろう。僕たちはプレイすることを愛する二人の選手だ。そして僕たちは知っている。人生には、スポーツの敗戦よりも悪いことがあることを。たとえそれで本当に嫌な思いをしている時でさえも。

――あなたはパルク・デ・プランスでプレイするわけですが、象徴的なことに、フランス・チームの偉大なる歴史に合流するのですね。

ミシャラク：素晴らしいスタジアムだ。僕はすでにトゥールーズの対スタッド・フランス戦でプレイしている。すぐ近くに観衆を感じる。本当に観客とともにいる感覚がある。劣勢の時には観衆が十六番目の選手になることで補強される力が本当に必要になる。このワールドカップの期間に観衆がどれほど僕たちを元気付けてくれているかを見るのは感動的だ。僕はたくさんの応援の手紙と感謝の手紙を受け取った。とりわけ対イングランドの敗戦のあとには。

――フランス・アルゼンチン戦をプレイするのは楽しみですか？

ミシャラク：僕はいつかそのうちレギュラー［ティトゥレール］になれれば嬉しいと思ってきたんだ！

僕はフランス・アイルランド戦（25対3、9月21日）以来先発になっていない。これが僕の50回目の代表の試合で、僕は南アフリカに行くので、シックス・ネイションズ［ル・トゥルノワ le Tournoi］ではプレイできなくなる。僕は満足している。でも本当の満足は、イングランドに勝って決勝でプレイすることだったのだが。それで、どうしてうまくやり遂げられなかったのかを探してまだ失望している。僕は、僕の2回目のワールドカップの最後に、自分には成し遂げるべき仕事がたくさん残っていることを知っている。そういう強い考えが僕を元気付ける。

——議論の余地のないレギュラーになるためにあなたには何が足りなかったのでしょうか？

ミシャラク：第一に、僕は相対的に考えなくてはならない。右膝の怪我と6ヶ月の欠場のおかげで、僕は自分が招集されることを確信できなかった。第二に、僕は自分がやらなければならないことをうまくやろうとした。もし僕が自分が望んだようにプレイできなかったとすれば、それはおそらく僕に要求されている資質がなかったからだ。言い換えると、良いキックと、そしてまさしく飛び抜けて長いキックがだ。それが第一の指示だった。もちろん、人は違うふうにプレイすることもできる。例えば、ラーカムは、キッカー［ビュテュール buteur］ではない。自分の周りにまるごと攻撃的な組織がいるクリエイター［クレアテュール créateur］だ。僕たちの場合は、僕の手には負えない。僕たちは明確なプレイ・スタイルが存在するクラブでプレイしている。フランス・チームに来るとそこで明らかに異なるプレイ・スタイルに出くわす。それらのスタイルを近付ければ、フランスのラグビーはずっと進歩できるのだけれど。（中略）

——あなたはリスクのあるアイディアでプレイするクリエイティブ［クレアティフ］な選手です。創造［クレアション」は不安をもたらすと思いますか？
ミシャラク：（言葉を探しながら話す）僕はグループの中で信頼される必要がある。本当に資質を発揮するためには。
――あなたはこのフランス・チームでは信頼されていなかったのですか？
ミシャラク：ノン、常にされてはいなかった。信頼とは、第一に自分のコーチたちの信頼のことだ。彼らに自分を信用させることだ。彼らの注目はごまかせない。その注目は常に僕に集まっていたわけではなかった。
――あなたはベルナール・ラポルトと話し合ったのですか？
ミシャラク：ノン。コーチは彼の役割を演じる。僕たちは、選手たちは、グラウンドでその指示に従うべきだ。
――アルゼンチン戦はベルナール・ラポルトの最後の試合でもあります。あなたは彼に何を言いたいですか？
ミシャラク：彼の時代は終わった。コーチを交代させるのはフランス・チームにとっては良いことだ。入れ替えは新鮮さをもたらすだろう。僕は彼が彼の将来の職務で頑張ってくれることを願うよ。
――自分の考えをはっきり言って下さい。
ミシャラク：戦い方としては、僕たちはいくつかのチームに対しては充分な結果が出せなかった。それは僕たちが２００３年以来してきたこととても良く似ていた。予測することはできた。君がボールを地面に置いて、相手が君のボールが出るのを遅らせた瞬間から、君のプレイのスタイルは死んでいる。

そしてこのチームはそれを知っている。でも僕は、僕はコーチではない。

――それにしても、あなたはグラウンドの上にいるのですから、アクション［アジール］もリアクション［レアジール］も起こせるでしょう！

ミシャラク：グラウンドの上では、確かに、完全に自由かもしれない。プレイのオプションの選択について、意思の疎通が上手な選手たちは。たとえ指示が出ていても、君がサイン・プレイをしてみたいのなら、それは素晴らしいことだ。でもそのためには、精神的にも肉体的にもフレッシュでないといけない。

――なぜイングランドに負けたのでしょうか？

ミシャラク：僕たちは対オールブラックスの損失が大きかった。第一に僕が、うまく登場することができなかった。僕は僕のドロップゴールの失敗で自分を咎めている。僕が失敗したから、僕はチームを勝たせることができなかった。実際、僕たちには得点できたはずの押し込んでいる時間もあった。そしてそれができなかった。準決勝や決勝は小手先の戦いではない。イングランドが上手に回した二つの5メートル・スクラムもあった。彼らは抜け目がないし、気力もある。そしてヴァンサン（・クレール）を倒したアンクルタップ［キュイエール Cuiller＝スプーン］は、2005年のチャンピオンシップの準決勝のフリッツに対するフィヨルのそれを僕に思い出させた。

――フランス・チームにはプレイに野心［アンビション］が不足していませんでしたか？

ミシャラク：野心を抱くためには、選手全員が同じ方向に向かって進まなくてはならない。僕が戻ってきた時、最後の30分に、彼らは非常に疲れているように僕には見えた。でもその通りだ。僕たちにはオフェンシブな野心が不足していたし、イニシアティブが不足していた。イングランドのようなチームに対しては、倒れないでプレイしようと努めなくてはならない。そして僕たちが押し込んでいる時間に得点することだ。でも僕たちはあまりにも急ぎ過ぎた。僕たちは慌ててしまった。（後略）

朝は寝坊して8時にようやく起き出した。ホテル出発は10時50分。おまけにこの日は大規模なストライキが決行されていて、地下鉄は一部を除いてほとんど動いていない。かの有名なパリのストライキを実際に体験するとは予想していなかった。

この日はモンマルトルを歩きたいと思っていたのだが、地下鉄の状況次第なのでまずはポルト・マイヨの改札まで行ってみる。ホテルの隣のショッピングセンターの両替商で2万円を両替してから改札に着くと、二号線は止まっているが、一号線は動いている。それでまずはシャトレまで出る。シャトレからは、十二号線と十三号線は動いていないが、十四号線は動いているので、サン・ラザールまで行く。そしてそこから歩き出す。駅前ではテレビのリポーターがカメラに向かって喋っている。ストによる混乱を伝えているらしい。

リュ・ダムステルダムを北へ。クリシー広場からブルヴァール・ド・クリシーを東へ。20分くらい歩いただろうか？　ムーラン・ルージュの目印の風車が左手に見えてくる。写真を撮って、ブランシュ広場からリュ・ルピックを左折してモンマルトルを歩き始める。

モンマルトルはやはりパリの中でも抜群に趣がある地域だった。僕は路地の写真を撮り、広場の写真を撮り、建物の写真を撮り、窓や扉の写真を撮って通りを歩いた。モンマルトルはパリの中心から見れば本当に田舎。その田舎がそのまま残っているところが美しい。何とも言えない郷愁を感じさせる。

なだらかな坂道をゆっくりと上って行く。ファン・ゴッホが2年間暮らしていたアパートで写真を撮り合ったカップルはドイツ人だった。雰囲気のある路地があると迷わず飛び込んでモンマルトルを隅々まで味わう。先ほどのドイツ人のカップルとまた擦れ違って微笑み合う。ムーラン・ド・ラ・ギャレットの風車。ダリダ広場。この日も空は快晴。あまりにも天気が良いので南フランスにでもいるような錯覚に陥ってしまう。

1人7ユーロを払ってモンマルトル美術館に入る。ここは展示内容よりも建物の雰囲気に感激。ルノワールやユトリロも暮らしたという建物だ。2階の窓からはすぐ裏のブドウ畑が一望できる。美術館のすぐ隣はサティが住んでいた「押し入れ」と言われたアパート。そしてサクレ・クール聖堂の白亜のドームが見えてくる。中をざっと見るが、ドームには上らなかった。聖堂前の階段からパリ

モンマルトルで

の街を一望する。

観光客で賑わっているテルトル広場へ。お決まりの観光地ではあるのだが、とても華やいでいて楽しい。広場に面した「ラ・ボエム・デュ・テルトル」の屋外席に滑り込む。ビール三杯とサンドウィッチで17・30ユーロ。20ユーロを置く。

そのあと、相方はあまり乗り気ではなかったのだが、すぐ近くにあるダリ美術館へ。入館料は1人10ユーロもしたのだが、ここはあまり面白くなかった。やはり僕たち二人はダリは苦手だ。

ピカソのアトリエがあった建物を過ぎて、有名な「ル・バトー・ラヴォワール（洗濯船）」の跡地に辿り着く。ピカソ、マティス、モディリアーニらを偲んでちょっとした感慨に浸る。1908年11月に「アンリ・ルソーの夜会」が開かれたのもこの場所だ。ル・バトー・ラヴォワールの前はエミール・グドー広場という小さな広場。見上げると秋の木立の奥に抜けるような青空があった。

なだらかな坂道を今度はゆっくりと下りて行く。サン・ピエール広場の前で相方はクレープを買って食べる。マックス・フルニー素朴派美術館（1人7・50ユーロ）に入るが、ここもあまり面白くなかった。面白かったのはマックス・エルンストのオブジェの中に、これは絶対に岡本太郎の「太陽の塔」のアイディアのオリジナルだ!という作品を発見したことくらいだった。

食料品や衣料品の店が立ち並ぶ一角まで下りて来て、夕食の相談をするためにカフェを探す。「リュクス・バール LUX BAR」という店の屋外席に座る。僕はワイン。相方はショコラ。合計6・70ユーロ。

モンマルトルで夕食を取っていこうということになったのだが、その前に、ちょうど陽が沈む時間なのでもう一度モンパルナスの丘の上に上ることにする。サクレ・クール聖堂の脇のケーブルカーはストで動いていない。その横の階段225段をいちばん上まで一気に上る。そして、パリの西に落ちていくオレンジの夕陽を眺める。

夕食は「ロンリー・プラネット」が好意的に紹介していた「シェ・トワネット Chez Toinette」というレストランに行くことにした。小さな店で、客は僕たちとほぼ同時に入ったもう一組がいたのだが、彼らはどういうわけだかすぐに出て行ってしまって、僕たちだけが残されてしまった。でも恐る恐るここで食べることにする。ところがこの店が、今回の旅行の後半の性格を大きく変える店になってしまった。もっと言うと、僕の人生の後半の性格も大きく変える店になってしまったかもしれない。

前菜は、「赤ピーマンのマリネ Poivron rouge marine (Marinated red pepper with white

ル・バトー・ラヴォワール（洗濯船）で。空は抜けるような青空

onions and avocado)」。７ユーロ。これだけでただものではないレストランだという予感がする。メインは、僕が「リンゴ・ソースの子牛のフィレ Filet de veau au cidre (Veal filet with cider sauce)」１９ユーロ。相方が「スグリ・ソースの鴨の胸肉 Magret de canard aux groseilles (Duck breast with red currant sauce)」１６ユーロ。前者は子牛をひたすら柔らかく煮込んでいてとてもおいしかった。後者は野性味の強い鴨の肉の暴れる感じをスグリできゅっと引き締めていてとても素晴らしかった。ワインはギャルソンに選んでもらったプロヴァンス Côtes de Provence のシャトー・レ・クロステ Chateau les Crostes ２００４（赤）。２４ユーロ。デザートも薦められて一品ずつ頼んだのだが、相方のクレームブリュレはものすごく濃厚で、それだけで一食になりそうだった。

いやはや本当においしかった。これほどおいしいものを食べたのは生まれて初めてかもしれないと思うくらいにおいしかった。少なくともこういう精巧な料理を食べたのは生まれて初めてではないかと思うくらいにおいしかった。おいしいフランス料理というのはおいしいのだなあと、馬鹿みたいなのだが、今さらながらに感心した。気が付くと店内のテーブルは七割は埋まっている。やはり人気の店なのだとわかる。

勘定は７９ユーロで、チップも含めて８９ユーロを置いた。１ユーロ１７０円換算で１５１３０円だが、パリの物価の感覚から言うと1万円以内くらいではないかと思う。だとするとものすごく安い。このくらいの料理をそのくらいの値段で食べられるパリの住人が羨ましい。

心から満足してレストランの外に出ると月が出ていた。夜のムーラン・ルージュの前で写真を撮って、来た時と同じようにサン・ラザールまで夜の散策。コンコルド・サン・ラザールで相方がトイレを借りる。駅前ではテレビのリポーターがまだカメラに向かってストの様子を伝えていた。来た時と同じ地下鉄でホテルに戻る。部屋にはホテルからのフルーツの差し入れが届いていた。

この日がこの旅のハイライトかもしれないと思える楽しい一日。パリの魅力に本当に取り付かれたのもこの日だった。パリはやはり特別な街だと思う。特別に美しくて、特別に懐かしい街。そして特別においしい街。

2時就寝。

10月19日（金）

「レキップ」10月19日号

●1面　大見出し「慰めにはならない」

短文「ラグビー・ワールドカップの準決勝のイングランドを前にした敗戦（14対9）から6日後、フランスの選手たちは彼らの苦手なアルゼンチンと対する三位決定戦をプレイする。今夜（21

「シェ・トワネット」のスグリ・ソースの鴨の胸肉

時）、パルク・デ・プランスで」

●15面（ラグビー・ワールドカップ特集1面）　大見出し「ブルーの成績で終わる」（岩切註：「フィニール・シュール・ユヌ・ノト・ブルーFINIR SUR UNE NOTE BLEUE」の「UNE NOTE BLEUE」は「ブルー・ノート」すなわち「ブルーな音色」「ブルーな調子」などの意味もある）（署名　アンリ・ブリュ）

前文「フランス―アルゼンチン：それはワールドカップの開幕戦だった。そして今夜はレ・ブルーがもう10年前から試合をしていないパルク・デ・プランスでその『プチ・ファイナル』だ。絶対的な統治の終焉という雰囲気の中で、フランスの勝利に余裕はない」

それはいつもはできるだけ早く片付けるべき退屈な仕事であり、大変な仕事である。しかし、フランス・チーム、フランス協会、その他の機関にますます重く圧し掛かるぴりぴりした雰囲気の中で、新たなる敗戦はひどいショートを引き起こす可能性がある。

ワールドカップで三回目の敗戦を喫すればフランス・チームにとって空前の出来事となる。しかも自国でのことであり、対戦相手はこの事態にまったく手筈を整えていないと思われる、9月7日の疑惑に満ちた相手である。我々は、シドニーで3年前（岩切註：これは誤り。正しくは4年前）に、士気もなく自分たち自身を見放したトリコロールが、彼らと同様にその大会を急いで終えてしまったオールブラックスと相対して沈没した『気休めの』試合、同時に『幻滅の』と呼ばれるかもしれない試合のあまりにもひどい崩壊を忘れてしまっている。フランス・チームが1997年11月22日以来試合をしていないパルク・デ・プランスで（今夜の22人の中では唯一ラファエル・イバネスだけがブルーのマイヨを身に纏っていた)、優れた成績で締め括り、将来の世代にあとを譲らなければならない。不思議な歴史の目配せは、1997年11月の同じ日、その名前がフランス・チームの次のコーチの推測の引き合いに出されているフィリップ・サンタンドレが、キャプテンとして、手厳しい敗北（52対10）でインターナショナルのキャリアを終えていることだ。その試合は尻拭いをさせられることになった1995年のワールドカップ世代の一部の突然の大量解雇というひどい機会になった。今夜の新たな失敗は、スペクタクルはより少なく、内的な緊張と外的な緊張を掻き立てるだけのプーマスとの対戦は、行程の最後の日を作り出す。任務はそう簡単ではない：結果以上に、フランス・チームはまた、そのプレイが、彼らが先の土曜日にイングランドに対して真の気力も歓喜もなしに凋落した時よりも価値があることを示さなければならない。

プーマスに対する最初の敗戦のあとも素朴な信仰で応援してくれた、トゥールーズからマルセイユまで移動して、ひたすら感動を求めていた観客に感謝するために、彼らは立派にこの秋を終えなくてはならない義務がある。一般大衆は移り気で、自信のない哀しみの最後の場内一周は、厳しいしっぺ返しをもたらすかもしれない。というのは、もしパルク・デ・プランスが何もかもうまく機能した時に熱狂する可能性があるのなら、同様に、状況があるべき形に作動しなかった時に無慈悲に態度を表明する可能性があるからだ。もっと若い者を呼び戻さなければならないと。これまでにも多くの辞任がリズムを付けて要求されてきたが、その上何一つ獲得できなかったら……。

敗北の翌日は決して運営は簡単ではない。そしてそれには例外はない。集団としての原因と個人としての原因に置き換えるのは論理的なことだし必要なことだが、時には痛みを伴なう。無理矢理引き上げられた要点、強力な衝撃を受けた団結心は、どうであろうと陳腐な発言になる。

立派にやり遂げなければならない務めが残っている。喜びを見出して、堂々とレ・ブルーの最後の試合に出発し、残り物は常に食欲の対象だと証明するという務めである。最後の6日間の相反する感情をポジティブな燃料に変えて。

それは最も重要な根本を変えることではまったくない：フランスのフィフティーンは照準を合わせた挑戦において暗礁に乗り上げるだろう。そのことはそれぞれが自覚している。辛酸の酸味の今夜に付け加えるのは無用だ。

●16面　大見出し「ラスト・タンゴ・イン・パリ［デルニエ・タンゴ・ア・パリ］」（署名　クリスチャン・ジョレーナ）

前文「開幕戦から6週間が経って、フランスとアルゼンチンは今夜パルク・デ・プランスで再会する。彼らが期待していたスタジアムではなくて」

舞踏会はほとんど終わった。決勝戦［ラ・ベル］はほかの者のためのパーティで、でもミュージシャンに賃金を支払う前に、ラスト・タンゴ［アン・デルニエ・タンゴ］が残っている。収支を計算する前にこの三位決定戦を戦わなくてはならない。たとえその結果が最後の総括では大した違いにならないとしても。このワールドカップはアルゼンチンにとっては途方もないものになるだろう。ついにインターナショナルの領域で彼らの正当な価値が認められたのだ。そしてワールドカップを勝ち取る目標を定めていたフランスには挫折が残るだろう。

謙虚な我々は、とりわけこの対プーマスの試合の朝には、もはや高飛車に出ることはできない。あまりにも無分別にならない限りは。最近の六回のフランス対アルゼンチンで、彼らは五回勝っているのだ！彼らもまた世界タイトルを夢見ていたのだ。彼らはレ・ブルーほど強くそれを言っていなかったし、我々は彼らほど真剣に捉えていなかった。しかし彼らの野心は尊敬しなければならないし、彼らが準決勝の対南アフリカで対イングランドのフランスよりもずっと多くの計画と勇気を示したことは認識しなければならない。『彼らは瑞々しさを示した』とベルナール・ラポルトは控えめに認めた。

クレマン・ポワトルノーは、フランス人はシャンペン・ラグビー［ル・ラグビー・シャンパーニュ］に対する欲求を失ったと結論付けるフィリペ・コンテポーミの言葉に対して怒った。トゥールーズのフルバックは、アルゼンチンはモールとハイパント［シャンデル chandelle ＝キャンドル］しかしないと反論した。しかしそれが、ほかでもない、彼のブルー・ハウス［メゾン・ブルー］のドア［ラ・ポルト la porte］の前を一掃したのだが。

もしフランス人がまだ白い思いに沈んで［ブルワヤン・デュ・ブラン］（岩切註：暗い思いに沈んで［ブルワヤン・デュ・ノワール］のもじり。白はもちろんイングランドのジャージの色）不満をぶつぶつ言うのなら、それはまさしく彼らが思い切ってワイドに［オ・ラルジュ］プレイして追求しようとしなかったからだ。イングランドの力は彼らが近場で［オ・プレ］プレイすることとキックで［オ・ピエ］プレイすることを許さなかった。反対に、レ・プーマスは、スプリングボクスがそれまで非常に節制してきたハンドリングでイニシアティブを取ってターンオーバーしたボールによる4トライによって懲らしめられた。

○イバネス「我々は正しくプレイしたい」

失敗を悔いる者たちの間で戦われるこの試合の第一の鍵を考えてみなければならない。フランス人はとにかくよりスペクタクルなプレイを期待する。ワン・ノート・ダンス［ユヌ・ノト・ダンサント］に執着して、ラファエル・イバネスは『ラグビー・ファンダンゴ』の概念［イデ］を撥ね付ける。レ・ブルーのキャプテンは対戦相手を過小評価しない。それどころか彼はグラウンドの上のプレイでその力を認識している。『彼らはラックにおけるチャンピオンだ。昔からそうだったんだ』。彼は自分の大志を見据える。『僕たちは正しくプレイしたい。でも同時に自分たちを解放したい。もう少し立ったままでいないといけなくなるだろうし、繋がるパスをしないといけなくなるだろう』。彼の最後の試合で立ってプレイすること。それはラ・パショナリア（岩切註：スペイン共産党の指導者ドロレス・イバルリのこと）のスローガン——スペイン共和国の孫たちが必然的に賛同して採択してきた——を思い起こさせる。『跪いて生きるくらいなら立ち上がって死んだ方がましだ！』

イバネスは彼のインターナショナルのキャリアの最後という話題に触れたがらなかった（そして近いうちにナショナル・テクニック部門で再び一緒になるはずの選手についても）。この試合を彼を含めて個人の事情の寄せ集めにしないために。というのも、今夜別れを告げるのは彼一人ではないからだ。ベルナール・ラポルト、ファビアン・プルース、セルジュ・ベッツェン、クリストフ・ドミニシ、そしておそらくピーター・デヴィリアス……すでに自分の決心をした、あるいはその問題を自分に課している選手はたくさんいる。しかし、そこでもまた、レ・ブルーの思いが最も強いなどと信じてはならない。というのは、キャプテンのアグスティン・ピショットが象徴するたくさんのアルゼンチンの近衛兵は、天空の法衣で乗り越えてきた最後の場面にすべてを捧げるであろうからだ。ラポルトと同じだけの長期間、2000年以来の彼らの有力なコーチであるマルセロ・ロフレダとの別れの試合のために。

フランスが復讐の精神を備えていることは信じられるのだが、彼らはそれを拒絶する。『アルゼンチンは素晴らしい行程を辿ってきた。そしてもし僕たちが一つを取らなければならないとするならば、それは自分たち自身に対してだ』とイバネスは断言する。多くのチームメイト［コエキピエ］と同じようにこれまでほんの少ししかプレイしていなくて大いに欲求不満でグラウンドに出てくるであろうヤニック・ニヤンガは、レ・プーマスを『懲らしめる』などとんでもないと考える。『いずれにしても開幕戦のリメイクになることはないだろう。たとえ次の十試合で彼らに勝ったとしても、彼らが力を発揮した2007年9月7日の試合に勝ったことにはならない。僕たちが本当に期待していたその試合に！』。6週間を経て、配役は同じままで、スタッド・ドゥ・フランスからパルク・デ・プランスに場所を移したことは、我々のトーンが弱まっていることを証明している。

○どちらの側も必要な理由にはこと欠かない

マネジャーのジョー・マゾがこう言っても無駄である。『これはありきたりの試合ではない。何よりも我々は本当に対アルゼンチンの勝利の道を取り戻したいからだ。そしてそれはたとえとんでもないことでも三位の位置を取りにいくことだからだ』。いかに彼がそう言おうとも、我々はジャン・バティスト・エリサルドが次のように断言する時、彼の方をより信じたい。『スポーツマンシップに即して、あの試合は終了した。僕たちがこの最後の試合に勝ちたいのは、このグループが有終の美を飾るのに値するグループだからだし、僕たちのサポーターに最後の喜びを与えたいからだ』。しかし開幕戦の二つの主役は、肉体的かつ精神的にどれほどフレッシュな状態で再会するのだろうか?

そのプレイと同じくらいにその言葉に用心しなくてはならないピショットは、この三位決定戦によってこのワールドカップの間に走り抜いてきた道のりを測ることができるだろうと言った。フランスにとっては、最初の敗北のあとにもう一つの勝負が始まった。人々は決して知ることはないだろう。相手の側でその道程がどれほどより易しかったとしても、どれほどより長かったとしても。レ・ブルーは今から6週間前には四位と一位の間のどこかに位置付けられていた。アルゼンチンの場合はそうではなかった。たとえ彼らの先の成績とヨーロッパ・チャンピオンシップにおける彼らの最高の才能の出現からこういう結果が予想できていたとしても。

不信感はなおさら強くなる。フランスの陣営に、アルゼンチン側よりも多くの怪我と出場取り消しというハンディキャップがある彼らの部隊が、パルク・デ・プランスに登場するという設定が与えられているだけに(岩切註:アルゼンチンのアグスティン・ピショットやファン・マルティン・エルナンデスがパルク・デ・プランスをホームとするスタッド・フランスの選手であることを指していると思われる)。二つのチームはなるほど疲労していて精神的な打撃を受けている。しかし、アルゼンチンのスクラムに直面することになる接点の軟弱なデヴィリアスと、水曜日には出場不適格だったのに昨日のトライユの出場取り消しの結果適格となったマルティが、いちばん不安なところだ。

立派にスタートする。もちろん。グラウンドの上で最後の喜びを感じる。このスポーツに夢中になり始めたばかりの国にそれをもたらして。この牧歌がワールドカップのあとも生き延びられるようにして。必要な理由はレ・ブルーの集団にはこと欠かない。レ・プーマスの側にもまたこと欠かないのだが。

7時起床。9時出発。この日も地下鉄はスト。1日くらいは郊外にも出掛けてみようかと思っていたのだが、これでは遠出はできない。そこで、まだちゃんと見学していなかったノートルダム大聖堂から歩き始めることにする。

この日の朝は曇り空。ポルト・マイヨから一号線に乗ってオテル・ド・ヴィルで下りて、アルコル橋からシテ島に渡る。先日も目の前まで来たノートルダム大聖堂。まずは中に入って、バラ窓のステンドグラスを眺める。そして南塔に上るための行列に並ぶ。僕たちの前に10人くらい並んでいる。ところが10時開館のはずなのになかなか開けてくれない。出勤予定の従業員が10人も来ていないと係員が説明する。おそらくストの影響なのだろう。結局30分ほどそのまま待たされた。誰も文句を言わなかったのは、そのお詫びのような感じで入場料を取られなかったからだろうか？

大聖堂の石段を、途中で一息入れただけで、あとはほとんど一気に頂点まで上る。塔の上にはいちばん乗り。南塔の上からの景色はやはり格別。パリをあちこち歩いたあとなので四方を眺めるのが楽しい。前日訪れたモンマルトルの丘のサクレ・クール聖堂も良く見える。有名なガルグイユの写真を撮る。

そのあと同じシテ島にある裁判所の中庭にあるサント・シャペルへ（1人7・50ユーロ）。2階のパリ最古のステンドグラスに息を呑む。隣のコンシェルジュリーはストの影響からか休館だった。裁判所には「自由 Liberte」「平等 Egalite」「友愛 Fraternite」の文字が三色旗とともに掲げられていた。

シャンジュ橋を渡って右岸に戻る。リュ・ド・リヴォリに面したところにH&Mがあったのでちょっと覗く。サン・メリー教会の近くの美術書中心の書店も覗いて、ここではアンリ・ルソーの画集を買う。6ユーロ。そしてポンピドゥー・センターの国立近代美術館を再訪する。目的はもちろん「アルベルト・ジャコメッティのアトリエ展」。ミュージアム・パスは切れているので、1人10ユーロの入場券を買って、エスカレーターで最上階まで上る。

ジャコメッティは素晴らしかった。贅肉を極限まで削ぎ落とした人間の本来の姿。骨と皮とエゴイズム。残酷なようであり、滑稽なようでもある。これは絶望なのだろうか？　それとも希望なのだろうか？　実存主義的に言えば、そのどちらでもないということになるのかもしれないが。観ているうちにぐいぐい引き込まれてしまって、何だか意識が朦朧としてきてしまった。

ノートルダム大聖堂前で

ジャコメッティが人物をデッサンしている様子を記録した動画も興味深かった。ジャコメッティは、人間を目から描くのだ。それが本当なのだろうと僕は思う。それにしても、初めてパリに来てジャコメッティの回顧展を観ることができた幸運に感謝感激。相方は作品の写真集を購入する。39・90ユーロ。

それから、すぐ近くのパリ市庁舎の「ラグビー、感動の世界」展を再訪する。書籍をもう一度物色したくて行ったのだが、結局何も買わなかった。でもあとになって、ここで売っていたフランス代表の記録集を買っておけば良かったとちょっと悔やむことになった。

昼食は、「ロンリー・プラネット」に掲載されているすぐ近くのレストランに行ってみることにした。前日の夕食でフランス料理の魅力に完全にノックアウトされてしまった僕たちだが、パリにいるうちにおいしいものをたくさん食べたいと思っても、この日と次の日の夜は残念ながら試合があるので——ワールドカップの試合を観るためにパリまで来ておいて「残念ながら試合があるので」という言い方もないとは思うのだが——ゆっくりと夕食を取る機会はもう残されていない。そこで昼食の時間を使って、ちょっとくらい高くてもおいしいレストランに入っておこうということになった。で、セーヌ川沿いにある「ル・トリュミルー Le Trumilou」という店に行ってみる。サン・ルイ島の西の端の向かい辺りの店だ。

この店も非常においしかった。「子牛の薄切肉のノルマンふう Escalope de veau à la Normand」は、ホワイトソースのシチューふうの料理（15ユーロ）。「プラムのソースの鴨 Canard aux pruneaux」は、プラムがたっぷりの甘い甘いソース（10ユーロ）。どちらも前日の夕食に引けを取らないおいしさ。生ビール3杯と合わせて46・50ユーロで、52ユーロを置いた。満足満足。

オテル・ド・ヴィルから一号線に乗ってポルト・マイヨに戻る。ショッピングセンターのスーパーマーケットで水とビールを買って、一度ホテルの部屋に戻る。この日は、三位決定戦が行なわれるパルク・デ・プランスまで、ブーローニュの森を歩きながら行ってみようという計画。僕たちが泊まっているホテルはブーローニュの森のすぐ北東にあるのだが、なかなか散歩する機会がないので、ちょうど方向が一致しているこの日の午後に歩いてみようという作戦だ。

パルク・デ・プランスまでは地図上では４キロほどの道のり。仕度して再出発したのが１６時３０分ごろだった。出発した直後に相方が、「スタジアムまで歩いて辿り着けそうになかったら、ほかに交通手段はあるの？」と訊く。グッド・クエスチョン。「ある」と僕は答える。だが、地下鉄もないことはないのだけれど、駅まではちょっと距離があるので、結局は歩き切るしかないと内心では思っている。とにかく、ブーローニュの森を歩き始める。

秋のパリの雑木林。先ほどまで曇っていた空はいつの間にか青空になってきた。広場にはたくさんの老人が集まってトランプやゲームに興じている。舗道ばかり歩いていてもつまらないので、わざと林の中の小径に入ってみる。枯れ葉と枯れ枝を踏みしめて歩いていると、ふと「シベールの日曜日」の一シーンを思い出した。あの物語の舞台はヴィル・ダヴレイだから、映画もここよりずっと南西で撮影されているはずだけれど。

アンフェリウールという湖の西側を南に向かって歩く。この湖の周りは美しかった。黄色に紅葉した木々。中の島の芝生。たまにジョギングしている人や犬を散歩させている人がいるくらいで、人影

「ル・トリュミルー」の子牛の薄切肉のノルマンふう

はほとんどない。芝生の上には落ち葉が散らかっている。太陽の光がだんだん弱くなってくる。オートゥイユ競馬場を過ぎて、広々とした原っぱを歩き、ブーローニュの森を出て、パルク・デ・プランスの前に着いたのは、18時40分ごろだった。楽勝楽勝。

スタジアムの周りにはあの準決勝の華やいだ感じはまったくない。やはり三位決定戦は盛り上がらないよなと思う。おまけにまだ19時前なのにかなり寒い。でも少しずつ人が集まってくる。スタジアムの西側に人が多いのでその辺りにいると、フランスの選手を乗せたバスの到着を待っているのだとわかる。さらに人が多くなってきて、押し合い圧し合いの状態になってくる。ずいぶん待ってようやくワールドカップのオフィシャルのバスが入ってくる。最初のバスはアルゼンチンのチームのバスだった。右側の後ろから二列目か三列目の窓際にピショットが座っていた。こちらを見ていたので思わず手を振ると、にこりと笑って手を振り返してくれた。あとで考えたら、僕はフランスのル・コックのキャップをかぶっていたので、それで自分に手を振ったことがピショットにはおかしかったのかもしれない。その少しあとにフランスのチームのバスが到着。「アレー・レ・ブルー」の大合唱が起こる。準決勝であああいう試合をしたにも拘らず、フランスのファンは優しいなと感心する。

この日は早めにスタジアムの中に入る。パルク・デ・プランスの席数は4万9000席。8万席のスタッド・ドゥ・フランスと比べると小ぢんまりしているのだが、スタッド・ドゥ・フランスが完成した1998年まではこのスタジアムこそがフランスのラグビーとサッカーの本拠地だったのだ。80年代のフランスはこのスタジアムでホーム・ゲームを闘っていたのだから、僕の記憶に鮮やかに残っているジャン・ピエール・リーヴの流血の映像……NHKで放送されていた「五カ国対抗」の一シーン……の舞台もこのスタジアムだったはずである。鮮血で染まった金髪をなびかせて疾走していたジャン・ピエール・リーヴの雄姿は、当時の僕にとって最大の憧れだった。

　でもこのスタジアムは内部の壁面が落書きだらけでちょっとがっかりしてしまった。この日の席はAU12・4・49〜50。テレビカメラから見ると左のゴールポスト裏の前から四列目の席。生ビールを二杯買い込んで席に着く。場内は早くも「アレー・レ・ブルー！」の大歓声。フランスのファンは本当に優しいなと感激する。僕たちのすぐ近くには中学生になるかならないかくらいの少年少女の一団がいた。リーダーらしき女の子を筆頭に懸命に声援を贈っていた。

　20時56分、「ワールド・イン・ユニオン」の変奏が流れ始める。場内は「アレー・レ・ブルー！」の大合唱。20時58分、両チームの選手

どことなく淋しげな三位決定戦のパルク・デ・プランス

入場。モニターには前日に離婚を発表したばかりのサルコジ大統領の顔が映し出される。国歌。最初にアルゼンチンの「イモノ・ナシオナル・アルヘンティーノ」。アルゼンチンはコーチ陣がピッチの上に出て選手たちと向かい合って並んで肩を組んで歌っている。続いて「ラ・マルセイエーズ」。こちらは大・大・大合唱。レフリーはニュージーランドのポール・ホニス。

21時4分、フランスの⑩ミシャラクのキックオフでゲームが始まった。

いきなり「アレー・レ・ブルー！」の大歓声の中、開始からフランスが良く攻める。開始直後のフランスは準決勝でも最初からこのくらい飛ばしていればイングランドに楽勝していたのではないかというくらい元気だった。6分、アルゼンチンのハイパントを自陣から展開、⑪ドミニシ、⑥ニヤンガ、⑮ポワトルノー、⑫マルティとボールが回ってトライラインまであと10メートルに迫るが、最後はノット・リリース・ザ・ボール。10分、自陣の22メートルライン付近でパスを受けた⑥ニヤンガがステップを切ってハーフラインまで進み、⑧アリノルドキ、⑭ルージュリーとパスを繋ぐが、アリノルドキのパスがフォワードパス。14分には⑩ミシャラクの右タッチライン際へのキック・ボールがアルゼンチンの選手に当たってトライラインまであと10メートルでタッチに出て、⑭ルージュリーがクイックでボールを入れて⑫マルティがインゴールに駆け込むが、ラインアウトのポイントが違っていたとして戻される。このラインアウトからフランスはボールをキープして押し込むが、アルゼンチンの好守で取り切れず、バックスにボールを出したところで⑩ミシャラクがアルゼンチンの①ロンセロのタックルを浴びてボールを失う。アルゼンチンのディフェンスが素晴らしい。

ただ、その後の一連のプレイでアルゼンチンに反則があって、17分、⑨エリサルドが左中間25

メートルのPGを決めてフランスが先制する。

一方、なかなか敵陣に入れなかったアルゼンチンは初めて敵陣でボールをキープするとペナルティを得て、20分、⑫フェリペ・コンテポーミが中央24メートルのPGを決めて同点にする。極めて効率の良い得点。

でもこの時間はまだフランスが押していて、21分、アルゼンチンの⑮コルレートのパントのキャッチ・ミスから生まれたチャンスで右へ左へと展開してチャンス、しかし無理なパスを通そうとしてフォワードパスを取られる。23分にはアルゼンチンの反則から5メートル・ラインアウトを得るが、フォワードで再三押し込むも取り切れずに、⑩ミシャラクが上げたキック・パスを⑭ルージュリーがノックオン。なかなか得点に結び付けられない。早くも場内に「ギリシアのワイン」が流れる。

最初のトライはアルゼンチンだった。26分、

選手入場を待つパルク・デ・プランス

自陣に3メートルほど入った位置のラインアウトからハイパント。⑦ファン・マルティン・フェルナンデス・ロベの好プレイでこれをマイボールにすると、ポイントから左に、右に、左にと攻め、⑫フェリペ・コンテポーミがスペースを作るランでチャンスを広げる。最後はポイントから⑨ピショットがブラインドサイドを突いてフェリペ・コンテポーミにパスが通って左隅にトライ。時計は27分20秒だった。フェリペ・コンテポーミがゴールを決めて10対3とする。

アルゼンチンは30分、トライラインまであと10メートルのラインアウトから⑩エルナンデスがDGを狙う。このボールがポストに当たって跳ね返り、できたポイントからこぼれたボールを②ヴェルネット・バスアルドが確保してゴール前へ。31分、ラックから③ハサーン・ファリルが飛び込んで、テレビ・マッチの結果トライ。⑫フェリペ・コンテポーミのゴールも成功。17対3とリードを広げる。

33分ごろ、僕たちの近くにいた少年少女たちが「ラ・マルセイエーズ」を歌い始めてそれが会場全体に広がる。この時間帯からフランスが敵陣に攻め込む場面が続く。しかしなかなかトライラインを越えられない。39分以降にはあと5メートルの位置でペナルティを得てフォワードで押し込もうとする場面が二度、三度とあったが、トライは取り切れなかった。前半終了間際には両チームが揉み合いになってしまって、アルゼンチンの④アルヴァレス・カイレリスとフランスのキャプテン②イバネスにイエローカード。17対3のまま前半が終了する。

三位決定戦は盛り上がらないというラグビー・ワールドカップの歴史を塗り替えるような大熱戦。それもこれもこの試合が開幕戦の再対決になったからにほかならない。しかし、開始直後はフランスが圧倒するのではないかと思えたのに、アルゼンチンは良く守って、反対に二つのトライで優位に立ってしまった。だが、フランスもこのままアルゼンチンに二度目の敗戦を喫するわけにはいかない。後半の展開に期待したい。

２２時2分、アルゼンチンのキックオフで後半開始。フランスはボールを動かして攻めようとするが、アルゼンチンは良く前に出てピンチの芽を早めに摘み取る。そして５２分、今回のワールドカップの全試合の中でも屈指のトライがアルゼンチンに生まれた。

互いにロング・キックを蹴り合ったあと、フランスの⑭ルージュリーが蹴った小さなキックをアルゼンチンの⑮コルレートが自陣１０メートルのすぐ内側で取ってラン、敵陣２２メートルの手前まで走って⑬マヌエル・コンテポーミにパス、さらに⑤アルバセテ、⑩エルナンデスとパスが通り、エルナンデスが右にロング・パス、④アルヴァレス・カイレリスから⑭マルティン・アランブルにパスが通ってマルティン・アランブルが右隅にトライ！　コルレートの素晴らしいランニングに始まって、ロックの２人も含めてロング・パスが何本も繋がった見事なトライ。スタジアムはアルゼンチン・サポーターの歓喜の声とフランス・サポーターの感嘆の声に包まれる。⑫フェリペ・コンテポーミのゴールは失敗したが、２２対3と、アルゼンチンが俄然有利になった。

アルゼンチンは５６分に⑩エルナンデスが３０メートルのDGを失敗。５７分、場内に「アレー・レ・ブルー！」の大合唱が起きる。さらに「シャバル！　シャバル！」の大コール。その歓声に応えたわけではないと思うが、フランスは６０分、今大会最大のアイドルの⑱シャバルを投入。６２分にはアルゼンチンの⑲レギサモンがシャバルへのタックルをノー・バインドと判定されてイエローカード。

６４分にも見事なトライが生まれた。フランスはアルゼンチンのトライラインまであと１０メートルのラインアウトから連続攻撃、しかし⑳ミニョーニがタックルを受ける。ポイントでボールを奪ったアルゼンチンは自陣２０メートルでパスを受けた⑪アグジャがラン、この日絶好調の⑮コルレートにパスすると、コルレートが５５メートルを走り切って左隅にトライ。⑫フェリペ・コンテポーミのゴールは外れたが、２７対３と試合を決定的にした。

フランスは６８分に意地を見せる。自陣に５メートル入った位置のスクラムから展開。⑧アリノルドキと⑱シャバルがゲインしてチャンスを広げ、⑳ミニョーニ、㉑ボクシス、⑮ポワトルノーと回してポワトルノーがトライ。ボクシスのゴールが決まって１０対２７とした。この直後に観客数が４万５９５８人と発表される。

フランス対アルゼンチン。スクラムの攻防

72分、フランスは㉑ボクシスと⑪ドミニシのランで作ったチャンスで、最後は⑬スクレラがゴール前にキック・パスを上げるが、⑮ポワトルノーがキャッチできずにドロップアウト。

有終の美を飾ったのもアルゼンチンだった。74分に⑨ピショットが交代退場した直後の75分、フランスが自陣35メートルのラインアウトでノックオンすると、アルゼンチンはすかさず展開。⑫フェリペ・コンテポーミがディフェンスの間を走り抜けて、⑲レギサモンが大きくゲイン、ポイントから⑳フェルナンデス・ミランダ、㉑トデスキーニ、⑩エルナンデスと回し、エルナンデスがフランスの⑱シャバルに捕まると、フェルナンデス・ミランダがボールを出してフェリペ・コンテポーミが左中間にトライ。76分のことだった。フェリペ・コンテポーミは自らの足でゴールも決めて34対10とする。

楽隊が「パダン、パダン」を演奏する中、そのままのスコアでノーサイド。

アルゼンチンの選手たちは輪になって喜びを爆発させる。アルゼンチンの三位表彰。フランスの選手たちは失意の場内一周。続いてアルゼンチンの選手たちが歓喜の場内一周。ロス・プーマスは多くの選手が子どもを抱いている。ロックのアルヴァレス・カイレリスも幼子を抱いて僕たちのすぐ前まで来たのでカメラを向けると、「可愛いだろう?」というように幼子をこちらに向けて見せてくれた。アルゼンチンのサポーターは数は多くはないが踊って喜んでいる。一方のフランスのサポーターは、場内にエディット・ピアフの「水に流して Non, Je Ne Regrette Rien」が流れるとさすがにブーイングを浴びせた。ここまで温かくレ・ブルーを応援してきたサポーターも、「私は決して後悔しない」

とピアフに歌われては黙っていられなかったのだろう。

素晴らしいゲームを観戦したあとの余韻に酔い痴れて座席から動けないでいたのだが、スタジアムが掃除に入るために外に追い出される。スタジアムの正面ではアルゼンチンのサポーターたちが歌って踊って旗を振って喜んでいる。メディアのインタビューを受けている若者もいる。遠巻きに眺めているフランスのサポーターもその様子を温かく見守っているように感じられた。

帰りはポルト・ドートゥイユから地下鉄に乗ったのだが、この十号線はこの区間が一方通行になっていて、ブーローニュ・ジャン・ジョレスで乗り換えてミケランジュ・モントリオールに戻って、九号線でフランクラン・デ・ローズヴェルトに出て、一号線でようやくポルト・マイヨに帰り着いた。別の駅から地下鉄に乗っていればずっとスムーズだったことはあとになってわかった。

それにしても、三位決定戦がこれほどの好ゲームになるとは思っていなかった。それは何よりも開幕戦と同じカードになったことで両チームに強力なモチベーションが生まれたからだ。フランスは復

47／3位4位決定戦／10月19日／パリ・パルクデプランス						
レフリー：ポール・ホニス／観客：45958人						
フランス				アルゼンチン		
10				34		
3			前半	17		
7			後半	17		
1			T	5		
1			G	3		
1			PG	1		
0			DG	0		
1	J.B.プクス			1	R.ロンセロ	→16
2	R.イバネス	→16		2	A.ヴェルネット・バスアルド	
3	N.マス			3	O.ハサーン・ファリル	→17
4	N.ナレ			4	R.アルヴァレス・カイレリス	→18
5	J.チオン	→18		5	P.アルバセテ	
6	Y.ニヤンガ			6	M.デュラン	→19
7	T.デュソトワール	→19		7	J.M.フェルナンデス・ロベ	
8	I.アリノルドキ			8	G.ロンゴ・イリア	
9	J.B.エリサルド			9	A.ピショット	→20
10	F.ミシャラク	→20		10	J.M.エルナンデス	
11	C.ドミニシ			11	H.アグジャ	
12	D.マルティ	→21		12	F.コンテポーミ	
13	D.スクレラ			13	M.コンテポーミ	→22
14	A.ルージュリー	→22		14	F.マルティン・アランブル	
15	C.ポワトルノー			15	I.コルレート	
16	S.ブリュノ	2→		16	E.ギナス	1→
17	P.デヴィリアス			17	M.エイヤーザ	3→
18	S.シャバル	5→		18	E.ロサダ	4→
19	R.マルタン	7→		19	J.M.レギサモン	6→
20	P.ミニョーニ	10→		20	N.フェルナンデス・ミランダ	9→
21	L.ボクシス	12→		21	F.トデスキーニ	
22	V.クレール	14→		22	H.センジョサ	13→
1			イエロー	2		
0			レッド	0		

讐（revanche）。アルゼンチンは三位というタイトル。そして復讐を誓って充分に準備して臨んできたフランスを、アルゼンチンがそれ以上の準備で迎え撃ったからだ。記念碑的な好ゲームを観戦した高揚感に包まれて、部屋でビールを飲みながらテレビでゲームを再観戦する。でも終わりまで観ないで途中で眠ってしまった。

試合終了。抱き合って三位を喜び合うアルゼンチン代表

2007年決勝　イングランド対南アフリカ

10月20日（土）

「レキップ」10月20日号

●1面　大見出し「憐れな最後」（写真は試合終了直後にうずくまるオレリアン・ルージュリーとダヴィド・スクレラ）（署名　レキップ）

前文「フランスのフィフティーンは、昨夜、彼らがワールドカップの決勝に占める位置がないことを証明した。彼らは順位決定試合の場で5つのトライの作者のアルゼンチンに辱められた（10対34）。今夜（21時）、スタッド・ドゥ・フランスで、イングランドと南アフリカはウェブ・エリス・トロフィを争い合う」

アルゼンチンに対する大失敗によって（彼らの）ワールドカップを始めたベルナール・ラポルトのフランス・フィフティーンは、昨夜それを終えた。始めた時と同じように、輝かしく讃えるべき大会三位のアルゼンチンに対する大失敗によって。二つの敗戦の間のこの完全な輪は、彼らには屈辱的なことに、結局、フランス・ラグビーの公式なトランペットによって少し前に発表された勝利（岩切註：ベルナール・ラパセのIRB会長就任のこと）ほど予想外ではない。34対10のスコアと5トライ対1トライのトライ数で、アルゼンチンは、フランスとの直近の七つの対戦で今や六つの勝利を自らに与えることで統計を立証した。フランス版の2007年大会のワールドカップは、従って、ものごとをあるべき場所に戻して人々をあるべき場所に戻すという功績を果たすだろう。レ・ブルーは、2003年大会の時と同じく第四位というランクにいるが、実際はアルゼンチンの驚異的成功の不可抗力の下に、現実である一歩後退が相応しい。インターナショナル・ラグビー・ボードの新会長のベルナール・ラパセには緊急に処置しなくてはならない課題がある。北半球あるいは南半球の大会の中に、アルゼンチンに彼らが値する場所を与えることだ。しかし我々は何とかして失望を抑えよう。ホストの義務を忘れてはならないし、美しい選手たち——少なくとも比喩的な意味での——が姿を見せる。今こそフランスのワールドカップの最後の祝宴の時だ。天才と言うよりは放蕩な我々の子どもたちは、名誉をもたらすことはできなかった。今夜スタッド・ドゥ・フランセで、イングランドと南アフリカをにこやかに迎えることが望ましい。人はそれを再び語るのだ。昨夜それを祈って、それを案じたように。最も優れた者が勝つのだ！

「レキップ」10月20日号1面「憐れな最後」

●17面（ラグビー・ワールドカップ特集1面）　大見出し「手の届かない星が輝く」（署名　アンリ・ブリュ）

前文「昨日アルゼンチンに笑い者にされて（34対10）、フランスは（彼らの）ワールドカップの決勝を遠くから眺めるだろう。今夜スタッド・ドゥ・フランスにおけるイングランド対南アフリカを。タイトルの保持者である前者は優勝候補にはならないだろう」

南・北。それほど期待されてはいなかったが、それでもやはり南北だ。２００３年のように。１９９９年のように。１９９１年のように。１９８７年のように。実際は、カッサンドラの予言にも関わらず、旧世界はその場所を占領し続けている。すべてのその場所を（岩切註：１９９５年を除いて北半球が毎回決勝に進出しているという意味）。

もちろん、７週間前に我々が待ち望んでいたのは、もう一つの南北の決勝だ。フランスの中では、直近の４シーズンで最も常連のヨーロッパのチームと、南の異論の余地のないチャンピオンのニュージーランド。昨夜以来、我々は知っている。レ・トリコロールが理想的な準備のできた状況に置かれていたにも関わらず、再会のランデブーにまったく値しなかったことを。昨日の彼らのワールドカップへの別れの告げ方は、彼らが早くも翌週にＴＯＰ１４で顔を合わせるアルゼンチンの選手たちに押し潰され（３４対１０）、もはや彼らが準備不足の状態にあることに疑念を残さなかった。

南アフリカもイングランドも今夜のランデブーでの自分たちの位置に充分に値する。特に我々の最大の敵、我々の北の競争相手は。我々は、レ・トリコロールの対アルゼンチンの最初の敗戦について、それが引き起こした混乱について、立て直しの困難について、たくさん書いてきたしたくさん話してきた。タイトル保持者のイングランドは、３６対０（そう、トラントシス対ゼロだ）からの回復に取り組んでいた――対南アフリカ戦からの。イングランドのプレイにはあちこちでのろまな側面や輝きの欠如が予想されると断言できる。感心したままではいられない。苦境［轍］から戦闘馬車［チャリオット］を脱出させたチームが、広がる疑念を残さずに、自信を保って、休憩なしで闘うまでは。

スプリングボクスについては、南の三つのチームの中で最も改革が少ないチームだ。彼らにとっては、ラグビーは常に球技である以前にコンタクトだったし、「動く詩」をひけらかすよりも身体的な優位を主張する機会だった。オーストラリアよりも改革が少なく、ニュージーランドよりも才能が少なく、10年前からトライ・ネイションズの貧弱な従兄弟だった。彼らは今日じっくりと復讐を味わう。

我々はワールドカップに次の4年間の試合と進化の領域における規範を提示する［Aの音を出す］ことを期待していた。今年のそれは偉大な改革や閃光の進化を引き起こすことにはならないだろう。イングランドは決勝トーナメントの2試合でパス0のトライ1と26得点を刻んで決勝に到達した。でも彼らは160分だけは1トライも20失点も食らわなかった（岩切註：この記述は誤りだと思う。イングランドは準々決勝でワラビーズに1トライを取られている）。彼らにとっては、勝利の可能性の鍵は、もちろん今夜南アフリカを最少得点に抑えられる能力にある。

その水準に驚きはない。ワールドカップの直近の四つの決勝の歴史は、世界の果てのトライのそれではないし、タッチライン沿いに疾走する爆発したウイング［エリエ］のそれでもない。それどころか激烈なディフェンスの決闘、ますますフィジカルな戦闘、正確なキッカーと決定的なドロップゴールのそれである。4年おきに残念がる声が上がる。とりわけ打ち負かされた側に……。

昨夜、フランスはワールドカップの地下室の換気窓から脱出した。貧弱な慰め：彼らはすべてにおいて、計画のすべてにおいて敗れたわけではない。世界のラグビーの経済的かつ政治的最高権力として自身を強固に位置付けたのだ。スタジアムの200万人以上の観客、準決勝ではテレビの前の1800万人の観客、そして、ベルナール・ラパセのインターナショナルボードの会長への即位とともに。

北と南の間の均衡という点では、彼らには今後数年間担っていく重要な役割がある。本当に狙っているのだとすればだが。そして、その点では、なすべきことはたくさんある［まだ勝っていない］のだ。最後の日々の騒音を見ると、それはまさに再出発だ。古き悪しき時代と同じように：新しく開いたD－Y［ブリコラージュ］の大型店だ。

●18面　大見出し「緑をあるいは全員を敵にして」（岩切註：原題の「アン・ヴェール・ウ・コントル・トゥー En vert ou contre tous」には「何が何でも」「皆を押し切って」という意味の「アンヴェール・エ・コントル・トゥー Envers et contre tous（tout）」が掛かっている）（署名　フランク・ラメラ）

前文「第六回ワールドカップの決勝に関して、大方の予想はスプリングボクスに傾いている。しかしタイトルと価値なき収益の保持者のイングランドは、最後に鼻に指を当ててからかう［ピエ・ドゥ・ネ］能力がある」

リーダー［シェフ］のジョニックスの後方で、15人制の強情な小規模のグループは全世界の批判に抵抗している。ただ彼らの汚れのない地元で褒めそやされているだけで（15日前から）、イングランドにはこれほど嫌われている印象はなかったはずだった。彼らにとってはこの方が良いのだ。彼らはこれが大好きなのだ。毒舌のケルトから全員同意見の南半球まで、そしてもちろん報復を目論むフランスでも、世界中の意見は一つの主張で一致している。この横柄な連中を歴史から外してボタンを掛けろ。プレイの伝説を台なしにする連中を。このアンチ・ラグビーを根絶せよ！

荒くれ者の前5人と臨床学的ブーツで武装して、バラの男たちはたくさんの議論を手ほどきしただけだった。絶対にないことだが、二度とないことだが、同様に神経を逆撫でする、ファイナリストには異論のないウェブ・エリス・トロフィを手に入れる方法についての議論を。スペースを作るために12人でプレイする？ トライを10点にする？ 革命を期待するのであれば、特効薬は南アフリカのプレイが流れるようにすることだ。おそらくまさに崩壊しようとしている世界の優勝候補が信じられなくなって1ヶ月になる。

歴史的にも大変なしごきでハードな任務の合宿をしてきたスプリングボクスは、嫌悪されている農民のラグビーのシンボルだが、今日熱烈に信任されている。ピナール、デュプレッシー、デュラントの新教徒の［ユグノー］血統である現代の唯一の『フレンチ・タッチ』を思い出すことは好ましい。なるほど彼らには少々尊大なところも見出せるが、しかしとても開放されていて、開花していて、賭けが好きな［選手である］ところも見出せる。

そして、絶対に安心するために、今回は彼らは勝利のために対戦相手に毒を盛る必要すらないだろうと考えられる（岩切註：1995年のワールドカップの決勝の前にホテルの食事に毒を盛られたとニュージーランド側が主張していることを指している）。厳密には、問題は歪められているようだ。ジョニー・ウィルキンソン（平均14得点、成功率60％、2003年の皇帝がとても小さく感じられることを浮き彫りにしている）の復帰だけでどうすれば5週間前のプール・マッチの大きな点差（36対0）を縮めることができるだろうか？ 世界最高の二列目のライン（マットフィールド＝ボタ）、混沌としたフェイズでの最高の脇役（ジュアン・スミス）、最高のリーダーシップ（スミット）、今年最高の掘り出し物（ステイン）、広く知られた最も個性が豊かなパネリスト（モンゴメリー、デュプレア、バーガー、デュラント）、そして最も人を唖然とさせるフィニッシャー（ハバナ）を従えて、南アフリカは否定しようのない優位を併せ持っている。

なるほど彼らはワールドカップを勝ち取るために歴史的に見て必要不可欠な最終的なナンバー［ヌメロ］10を置いていない。フォックス、ライナー、ラーカム、あるいはウィルキンソンに匹敵する規模の10番は。しかしブッチ・ジェイムズは、非常に成熟して安定していて、ドロップゴールで1995年のワールドカップを提供したストランスキーに劣る点はもはやそれほどない。いずれにせよその潜在力は、エディ・ジョーンズの腕前によって香辛料が効いてきたが、このワールドカップでは一度も爆発していない。その時棘を奪われていたバラと対戦した明快な試合を除いては。（後略）

●24面　大見出し「悪夢のような最後［決勝］」（署名　クリスチャン・ジョレーナ）

前文「アルゼンチンに制圧されて、レ・ブルーは彼らのワールドカップをさらに悪く締め括った。同じ対戦相手に対して着手のなかった大会を」

敗れて、途方に暮れて。レ・ブルーは長い間幻想を引き延ばしはしなかった。昨夜、人間的な冒険に意味を与える術と、彼らにとっては対戦相手にとってより遥かに重要だった第三位を取りにいく術を、最後まで知っていたアルゼンチンと対戦して。『人生では、人は自分が値するものしか得ることができない』。クリストフ・ドミニシはとても高揚して言っていた。ワールドカップの間の彼の意見では、戦うことにうんざりしてなどいないという最後の試合をする前に。そしてアルゼンチンが勝者に値することに異議を唱える者は誰もいないだろう。彼らは完全に打ち勝った。フランスがラインの後ろのボールを取るためにより以上の知性と本能を示したのと同じくらいの心を、もう一度示して。これはプーマスのフランスとの最近七試合のうち六つ目の勝利だ。そしてその間のフランス・チームのコーチのベルナール・ラポルトに我々が突き付けることのできる最悪の決算書だ。昨夜のように選手たちが執拗に押し込みながら成功に至らなかったことは一度もなかった。我々がまだこれほどの怖ろしい状況に打ちのめされていなかったハーフタイムの前のアディショナルタイムに、アルゼンチンのインゴールの近くでのことだ。レ・ブルーにはアイディア［イデ］が不足していた。彼らは頭にきていて、なぜ彼らの陣営への二度の遠足でプーマスがすでに2トライを記録しているのかを認めるには、あまりにも高慢だった。もちろん、試合の最初の数分間は期待を抱かせた。約束された祝宴を。最後の美しい音を。このワールドカップとあまりに悔しいままで別れなくても済むように。

彼らが10年間留守にしたあとの再会となったパルク・デ・プランスは、一体となった陽気な応援を彼らに与えていた。レ・ブルーは立って試合をすることを、コンタクトのあとにパスをする時の動きを連動させることを、できるだけ近場でそれを追求することを課していた。彼らはそれをしようと試みたが、目に見えて、その能力がなかった。そのようなプレイは即席ではできないし、それは彼らのマルクーシの実験室（岩切註：マルクーシにはフランス・ラグビー協会のナショナルセンターがある）の反復練習のプログラムにも一度もなかった。それはラポルトがフランス・チームのトップに立っていた期間ずっと（8年）強く進めてきたことでもない。それは決して招集されなかった多くの選手を思い出させることにも相応しい。

フレデリック・ミシャラクは、彼にとって50キャップ目のセレクションの直前に主張する勇気を持っていた。そのような圧力の下で、彼は自分が吠えられないかと考えた。南アフリカのナタール・シャークスに出発する間際のトゥールーザンのフライハーフ［ウヴルール］は、あらゆることを試みた。最初は、アルゼンチンのディフェンスにとっては速過ぎるだろうと彼が期待したテンポにレ・ブルーを持っていった。スクラムハーフのジャン・バティスト・エリサルドの共謀と、熱中しているヤニック・ニヤンガの支援を得て、レ・ブルーは輝かしかった。パルク・デ・プランスは支配的で熱狂的な身内のために燃え上がった。

ラファエル・イバネスはブルーでの最後の責任のために最前線に上がった。キャプテンは、勇敢な、報復を狙う、大胆な、野心を持った軍団を操った。しかしそれはただの幻想だった。支配的なフランスは完全に過ちを犯した。つい先日イングランドに後退させられたのと同じくらいに。彼らは何もしていなかった。あるいはもし僅かにしてきたことがあるとすれば、それはボールの獲得においてで、プーマスが忍耐強く織り上げた罠に少しずつ嵌まっていった。そちらの彼らは相変わらず、開会式の試合での彼らの最初の成功（17対12）を証明する爪と心を持っていて、プレイがあまりにも限定されていることについてのフランス人のあれほどの批判には値しなかった。昨夜、彼らは5トライを決めて締め括った。そのトライは、彼らの視点では一つ一つがボーナスの価値があった。

フランスは、強い心、執拗な熱心さに直面して、そして同じく、冷静なリアリズムに直面して破綻した。試合が決定的にアルゼンチンに有利と結論付けられたのは前半の最後だった。40分が過ぎて、中断の前にトライを取ろうとライン上でのラックを重ねて（レフリーは故意の反則としてアルゼンチンに5つのペナルティを科していた）、フランスは決して穴を見付けることができなかった。それどころか、最後にペナルティを犯した選手（アルヴァレス・カイレリス）を踏み付けて、イバネスが一時的退場でそのインターナショナルのキャリアを締め括った。彼はセバスチャン・ブリュノと交代して、二度と再びグラウンドには戻らなかった。

ハーフタイムでは17対3で、アルゼンチンはもはや、その意図が次第に挫けていくチーム、露骨な獲得が封じられていくチームの失敗を期待するだけで良かった。カウンターからの鮮やかな手際の3つのトライが、レ・ブルーのこのワールドカップの3つ目の敗戦を封印した。

このような災難はフランス・チームには一度も起こったことがなかった。それは辞表を提出したチームの決算書をさらに悪化させた。

無力なドミニシが追い縋ってイグナシオ・コルレートがトライへと走り込む最後の画像は、我々をこのワールドカップの初めに送り返した。その最初の敗戦と同時に、自分たちが乗り越えなければならないものに値したレ・ブルーは、しかしこの大会中の彼らの水準を露呈した。彼らはオールブラックスを破ることによって最高に見事な偉業を実現したのに。しかし相次いで起こった2つの敗戦（対イングランドと対アルゼンチン）は彼らを正当なランクに立ち還らせた。

●25面　大見出し「『最強の者たちが勝った』」（署名　アレクサンドレ・ジュイラード）

フランス・チームのコーチのベルナール・ラポルトは昨日、アルゼンチンの優位を認めた。

——この最後の試合をどのように分析しますか？

ラポルト：より強い者たちが勝った。彼らはこのワールドカップの間に二度我々を破った。我々は彼らの後ろにいる。当然だ。最初の30分は我々には有効さが足りなかった。反対に自分たちで自滅してしまった。それが残念だ。もしかしたら余地があったのかもしれない。でもあとになって、彼らは支配されて頭に血が上ってしまった……。彼らの勝利は飛躍ではない。とんでもない。

――判定についてはどう思いましたか？

ラポルト：それはデリケートな事由だ。我々にはなかなか納得できないこともある。必ずしもこの試合だけではなくて。今日のラグビーでは、ディフェンスに優先権が与えられている……。でも気を付けて欲しい。私に私が言っていないことを言わせようとしないで欲しい。それは我々の敗北の理由ではない。

（中略）

――最後に、レ・プーマスはあなたたちよりも精神的に充分に回復していたと思いませんか？

ラポルト：もしかしたら、それを評価するのは難しいが、レ・プーマスは決して決勝に進出することを予想されていなかった。我々がとても近くにいると見られていた時に。あの準決勝は耐えるのがとても難しかった……。でもアルゼンチンは回復にそれほど日数が掛からなかった。確かなことはわからないが、今夜は最強のチームが勝ったのだ。

●25面「彼らは語った」

ラファエル・イバネス（フランス・チームのフッカーでキャプテン）：僕たちは決めることができなかった。僕たちはいくつかのペナルティを入れたが、アルゼンチンはトライを決めた。僕たちのプレイについて特別に言うことは何もない。レ・プーマスが今週評価するに違いない。アルゼンチンのラグビーのジェネレーションがどのくらいたくさんいるのか、確かなことはわからないが、フランスの視点から言えば、僕たちは次のフランス対アルゼンチンの対戦には徹底的に準備してくる。

アグスティン・ピショット（アルゼンチン・チームのスクラムハーフでキャプテン）：僕はチームをとても誇りに思う。南アフリカとの試合に負けて、今日ここにいることができて、こういう形で僕のキャリアを終えることができて、最高だ。僕は途方もないチームのキャプテンだ。僕たちを支持してくれたすべての人に感謝する。アルゼンチンを支持してくれた世界のすべての人ありがとう。僕らは世界で三位だ。僕はとても誇りに思う。素晴らしいことだ。

オマール・ハサーン（アルゼンチン・チームのプロップ）：本当に美しい冒険だったと思う。とりわけ自分の引退を考えている僕にとっては。このワールドカップの間に、僕は良いことも悪いことも体験した。リザーブ［ランプラサン］のベンチにいたこともあった。でも僕は最大の喜びを掴んでいたし、あっという間に通り過ぎていく一瞬一瞬を楽しもうと努めていた。僕たちはあとになって（達成したあとで）、試合を観る時に気が付くのだろう。僕たちはすべてを美しく締め括りたかった。こういうグループには、僕たちは二度と再び会うことはないだろう。願いはするけれど、あるとは思えない。そうは言っても、スタッド・トゥールーザンのクラブでも良いシーズンにしたいと願っているけれどもね。

フェリペ・コンテポーミ（アルゼンチン・チームのセンター）：僕たちにとっては本当に良い日だ。これは第三位という以上に、これで大会を終える僕たちにとっては一つのサイクルだ。とりわけ僕たちのコーチと何人かの選手たちにとっては。僕たちは最後までアルゼンチン・ラグビーの質を証明することと、このワールドカップを立派に終えることに心を費やした。そしてこの試合でそれが証明できた。僕たちは良いプレイをするために本当に努力してきた。僕たちは国際的な大会に加わりたかった。というのは僕たちには4年おきに開催される世界大会以外でもプレイする必要があるからだ。僕たちは経験が不足している。そのことが準決勝の対南アフリカでは重たく圧し掛かった。もし僕たちに大きな大会での経験があったら、僕たちは違ったふうにプレイしていたかもしれない。

マルセロ・ロフレダ（アルゼンチンのコーチ）：私はとても満足だし、とても幸福だ。我々は決勝には到達できなかった。今週の仕事は難しかった。でも彼らは自分たちの精神を回復させる術を知っていた。今日、彼らは素晴らしい試合をプレイした。私はこのチームを誇りに思う。この8年間の彼らに感謝する。特にキャプテンのアグスティン・ピショットに。

第六回ラグビー・ワールドカップ・フランス大会・決勝の日。4年間待ち遠しかったこの日がついにやって来た。

6時45分起床。朝食のあと、部屋でウェブサイトの記事を拾い読みして、前日のメモをまとめる。前夜のアルゼンチンの快挙の余韻を噛み締める。

10時10分ホテルを出発。快晴。外はちょっと寒い。手元のユーロが少なくなってきたのでショッピングセンターの両替商で5千円だけ両替して、ポルト・マイヨから一号線に乗る。フランクラン・デ・ローズヴェルトで九号線に乗り換えてアーヴル・コマルタンへ。今度は三号線に乗り換えてペール・ラシェーズへ。目指すはパリ最大の墓地ペール・ラシェーズだ。

墓地の入口の前の花屋で相方はトルコキキョウを買う。最初にこの墓参りの最大の目的であるアメデオ・モディリアーニの墓に向かう。この不遇の画家の墓はペール・ラシェーズ墓地の南東の端、僕たちが入った入口からはちょうど対角線上のいちばん奥にある。

真っ青な空には雲一つない。冬の初めを思わせるきりりと引き締まった空気。色付いた木々。落ち葉の石畳。墓石の形状は大小さまざまだが、通路によっては犬小屋大のしっかりとした墓碑がずらりと並んでいるところもある。墓地の中は意外にアップダウンが激しくて、モディリアーニの墓までは丘を越えての散歩となった。

ようやく到着したモディリアーニの墓はとても簡素な棺型の墓石で、ちょっとびっくりしてしまった。おまけに僕たちのほかには誰もいない。ほかの観光客はすぐ脇を素知らぬ顔で通り過ぎて行く。墓石の上には落ち葉が散らかっている。相方が言い出して二人で落ち葉を払い落とす。綺麗になった墓石に相方はトルコキキョウ——モディリアーニの誕生花を捧げる。墓石にはジャンヌ・エビュテルヌの名前もある。モディリアーニが没したのが１９２０年1月２４日、ジャンヌがあとを追ったのが１９２０年1月２５日と刻まれている。合掌。晩秋のパリの朝の静かな墓参り。

そのモディリアーニの墓から良く見える位置にあるのがエディット・ピアフの墓。こちらは立ち寄る観光客が絶えないので遠くからでもすぐにそれとわかる。花もたくさん捧げられている。墓石も豪華というほどではないけれどしっかりとしていて風格がある。もちろん手入れも行き届いている。モディリアーニの墓との落差に驚いてしまう。

それから墓地の中央辺りにあるショパンの墓に向かう。当然に豪華で、当然に花も多い。僕はブラジルのリオデジャネイロの海岸にあったショパンの像のことを思い出しながら両手を合わせた。

ショパンの墓碑から立ち去ろうとしてふと目をやった墓石に驚いて声を上げてしまった。ミシェル・ペトルチアーニ。ショパンの墓から右に三つ目。ペトルチアーニがこのペール・ラシェーズに眠っていることを僕はまったく知らなかった。あまりにも思い掛けないので立ち尽くしてしまう。簡素で美しい大理石の墓。たった一度だけ生で聴くことができた彼のピアノの音を思い出す。僕たちには花は残っていなかったが、手を合わせて心から祈る。

最後にジム・モリソンの墓に立ち寄った。花は多かったが、ちょっと荒れてもいた。ジム・モリソンには、僕はちょっと、相方は大いに、傾倒していた時代がある。遠い昔のことだけれど。

それにしても、ジム・モリソンはアメリカ合衆国フロリダ州生まれ。モディリアーニはイタリア

ペール・ラシェーズ墓地のアメデオ・モディリアーニの墓で

はトスカーナ州生まれ。ショパンはもちろんポーランド生まれ。ほかにもこのペール・ラシェーズ墓地にはアイルランド生まれのオスカー・ワイルドやイタリア生まれのイヴ・モンタンやニューヨーク生まれのマリア・カラスなどが眠っている。もちろんフランス人だってたくさん眠っているわけだけれど、こういう名前を並べていくと、パリをパリたらしめてきたのはフランス以外の国籍のアーティストだったことが改めてわかってくる。「それこそがパリだ」ということなのかもしれないけれど。

ペール・ラシェーズ墓地を出たあとはブルヴァール・ド・メニルモンタンからブルヴァール・ド・ベルヴィルと名前が変わる大通りを北東に向かう。このベルヴィルという地区でアジアかアフリカの料理をと思ってその地区に入っていったのだが、だんだん気分が変わってきてしまった。土曜日だからなのか閉まっている店が多くて、予想していたほどアジアの匂いがしなかったことも一因だった。アフリカ系の店も一軒覗いてみたのだが、従業員がダンスの練習をしていて入りにくかった。そこでこの日も「ロンリー・プラネット」で紹介されていたフレンチ・レストランに行くことにした。

ブルヴァール・ド・ベルヴィルを戻って、メニルモンタンの交差点からリュ・オベルカンフを右折して西へ西へと歩く。ブルヴァール・ヴォルテールにぶつかって少し北上し、リュ・ジャン・ピエール・タンボーをちょっと西に入ったところにある「オ・トルー・ノルマン Au Trou Normand」という店に入る。

結論から言うとこのレストランもすごくおいしかった。「子牛のマスタードとバジリコのソテー Sauté de veau a la moutarde et basilic」(13ユーロ)と、「鴨のコンフィ Confit de canard」(13・50ユーロ)。どちらも素晴らしかった。本来ならば良く合うワインを頼むべきところだったのだろうけれど、あまりに喉が乾いていたのでビールを二人とも一杯ずつ頼んだ。合計32・50ユーロ。手持ちの小銭がなかったこともあって45ユーロ置いて出てきてしまった。

それにしてもこの3日間は完全に「にわかグルメ」になってしまって今思い出しても恥ずかしい。これがパリの最初の3日間だったら冗談ではなくて食い倒れになっていたところだった。この3日間はフランス料理を味わう細胞が目覚めてしまった感じだった。ちょっとした中毒のような状態だったのだと思う。

食事を終えて店を出て、オベルカンフ駅から地下鉄に乗ろうとしたのだが、切符の売場がなくてどうすれば良いのかわからない。二人できょろきょろしていたら、たった今地下鉄を下りて改札から出て来たばかりの中年の女性が「入っちゃえば良いのよ」という身振りをする。それでも躊躇していたら、自分のカードを改札に通して僕たちを通してくれた。突然の親切に感激。丁重に礼を述べた――と言ってもただ「メルシー・ボクー」を連発しただけだけれど。

本当は一度ホテルに帰って準備万端で出直したかったのだが、それほど時間に余裕がなくなってきて、行ったり来たりするのは時間の無駄なので、そのまま次の目的地に向かうことにする。ポルト・ド・クリニャンクールのサントゥーアンの蚤の市、ジャン・ピエール・リーヴの「芸術とラグビーへのオ

「オ・トルー・ノルマン」の鴨のコンフィ

マージュ」だ。パリ市庁舎の「ラグビー、感動の世界」展で知ったこの企画、蚤の市の開催が週末なのでこの土曜日に訪問することにしたのだが、クリニャンクールは今夜の決勝が行なわれるサン・ドニのちょっと手前なので、道順から考えても好都合である。

九号線に乗ってストラスブール・サン・ドニで四号線に乗り換え、終点のポルト・ド・クリニャンクールで下りる。人の流れに従ってぶらぶらと歩いて行くとそのままサントゥーアンの蚤の市に辿り着く。パリ最大の蚤の市だけあってものすごく賑わっている。アンティークの家具を取り扱う店が集まった一角で、一軒の家具屋の店先にいた店主らしき男性にポストカードを見せて道を訊ねる。リーヴが何者かはすぐにわかったようなのだが、その催しはもう終わっているという意味のこと（たぶん）を言う。そんなはずはないと食い下がると、ポストカードの図柄をじっと観て、「あれだ」と指差してくれた。

家具店の店主が指差したのは「マラシ（MALASSIS）」というマルシェだった。その入口の前に行くと鉄道のレールをぐにゃぐにゃに曲げて造ったオブジェがあった。これがジャン・ピエール・リーヴの作品である。以前に写真で観たのと同傾向の作品なのですぐにそれとわかる。3〜4メートルくらいの高さの大きな作品。エネルギーと調和の感じられる作品。

そのマラシというマルシェのあちこちで訊ねて回ったのだが、ちゃんと答えてくれる人は一人もいなかった。何人かの話から推察すると、リーヴの作品がある一箇所にまとめて展示されているのではなく、いくつかのマルシェに一つずつ陳列されているということのようだった。そこでマラシを出てほかのマルシェも歩いてみる。結局、マラシのほかに二箇所、「ドーフィヌ（DAUPHINE）」と「セルペット（SERPETTE）」というマルシェでリーヴの作品を一つずつ発見できた。どちらも最初の一つと同じような路線の作品なのだが、二つ目のはより柔和な感じがしたし、三つ目のはより安定した感じがした。

先にも述べたようにジャン・ピエール・リーヴは僕がラグビーを始めた高校時代の最大のアイドルである。その彼がラグビーから引退したあとにアーティストに転向したことは以前の僕にとっては大きな驚きだった。でも今になって考えてみればとてもすんなりと納得できる気がする。

リーヴはこの種のスカルプチャーで何を表現しようとしているのだろうか？　帰国後に見付けたウエブサイト上のリーヴのインタビュー記事から抜粋してみる。

サントゥーアンのドーフィヌにあったジャン・ピエール・リーヴの作品

（前略）

――鉄の何がそれほどあなたを惹き付けるのですか？

リーヴ：僕にとっては必ずしも材質の問題じゃないんだ。

――形？

リーヴ：形になるまでの機械的な過程はそれほどでもないけれど、そう、形自体には興味がある。僕は材質的な問題にはそれほど興味がない。何がどういう働きをするのかという知識はちゃんと身に付けているけれど。

——実際の仕事の仕方と考え方に違いはありますか？

リーヴ：僕の仕事の仕方はあまり精神的じゃない。僕はもっと本能的だ。けれども常に仕事をする材料に何かを見出すことができるし、そのことは気に入っている。どんな材料でもやってみることができるよ。マッチであってもね。（中略）

——あなたがとても直接かつ自然になさっていることがわかりました。

リーヴ：僕は複雑な人物じゃない。うまくいくことならそれでいくし、うまくいかないことなら方針を変える。瞬時に起こったことなら瞬時にやる。

——それは常に抽象的なのですか？

リーヴ：そう、それは常に抽象的なんだ。なぜなら僕は自然と争うのはあまりにも難しいと考えているからだ。僕は馬や列車や飛行機を作りたいと思っているわけじゃない。だってその種のことは僕よりずっとうまくできる人たちがいるからね。

——でも着想はどこから来るのですか？

リーヴ：僕には着想はない。それは常にただの感覚なんだ。

——何かを表現しようとしているのですか？

リーヴ：僕はもっと抽象的な概念から仕事をしているんだ。例えば水平的という概念からね。時々僕は世界があまりにも垂直的だと感じる。そしてだからこそ水平的に考え始める。都会化と僕たちの生活を取り巻くものとの調和化という視点から言うと、水平的の方がはるかに相応しいよ。

――オーストラリアにはまさしくその水平的を重視した風景画の伝統があります。

リーヴ：うん、僕はその風景画の様式に親しみを感じている。人は画家にはイメージが必要だと、仕事の元になるイメージが必要だと言う。僕にとっては重要なのは創案だし、想像なんだ。以前にアフリカで展覧会を開いて、向こうで仕事をしていた時、アフリカ人がやって来て作品をじっと観て僕に言った。「何をやっているんだい？ 何一つ再現していないじゃないか？」って。僕は言った。「空を見上げて、雲を見てごらんよ。彼らは何を再現している？」って。牛とか花とか何かに見えるかどうかなんてまったく気にしない。僕にとって形はそれだけで充分なんだ。（中略）

――ちょっとラグビーの話をしましょう。

リーヴ：ちょっとだけね。ラグビーはうまくいっている。オーケーさ。

――私は興味があるんです。あなたがどうやって彫刻に転向したのかということに。だってあなたはそのスポーツに大変な理解があったわけですから。

リーヴ：ラグビーは曲線の軌道なんだ。みんなは平行している直線がどこにあるのかを知りたがる。平行している直線はあるけれど、多くはない。あるのはエネルギーと軌道なんだ。僕は軌道という見地から仕事をしているし、人にはクリエイティブなエネルギーがないといけない。

――あなたがスポーツで活用するエネルギーはあなたのクリエイティブなエネルギーと同じですか？

リーヴ：うん。同じだよ。人にはエネルギーがないといけない。重大な質問に対しては面白い回答がないといけないしね。問題は、もし質問がなければ回答もなくなってしまうということだ。でも肝心なのは、

人間は常に答えを探しているということだよ。（中略）

――尊敬するアーティストは？

リーヴ：ものを作る人は誰でも、質問に回答する何かを作ろうとする人は誰でも尊敬しているよ。ピカソであれチリーダであれ誰であれ、ある種のエネルギーがあるかどうかによるね。エドゥアルド・チリーダは好きだよ。とても気に入っている。ジュルメーヌ・リシエも、リン・チャドウィックも好きだ。僕がやっていることとは違うけど、良いと思う。

――50年代の彫刻に大いに影響されてきたのですね。

リーヴ：うん。とても気に入っている。僕の彫刻は50年代の抽象を受け継いでいる。幾何学的図形には関心はない。僕の彫刻はもっと独創的だし、もっとバロックなんだ。ベルナール・ヴネについて言うのなら、彼はあまりにも幾何学的で……。

――あなたはその正反対ですね？

リーヴ：僕は彼とはまったく似ていない。僕はバロックでさえない。僕は原始的なんだ。まったくもって数学的じゃない。僕は右に行って、もし落ち始めたら、左に向かうのさ。

――それは一種の本能ですか？

リーヴ：僕は本能的だよ。でもそれは重要じゃない。僕は美的かどうかということにはまったく興味がない。人が作品に何を持ち込んでいるのかについては興味があるよ。精神的な過程を経た作品についてはね。小さな奇跡が起きれば、それはうまくいくかもしれない。でも、うまくいかないかもしれない。うまくいけばとてもハッピーだよ。そして落ちてしまうようなアクシデントもまたハッピーなんだ。（後略）

ちなみにこれは2006年にオーストラリアのボンダイ・ビーチとタマラマ・ビーチの間にある遊歩道で行なわれた「スカルプチャー・バイ・ザ・シー」というイベントにジャン・ピエール・リーヴが作品を提供した時に行われたフランス語のインタビューの英訳から拾い訳したもの（ウェブサイト「アート・インタビュー」http://www.artinterview.com.au/artist-interviews/jean-pierre-rives-at-sculpture-by-the-sea/1 より）。

リーヴは2003年のワールドカップの時にはたまたまボンダイ・ビーチでこのイベントを観ていたのだが（その年のフランス・チームはそのボンダイ・ビーチを拠点に合宿をしていた）、ワールドカップの半年後に電話で作品を依頼されたのだそうだ。なお、リーヴはもともとアルベルト・フェロー Albert Féraud という彫刻家のスタジオに5年間通って彫刻を始めたのだという。

さて、リーヴの作品はほかにもあるかもしれないのだが、とりあえず三つを発見したのでこれで良しということにして、サントゥーアンの蚤の市をあとにする。

ポルト・ド・クリニャンクールから四号線に乗り、バルベス・ロシュシュアールで二号線に乗り換え、プラス・ド・クリシーで十三号線に乗り換え、サン・ドニ・ポルト・ド・パリで下りる。二度の乗り換えでちょっとくたびれてしまって、やはり一度ホテルに戻っておけば良かったかなとこの時は思った。しかし実はこのあとの時間にこの地下鉄十三号線が動かなくなってしまったことがあとになってわかった。決勝戦の切符を持っていながらキックオフに間に合わなかった人もたくさんいたのだそうだ。僕たちは早めに移動しておいたおかげでことなきを得たということになる。危ないところだった。

サン・ドニ・ポルト・ド・パリの駅を出て通りを渡った目の前が「ヴィレッジ・サン・ドニ・ラグビー・カラー」というスペースになっていた。前回大会のシドニーのテルストラ・スタジアムの外にもこういう施設があったのだけれど、パブリック・ビューイングのためのモニターがあって、音楽を演奏するステージがあって、簡単な飲み物と食べ物が買える売店がある。まだ陽は高いのに早くもたくさんの人が集まっている。南アフリカのファンとイングランドのファンが互いに歌を歌い合ったり写真を撮り合ったりして盛り上がっている。ネルソン・マンデラのお面をかぶっているスプリングボクスのファンがいる。シャバルのかつらをかぶっているフランス人もいる。ウエールズやスコットランドのジャージもいる。これだこれだと僕は思う。これぞまさしくラグビー・ワールドカップの雰囲気だ。一瞬、自分もジャパンのジャージを着てここに来るべきだったのかもしれ

シャバル・ウィッグの男たち。ヴィレッジ・サン・ドニ・ラグビー・カラーで

ないという気分になった。それがこの世界の流儀だからだ。

しばらくそこでビールを立ち飲みしてからスタジアムの方向に向かう。途中でプログラムを購入する。決勝だけあってこの日のプログラムは15ユーロ。それからスタジアムの北側にあるホームセンターの「ルロワ・メルラン」をちょっと見学する。ＤＩＹ［ブリコラージュ］の大型店。出て来るともう日が落ちる直前だった。スタジアムの外でもう少しビールを立ち飲みする。相方はホットドッグを食べる。辺りはすぐに暗くなる。目の前で繰り広げられる双方のファンの応援合戦を楽しむ。場外アナウンスは閉会のセレモニーがあるので20時30分までに中に入って欲しいと繰り返している。僕たちもスタジアムの中に入る。

この日の席はR1・36・5〜6。メイン・スタンドから見て左の手前側のゴール裏の四十五度の位置だ。写真を撮って、ビールを買って、20時40分ごろ着席する。スプリングボクスの選手たちはすでにグラウンドに出てアップをしている。着席した直後にイングランドの選手たちがグラウンドに現われて大歓声が上がる。ＢＧＭに「ロンドン・コーリング」が掛かって笑ってしまう。でもまあ確かに「戦争が布告され、戦いが始まるNow that war is declared and battle come down」のところはぴたりと当てはまる。モニターでは過去のワールドカップの名場面の映像が流れる。最後に前回大会のジョニー・ウィルキンソンの決勝ＤＧのシーンが流れるとまた大歓声が上がる。

やがて「ワールド・イン・ユニオン」の変奏が流れ始める。そのイントロがクライマックスに達して、20時54分、いよいよ選手が入場する。モニターの合図と同時に観客が一斉に椅子の上に配られていたボール紙のプラカードを掲げる。スタジアムが三色に染まる。上段は濃い緑、中段は紺、下段は明るい緑。その中に「FRANCE 2007」という白い文字が浮かび上がる。

国歌斉唱。この日は楽隊による生演奏だ。まずは「ガッド・セイヴ・ザ・クイーン」。モニターには客席にいるゴードン・ブラウン首相の姿が映し出される。ウィリアム王子とハリー王子の姿も映し出される。闘志を剥き出しにしているイングランドの選手たち。続いて「ンコシ・シケレリ・アフリカ〜ディ・ステン・ヴァン・スイ・ド・アフリカ」。今度は客席のタボ・ムベキ大統領が映し出される。スプリングボクスの選手たちは静かな表情をしている。国歌が終わると早速「スウィング・ロウ」の大合唱が始まる。イングランドからは5万5000人のサポーターがパリに来ていると伝えられている。今日のレフリーはアイルランドのアラン・ローランド。

21時ちょうど、イングランドの⑩ジョニー・

選手入場。「FRNCE 2007」の人文字はあまり美しくは決まらなかった

ウィルキンソンのキックオフでゲームが始まる。

開始36秒、スプリングボクス陣内33メートルのイングランド・ボールのファースト・ラインアウトは、ボクスの④バキース・ボタがタップでマイボールにする。1分20秒、ボクス陣内26メートルのイングランド・ボールのファースト・スクラムは、イングランドのフォワードがぐいと押し込む。2分44秒、ボクス陣内39メートルのイングランド・ボールのセカンド・ラインアウトは、ボクスの⑤ヴィクター・マットフィールドがタップでマイボールにする。ラインアウトはスプリングボクス。スクラムはイングランド。予想通りの攻防。この時間帯はイングランドのフォワードが良く前に出ていた。

4分、イングランドはボクス陣内48メートルの三本目のマイボール・ラインアウトを⑤ベン・ケイが何とかマイボールにすると、⑨アンディ・ゴマソールがハイパントを上げて、⑭ポール・サッキーが一直線にボールを追う。ボクスの⑪ブライアン・ハバナが22メートルぎりぎりのところでキャッチしてマーク。このゴマソールのキックは準決勝でフランスから開始直後のトライを奪ったのと同じキックだった。このシンプルな攻撃が今回のイングランドの重要な得点パターンだったことがわかる。

5分、イングランドが自陣36メートルのマイボール・ラインアウトからボールを回すと、⑬テイトがバランスを失って転倒。すかさずボクスの⑫ステイン、⑩ジェイムズ、⑥バーガーが襲い掛かって、テイトがノット・リリース・ザ・ボールを取られる。6分、ボクスの⑮パーシー・モンゴメリーが正面20メートルのPGを決める。3対0。スプリングボクスが先制。

イングランドは12分に⑩ジョニー・ウィルキンソンが右タッチライン際24メートルのPGを決める。3対3。しかしボクスは直後に⑮モンゴメリーが左中間28メートルのPGを決める。6対3。イングランドは16分の敵陣27メートルのマイボール・ラインアウトをロング・スロー、⑦ルイス・ムーディと④サイモン・ショウがボールを確保すると、右中間23メートルの位置から⑩ウィルキンソンがDGを蹴る。これは失敗。

このあとハイパントの蹴り合いになる場面があって、21分にはボクスの⑫フランソワ・ステインが右中間49メートルのPGを狙う。これも失敗。

スプリングボクスは22分、ハイパントのカウンター・アタックで⑩ブッチ・ジェイムズがハーフラインの手前でショート・パントを上げ、自分でキャッチしてチャンス。左に回して③ファンデルリンデがタックルを受けて今度は右に回すが、⑭J・P・ピーターセンがイングランドの⑩ウィルキンソンにタックルされてノット・リリース・ザ・ボール。

23分、場内に「スウィング・ロウ」の大合唱が響き渡る。24分にはスタジアムのモニターにフランスのベルナール・ラポルトとジョー・マゾが映し出されてブーイングが起きる。

しばらく蹴り合いの硬直した展開になったあとの34分、イングランド陣内45メートルのイングランド・ボールのラインアウトをボクスの⑤マットフィールドがまたマイボールにする。⑨デュプレア、⑩ジェイムズ、⑫ステインと展開、ステインがイングランドのタックルを一つ、二つ、三つと外して約30メートルのゲイン。ポイントから右に展開して⑭ピーターセンがゲイン、今度は左に展開して②ジョン・スミットがトライラインまであと1メートルに迫るが、最後は⑨デュプレアがノックオン。

しかし37分、この5メートル・スクラムを押して回してマイボール・スクラムにしたボクスは、⑧ダニー・ロッソウがサイドを突いてあと50センチ、ラックから左に出して④ボタもあと50センチ、ラックでイングランドにハンドのペナルティがあって、⑮モンゴメリーが27メートルまで戻って左タッチライン寄りのPGを狙う。39分、PG成功。9対3。ちょうどここでハーフタイムとなった。

前半はやはりすごく堅い展開。キックが多くてつまらないと言えばつまらない。意外にイングランドがディフェンスで健闘している。しかしスプリングボクスは余裕を持って試合を進めているように見える。

21時54分、ボクスの⑩ブッチ・ジェイムズのキックオフで後半開始。その直後、プレイの最中にラックのそばにいきなり闖入者が現われるハプニングが起きる。警備員が捕まえてローランド・レフリーは試合を続行、曲者はすぐに摘み出される。

明暗を分けたのは41分のボクス陣内33メートルのイングランドのラインアウトからの攻撃だった。イングランドがキープしてモールから出したボールが乱れて転がる。ボクスのディフェンスが前に出ていたのでギャップができる。ハーフライン上でボールを取ったイングランドの⑬マシュー・テイトがディフェンスを抜いて48メートル走ってトライラインまであと2メートルに迫る。ポイントから⑨ゴマソールが左にボールを出し、⑩ウィルキンソンがタップ・パス、ボールを受けた⑪マーク・クエトーがボクスの⑧ダニー・ロッソウのタックルを受けながら左隅のインゴールに飛び込む。トライか？ タッチか？ ビデオ・レフリング。スロー・モーションで観てもボールをグラウンディングする前に左足がタッチラインに触れていたか宙に浮いていたか微妙。判定に3分を要したが、結局タッチ。そしてテイトがタックルを受けたポイントでボクスがペナルティを取られる。

43分、⑩ウィルキンソンが22メートルラインまで戻って左中間のPGを蹴る。ポストに当たって成功。6対9。うーむ。準々決勝と準決勝の展開と似てきたぞ。

ボクスは45分に⑤マットフィールドがキックしたボールを⑭ピーターセンがゴール前に追うが、イングランドの⑪クエトーが取ってタッチに出る。46分、イングランドは⑮ジェイソン・ロビンソンが傷んで㉒ヒプキスと交代。ピッチから去るロビンソンに大拍手。48分にはまた場内に「スウィング・ロウ」の大合唱。

ボクスは50分、⑮モンゴメリーが左中間23メートルのPGを成功。12対6。イングランドは58分、マイボール・ラインアウトを確保してモールを押し込んで、22メートルライン上からまた⑨ゴマソールが右奥にハイパント。㉑トビィ・フラッドがボクスの⑩モンゴメリーと競り合うが、ボールはデッドボールラインを割る。

61分、ボクスの⑫ステインがイングランドのオブストラクションで得た右中間47メートルのPGを決める。15対6。これでボクスは俄然有利になった。

このあとイングランドが攻め込むが、なかなかトライ・チャンスには至らない。62分にはキックオフのボールを確保して連続攻撃。フェイズを10まで重ねるが、64分、㉒ヒプキスがボクスの③ファンデルリンデと⑩ジェイムズにタックルされて、ボクスのフォワードが殺到して、ターンオーバー。64分、イングランドは⑱ローレンス・ダラーリオが大声援に迎えられて登場。68分にイングランドはボクスのトライラインまであと10メートルのマイボール・ラインアウトを得るが、ボクスの⑦スミスにボールを取られる。70分には⑩ウィルキンソンが42メートルのDGを失敗。

71分にはスプリングボクスのスキッパーのスミットが目尻を切って一時退場。一瞬、スミットはノーサイドのホイッスルをグラウンドの上で聴けなくなるのでは？と案じてしまった。ここで「ギリシアのワイン」が流れ、この決勝戦の観客数が8万430人と発表がある。これはこのスタッド・ドゥ・フランスの新記録だというアナウンス。

70分を過ぎてイングランドにとっては最後のチャンス。73分に⑬テイトの好タッチキックでトライラインまであと7メートルの相手ボール・ラインアウト。イングランドは⑥コリーがボクスの⑩ジェイムズに好プレッシャーを掛けて、トライラインまで20メートルで今度はマイボール・ラインアウト。73分、イングランドはボールを確保してモールを押すが、途中でボールがこぼれてしまって、ボクスに大きく蹴り返される。このあともボールをキープして攻めるが、㉑フラッドがパントを蹴って⑭サッキーを走らせようとするも、ボクスがボールを確保する。突破口を開けられない。

76分、スミットがめでたくピッチに戻る。南アフリカのサポーターが日本のサッカーの試合でもおなじみの「オレー、オレー、オレー、オレー（ザ・ネイム・オヴ・ザ・ゲーム）」を歌い始める。そして79分46秒のボクス陣内39メートルのボクスのスクラム。⑥スカルク・バーガーが一度サイドを突き、⑦ジュアン・スミスがもう一度サイドを突き、80分3秒、⑨デュプレアがボールをタッチに蹴り出してノーサイド。時計は22時43分だった。

スプリングボクスはラインアウトで断然優位に立って試合を制圧した。イングランドも良く攻めたのだが、トライの匂いはしなかった。結果的に言えば、ボクスの余裕の横綱相撲。ボクスが追い詰められてミスを連発するような展開にならない限り、イングランドに勝機はなかったということだろう。まあ、スリリングなゲームにはならなかった。双方キックが多くて、堅くて、ビッグ・プレイはほとんど出なかった。

48／決勝／10月20日／サンドニ・スタッドドゥフランス						
レフリー：アラン・ローランド／観客：80430人						
	イングランド				南アフリカ	
	6				15	
	3		前半		9	
	3		後半		6	
	0		T		0	
	0		G		0	
	2		PG		5	
	0		DG		0	
1	A.シェリダン			1	OS.デュラント	
2	M.リーガン	→16		2	J.スミット	
3	P.ヴィッカリー	→17		3	CJ.ファンデルリンデ	
4	S.ショウ			4	B.ボタ	
5	B.ケイ			5	V.マットフィールド	
6	M.コリー			6	S.バーガー	
7	L.ムーディ	→19		7	J.スミス	
8	N.イースター	→18		8	D.ロッソウ	→19
9	A.ゴマソール			9	F.デュプレア	
10	J.ウィルキンソン			10	B.ジェイムズ	
11	M.クエトー			11	B.ハバナ	
12	M.キャット	→21		12	F.ステイン	
13	M.テイト			13	J.フーリー	
14	P.サッキー			14	JP.ピーターセン	
15	J.ロビンソン	→22		15	P.モンゴメリー	
16	G.シューター	2→		16	B.デュプレッシー	
17	M.スティーヴンス	3→		17	J.デュプレッシー	
18	L.ダラーリオ	8→		18	J.ムラー	
19	J.ウォーズリー	7→→20		19	W.ファンヒールデン	8→
20	P.リチャーズ	19→		20	R.ピナール	
21	T.フラッド	12→		21	A.プレトリアス	
22	D.ヒプキス	15→		22	W.オリフィエ	
	0		イエロー		0	
	0		レッド		0	

ホイッスルと同時に駆け寄って抱き合うスプリングボクスの選手たち。呆然と立ち尽くすイングランドの選手たち。国旗を打ち振って飛び跳ねるボクスのサポーター。モニターではエリスカップに「2007　SOUTH　AFRICA」の文字を今まさに彫り込んでいる様子が映し出される。ピッチの上に簡単な表彰台が設置される。表彰台の上にVIPたちが並ぶ。左から、現IRB会長のシド・ミラー、フランス大統領ニコラ・サルコジ、現フランス・ラグビー協会会長で次期IRB会長に決ま

ったばかりのベルナール・ラパセ、英国首相ゴードン・ブラウン、南アフリカ大統領タボ・ムベキ。

場内に「ワールド・イン・ユニオン」の変奏が流れ始めて、表彰式が始まる。まずはイングランドの選手たちがシド・ミラーからメダルを受け取りながら表彰台の上に立つ。モニターにはエリスカップにようやく「２００７　ＳＯＵＴＨ　ＡＦＲＩＣＡ」の文字が彫り上がるところが映し出される。そしてそのエリスカップをジャン・ピエール・リーヴが二人の子どもを引き連れてピッチの上に運んで来る様子が映し出される。リーヴと二人の子どもが長い長い通路を歩いて来る。途中で小さい方の子どもが泣き出してしまうハプニングが起こる。でもどうにかリーヴと二人の子どもがピッチに現われてエリスカップを表彰台の上に置く。今度は南アフリカの選手たちがシド・ミラーからメダルを受け取りながら表彰台に立つ。ジョン・スミット、パーシー・モンゴメリー、オーエ

エリス・カップがジョン・スミットの手に渡されて、金の紙吹雪が舞う

ス・デュラント、フランソワ・ステイン、ブライアン・ハバナ……。最後にジェイク・ホワイト。スタッフも含めて全員が表彰台の上に立つ。

そして23時4分、サルコジ大統領からジョン・スミットにエリスカップが手渡される。スミットがムベキ大統領の手を取ってエリスカップを高く掲げる。同時にスタジアムの屋根から花火が上がる。金色の紙吹雪が舞う。栄光の瞬間。スプリングボクスの選手たちがスミットに駆け寄って歓喜を爆発させる。選手たちの輪の中にムベキ大統領もいる。ムベキ大統領は選手たちに肩車されてカップを高く掲げる。ピッチの上では「FRANCE 2007」「NEW ZEALAND 2011」の文字に火が入る。「ワールド・イン・ユニオン」が流れる中、ボタとマットフィールドの両ロックが先頭に立ってウィニング・ランが始まる。選手たちに続いてジェイク・ホワイトも場内を一周する。僕たちの目の前にチームが到達した時にはジェイク・ホワイトがカップを掲

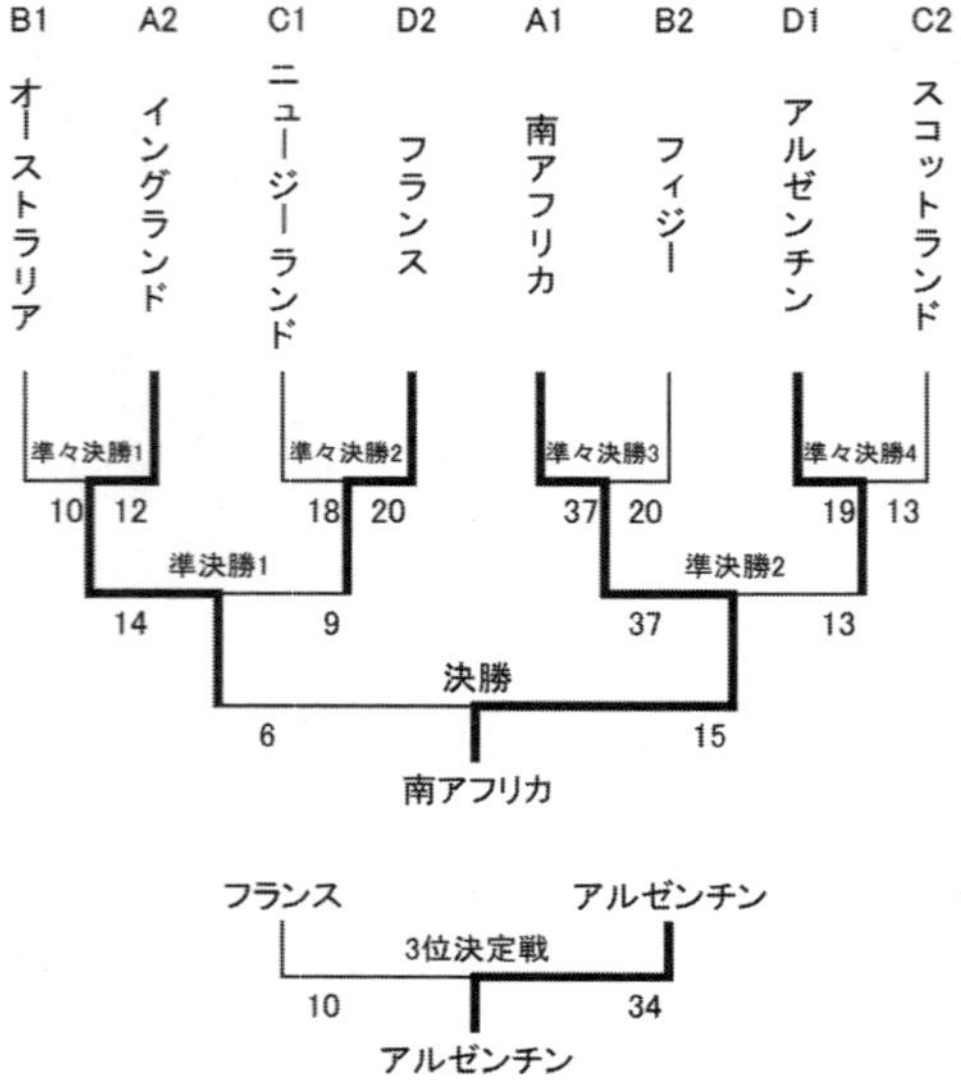

げていた。こうして、第六回ワールドカップ・フランス大会はその幕を下ろした。

スタジアムの外は押し合い圧し合いの人の波。ほぼ半月の低い月が出ていた。サン・ドニ・ポルト・ド・パリから十三号線に乗る。「ウィ・アー・ザ・チャンピオン」を歌う南アフリカのサポーター。それでもなお「スウィング・ロウ」を歌うイングランドのサポーター。反目することはなく、互いに声を掛け合い、肩を叩き合い、写真を撮り合うその姿はやはりラグビーならではだ。祭りのあとのパリの地下鉄の中で、僕は、これがなくなる日が来たら、潔くラグビー・ファンを辞めようと誓った。

シャンゼリゼ・クレマンソーで一号線に乗り換えてポルト・マイヨに戻る。ホテルの部屋に入ると、ほどなく眠りに落ちてしまった。パリの最後の夜。相方ともっと喋っていたかったのだが。

10月21日（日）
「レキップ」10月21日号
●1面　大見出し「頑丈な［頑固な］スプリングボク」
前文「南アフリカは昨夜イングランドに勝利して（15対6）ラグビー・ワールドカップを獲得した。1995年のそれに続く二度目の優勝によって、スプリングボクスはこの大会の二度の勝者オーストラリア（1991、1999）と肩を並べた」
見出し「ラグビーのメッセージ」（署名　ミッシェル・ダローニ）
南アフリカは昨夜スタッド・ドゥ・フランスの空の下で再びラグビー・ワールドカップのチャンピオ

ンとなった。彼らはイングランドを打ち負かして（15対6）1995年の勝利に続く二度目の絶対的な成功（七試合で一つも敗戦がない）に署名した。天才的というよりもシリアスな、霊感的というよりも筋肉質の、スリークォーター・バックスの飛翔というよりもキックによるファイトとゲームで組み立てられたプレイのあとに。決勝はこういう展開になるものだ。リジー・メルシエ・デクルーを悼んで歌うとすれば『でもガゼル［レイヨウ］たちはどこに行ったの？Mais où sont passées les gazelles?』（岩切註：リジー・メルシエ・デクルーの1984年のヒット曲）。1995年には新生南アフリカの大統領でシンボルだったネルソン・マンデラがスプリングボクスのキャプテンのフランソワ・ピナールにウェブ・エリス・トロフィを手渡した。黒人と白人は一緒になって勝利を祝った。取り戻した自由を、存在する誇りを、生きる幸福を祝福するかのように。昨夜はネルソン・マンデラの後継者のタボ・ムベキがセレモニーに参加した。プロトコルにもう一つの意味を、もう一つの価値を与える壮大なチャンス。歴史的な第六回ラグビー・ワールドカップの全体を通じて、ゲームの価値は賞賛され、現代のスポーツの手本にまで格上げされた。尊敬、寛容、威厳、打ち解けた会食［コンヴィヴィアリテ］。我々の世界がしばしば置き忘れているその意味するものを語る言葉

「レキップ」10月21日号1面「頑丈な（頑固な）スプリングボク」

と同じくらいに。しかし、２１世紀初頭の南アフリカの社会と、国民の重大なアイデンティティを共有しているそのラグビー・チームは、本当にその資格を負っているだろうか？　スプリングボクスの国に対するレキップの最後の記事は疑問を呈しておく。二度も偶然にラグビーの世界チャンピオンになることなどあり得ない。この栄光は義務を創り出す。卓越することの義務。もちろん我々は、ガゼルのプレイに対して、彼らの自然で繊細なスタイルに対して、長く生き続けて欲しいと願っている。しかし同時に、とりわけ、模範であることの義務。この成功のあとのいくらかの時間に、いかなる論争も厭わない我々は、今こそラグビーはもっと別の良いものであることを、ボールを繋いでいくというオリジナルの流儀があることを思い出させたいと望んでいる。これはメッセージだ。

●２１面（ラグビー・ワールドカップ特集１面）大見出し「グリーンの惑星」（署名　アンリ・ブリュ）

ワールドカップが南半球に渡るのは五回目で、アフリカには二回目だ。スプリングボクスは１９９５年の初優勝から１２年を経て、ワラビーズに続いて二度の優勝者のリストに加わった。興味深いことにスプリングボクスは二度ともトライのない決勝のタイトルを獲得したことになるが、彼らは古きヨーロッパの「退屈な」ゲームによってスーパー１４やトライ・ネイションズの攻撃的ラグビーの優位を証明するためにサン・ドニまで来たのではなかった。

幸運なことではあるが、ゲームの中の二度の南アフリカの攻撃の痕跡に、革命的攻撃的ゲームの下絵のスケッチをビデオから探すのは無駄だった。

スプリングボクのコーチのジェイク・ホワイトは、あらゆる点で彼の予言が実現することを予見していた。彼は、今回のワールドカップは、これまでの四大会同様、最高のディフェンスを備えているチームによって勝ち取られるだろうと予告していた。その事実はしばしば繰り返されているのだから、もはや偶然ではない。無味乾燥でフィジカルな対決にも美しさはあるが、もし立法担当者が攻撃側に有利になるように事態の均衡を取り戻すことを試みなければならないとしたら、仕事は山ほどある。

究極のチャレンジは常に残っている。1987年に『世界』が始まって以来、そのタイトルを保持することに成功したチームはまだない。すなわち南アフリカは4年後にニュージーランドで次の挑戦に立ち向かうことになる。

イングランドは、その途方もない賭けの最後まで到達することには成功しなかった。5週間前に同じ相手に同じ会場で36対0で粉砕された彼らは、今回はまったく異なる顔を見せた。80分間、堂々と北半球の旗を持ち支え、地域的には支配し、相手の三倍のボールをパスしながら。不幸なことに、飛躍すなわち彼らの間の反復の習熟を手に入れることはなく。決勝トーナメントの三試合で、彼らはただ一つのトライしか記録していなかった。対フランス戦のトライしか。

運命の皮肉で、そのトライは、その著者クエトーが、昨夜はトライを認められなかったのと同じグラウンドのコーナーに記録された。彼はもしかしたらまったく全然届いていなかったのかもしれない。それをトライ成立とかその可能性があると宣告するところには。例えばビデオ・レフリーの決定という形を取って。

テレビ担当のオーストラリア人、M・ディッキンソンは、彼の精神と良心によってイングランドの左ウィング［エリエ・ゴウシュ］の足はラインに触れたと決定した。彼は誰もそれを論証できなくても反対の判定を表明することもできた。モンゴメリーとスタインの足は1995年のストランスキーの足のように南アフリカのコミュニティの一部を幸福で有頂天にするには充分だった。3年後に彼らはサッカーのワールドカップを開催するのだが。

しかし試合を通してイングランドによる抵抗が示されたことには疑いの余地はない。大会の間に得点の方法を見付けられなかったこのチームは、たったの1年でアシュトンによって組み立てられていて、その重大な不在に改めて後悔を残すだろう。もちろんフランスは、この4年間に対イングランドの六試合で二敗、対南アフリカの三試合で一敗しか許していなかった。

しかしそれよりもずっと、ニュージーランドは、昨朝テレビの画面の前で、これが本当に悪夢ではないと信じることは難しかったに違いない。南アフリカは今度は、この4年間イングランドが負ってきたこのとても重たい責任を引き受けていかなければならない。そしてラグビー・ビジネスにおける進化は留まるところを知らないようだ。彼らは11月24日にカーディフにおけるウエールズとの親善試合で彼らのまったく新しいタイトルを初使用する。インターナショナルボードがカレンダーを勿体ぶって検討しているその時に。そういうふうに、常にとても美しいとは言えないラグビーの世界。スプリングボクス、彼らは、美しいかどうかなどは意に介していない。

●22面　大見出し「ボクス、足［キック］を選ぶ」（署名　ヴァンサン・コニエ）

前文「長いあるいは高いキックのゲームによって封じ込められた決勝で、南アフリカは彼らのキッカーの冷徹なリアリズムを押し付けた」

試合開始前にスタジアムの音響設備でフルボリュームでがなり立てられた英国の二曲のポップロックの讃歌、『ロンドン・コーリング London Calling』（クラッシュ）と『ワンダーウォール Wonderwall』（オアシス）は、冷徹な論理を突き飛ばすのに充分ではなかった。南アフリカはタイトルホルダーのイングランドを制圧して、彼らの史上二度目の、1995年以来の世界チャンピオンに輝いた（15対6）。12年前と同じように（優勝南アフリカ15対12）、凍て付く冷徹の国の間で争われたこの決勝を電飾するトライはなかった。1995年に反して、この封じ込められた決勝を感動があれほどの光の輪で包み込むのは一苦労だった。

優先権は地域の支配に対して、とりわけほとんど攻撃の幅が見られなかったボクスの側に対して与えられた。スペクタクルは採算が合わなかった。その正反対で、ジェイク・ホワイトでさえ眠気に負けるのではないかというくらい呆れるものだった。南アフリカのコーチはフランスに到着した時から言っていた。トロフィーを家に持ち帰るために来たのだと。完璧なミッション。失敗はなく、心の迷いもなく。プール・マッチでのスプリングボクスとの最初の対決を再考すれば、イングランド人も立ち直れるだろう。その夜は36対0で粉砕されて、彼らはおそらく5週間後に決勝で再会することは期待していなかった。

○地域獲得の戦闘

9月14日の同じスタジアムのプール・マッチで、スプリングボクスはイングランドを苦しめた。前半に電光石火の2トライを記録して。昨夜、試合はもっとずっと封じ込められた。南アフリカの側では、オプションはすぐに明らかになったように見えた。デュプレアとモンゴメリーによるキックのプレイ［ジュー・オ・ピエ］での地域の支配と、ショットの得点。もしそれが入らなくても、少なくとも、リセットになる。イングランドはより以上にワイドにプレイしようとした。おそらくは間隔を創り出すために相手のディフェンスを引き伸ばしたくて。しかし彼らがプレイを三回以上繋ぎ合わせるのに成功することは一度もなかった。ボクスは一度も彼らのライトモチーフから逸脱しなかった。ヴィクター・マットフィールドは48分にクロスバー［トランスヴェルサル］にタップして自身の責任を果たした（岩切註：マットフィールドがラインアウトのボールをタップ・パスして、直後のモンゴメリーのPGを導き出したことを言っているのだと思う）。

○ハーフタイムの転換

試合の流れを傾けるには5分あれば充分に可能性がある。ましてやワールドカップの決勝であればなおさらだ。37分、非常に類い稀な攻撃的ボクスの一人、類のないフランソワ・ステインが始動した。三つのフェイント［クロシェ］と引き換えに、彼は突破口を創り出した。その突破口は彼のチームメイト［コエキピー］が左のサイドで若干人数が余ったのを活用せずに『消費』によって終わらせてしまったが。しかし彼らは5メートル・スクラムを回転させて（そして奪い取って）立ち直った。過失を誘われて、イングランドはペナルティを許した……そして3点を。

運命はハーフタイムが終わった時に彼らにとっては残酷な姿を見せた。2分間に（42分と44分に）イングランドは二つの連続した困難な打撃を食らった。ビデオ判定のあとで、マーク・クエトーに、ぎりぎりのところで否定されたトライ。マシュー・テイトの独壇場の見事なディフェンスの突破のあとに。そして、彼のチームにスリークォーター・ラインの大部分の組み立て直しを余儀なくさせた、ジェイソン・ロビンソンの負傷による退出。テイトがフルバック［アリエール］に移り、センターの持ち場にはヒプキスとフラッド（キャットに代わった）が就いた。ワールドカップの決勝のど真ん中では理想的とは言えなかった。

○空中の王ボクス

イングランドは彼らの2人の一本目のラインアウトのスロワー［ランセ］を失った。栄華の盛りのマットフィールド効果で……不安定にされて、マーク・リーガンのスローイングはしどろもどろになり始めた。南アフリカが彼らのマイボールのラインアウトの上で口髭をカールさせていたのに対して、イングランドは彼らのラインアウトを迅速に（とりわけゴマソールによって）プレイしなければならなかったし、その上、最後尾の選手（ヴェルイリュアー verrouilleur）を越えて（ムーディに）投げなければならなかった。彼らは優位を引き出すことができなかった。結局、イングランドは五つのラインアウトを無駄に失った。地球上の最高性能のラインアウトの大きな犠牲になった。

○モンゴメリー、足良し目良し

決勝の前に得点ランキングのトップに立っていた（93点で）パーシー・モンゴメリーは、彼の得点の財産を堅固にした時に心配がなくなった。昨夜、彼は個人のメーターに12点を付け加えた。フランソワ・ステインはスプリングボクスのキッカー［ビュテュール］の大勝利を完成させた。62分に50メートル近くの一つのペナルティゴールを通して。（後略）

＊このページの「ザッピング」の写真の中にはジェイソン・ロビンソンが退場した場面でスタジアムで拍手を贈っているダスティン・ホフマンの写真もある。ダスティン・ホフマンが決勝のスタジアムに来ていたことはこの写真を見るまで知らなかった。

●23面　大見出し「スミット、歴史のために」（署名　フランク・ラメラ）

前文「長期間疑問視されてきて、南アフリカのキャプテンはボクスの神殿［パンテオン］でフランソワ・ピナールに取って代わった」

１９９５年とは全然似ていない。スプリングボクのジャージを着たネルソン・マンデラがカップを手渡すことはもう決してない。粗野でいて時として壮大［ダンテ的］だったあの象徴的なチームとは決して同じではない。南アフリカの復帰を国中が一斉に祝福した１２年前のようには。しかしラグビー・ボクの非常に際立った歴史の５１代目のキャプテンのジョン・スミットは、昨夜からフランソワ・ピナール以来二人目の歴史に名を残すリーダーになった。

彼のスクラムは非常に粘り強いと有名なイングランドのそれに対して持ち堪えた。ラインアウトのスローイング［ランセ］における心配は対面のマーク・リーガンよりもとても少なかった。彼はキックでプレイされて緊迫した試合をずっと我慢した。彼はクエトーが約束の地にタッチダウンする寸前までいった時（４３分）には最悪の事態を垣間見た。しかし、実に驚くべきボクスが通過してきたこのワールドカップの最後に、ウィリアム・ウェブ・エリス・カップを受け取ったのは彼なのだ。

ジョン・スミットはそのために４年前から彼のメンターのジェイク・ホワイトによってプログラムされていた。ジェイク・ホワイトは万難を排して常にそのフッカー［タロヌール］を自国の中で最も象徴的なポストに継続起用してきた。『交渉の余地のない地位だ』、コーチは常に言ってきた。彼はその成長を彼が１５歳だった時に初めて思い描いていた。彼は２１歳以下のナショナル・チームのキャプテンとして抜擢した。プロップのポジションを放棄してフッカーに転向することを説得したのも彼だ。ジェイク・ホワイトにはジョン・スミットがその職務に必要なカリスマ性を持っているように思えた。ボーアの飛び地、プレトリアの英語社会のこの若者は、ずっと若い時から状況を制御して人々を指導するための毅然とした態度と政治的な感覚を大いに示していた。

○陰の領域にも関わらず

初めはテニスマンとして、次いで運動療法士として出発した弟子は、すぐにダーバンのシャークスのグループに参加して、その絶対に信頼される感謝の態度を示す術を知るようになる。しかしながら、このコンビに対する国内の批評家を説得するには時間が掛かった。スミットは必要とされる爆発的性質を持っていなかった。スミットとホワイトは協力して仕事をした。協会の副会長のマイク・ストファイルさえもほとんどコンセンサスを得られていないキャプテンをプレスで公然と批判した。

しかしジェイク・ホワイトはスミットを一貫して起用することについては、基本路線から決して逸れなかった。試合を重ねるにつれて、スミットは信頼を拾い集めて記録を蓄積した。キャプテンとして選出された回数を塗り替え（４２）、次いで連続テストマッチ出場の回数を塗り替えた（４５）。結局、彼はまさに、キャプテンの中のキャプテンになっている。

グレイ・ゾーンにも関わらず（２００５年にチオンの喉を損傷させたとして6週間の出場停止）、最後の危機にも関わらず（２００６年に5連敗）、彼はついに、ほとんど掛け替えのない存在になって締め括った。彼の人員のマネジメントはほかのチームメイトに聞き入れられて終わった。（後略）

●23面　大見出し「6で行き詰まりの兆し」（署名　オーレリヤン・ブイセット）

前文「救世主の役割においては常連のジョニー・ウィルキンソンは昨日6点しかマークせずに、違いを作ることに成功しなかった」

今回彼はどうやって自分を責める方法を見出すのか？　彼は、9ヶ月前には、国際ラグビーの出場機会を失ったように見えていたが、最初の賭けに成功した。2月にイングランドのチームに復帰した彼は、バラのジャージでの最後の出場から約4年。最後の1分の勝利のドロップゴールが彼をイングランドと世界の王として聖別した、ワールドカップ2003の決勝の時以来だ。今回のフランス大会は、彼が相変わらず勝利者の素質を持っていることを証明した。準々決勝の対オーストラリア（12対10）の決め手、準決勝の対フランス（14対9）のように、ジョニー・ウィルキンソンはそのチームメイト［コエキピー］が彼と彼の冷静さに再び大きな希望を持ったことがわかっていた。

最後の唯一の段階はやむを得なかった。最後の笛の嵐に打たれて、白のジャージのフライハーフ［ドゥミ・ドゥヴェルテュール］はグラウンドの中央に立ち尽くしていた。それぞれが至るところで失望を甘受していた彼のパートナー全員のように孤独に。南アフリカの対面の［ヴィザヴィ］ブッチ・ジェイムズが最初に挨拶に来た。腰に手を置いて、彼はそれを受け、それから味方と抱擁した。表彰台の上で、彼は銀メダルを受け取った。ほとんど匿名の選手のように。一台のカメラが白い壇の上の彼の歩みを追って、アナウンサーが彼の名前を告げて、少数の拍手喝采を引き起こすまでは。

俯いて、キャプテンのフィル・ヴィッカリーに励まされて、彼は何によって自分を責めることができたのか？　大したことではないのだ。彼のチームはスプリングボクスを脅かすには非常に無力だった。しかしながら凌駕されることはなかった。一瞬、ウィルキンソンはその決定的な特徴を取り戻すことができたはずなのだが。しかも今度だけはその足のおかげではなく。後半の初めに、センターのマシュー・テイトが約50メートルの見事なディフェンスの突破を成し遂げて、南アフリカのインゴール［アン・ビュ］の2メートル前で座礁した。ボールは素早く左のウィングの側に出た。そしてウィルキンソンはバレーボール・パスをクエトーの方に送った。クエトーはコーナーに飛び込んだ。しかし長時間のスローモーションのあとに、ビデオ・レフリーはトライを与えなかった。その時リードされていた（3対9）イングランドにスコアで再び接近することを可能にしたはずのトライを。ナンバー10［ヌメロ・ディス］は、二つの試みの二つのゴール［ビュ］（12分と44分）で彼のチームの6点を記入するに留まった。そして二つのドロップゴールを失敗した。一つは22メートルのすぐ外側（17分）、もう一つは40メートル近くからだった（71分）。4年前に対オーストラリア（20対17）で記録された15点という数字からはずっと遠くに留まっていた。

彼のワールドカップの十五回目の試合で、ジョニー・ウィルキンソンは1999年の対ニュージーランド（16対30）の敗北に次いで、彼のたった二回目の敗戦を体験したに過ぎない。しかしながら彼は、彼の最高の水準にほとんど回復することと、その絶対の存在によって大会の初めには瀕死の状態と言われていたイングランド・チームに自信を吹き込むことに成功した。28歳になったばかりで、もう一度輝く機会を思い描くこともできたのだが。

●23面「彼らは語った」

ブライアン・アシュトン（イングランド・チームのコーチ）：我々はとても失望しているし、辛い。我々は本当に勝てると考えていた。自分たちが上回っていると信じていた。トーナメントを通じて最高のチームだった南アフリカを祝福しなければならない。我々にとっては、この6週間はファンタスティックだった。私は自分のグループとこの決勝での敗北の仕方がとても誇らしい。我々の採用した戦略は良かったが、遂行がうまくなかった。我々は試合の初めにいくつかのミスを犯した。認められなかったトライは重要な機会だっただろうが、しかしそれが転機ではなかった。というのはほかに得点するための時間が残っていたからだ。若い選手たちはうまくできているし、そのほかの選手たちはより成熟しているが、彼らのキャリアは終わっていない。私はと言うと、私の契約は31日で終わる。私の差し迫った将来は、まずはロッカーに、それからホテルに引っ込んで、そして、楽しい時間を過ごすために野郎どもと繰り出すことだ。

フィル・ヴィッカリー（イングランド・チームのキャプテン）：僕ほど失望している人間はいない。すべての人々が思っていたこととは反対で、僕たちは自分たちのチャンスを信じていた。選手たちとレフリーの重大な判定によって試合は僕たちに有利には引っ繰り返らなかった。初めからジェットコースターだったけれど、もし僕たちが時には正当な批評を受けられるなら、キャプテンとして、僕はチームの全員が僕の呼び掛けに応えてくれた話をしなければならない。僕たちはポストがなかった選手たちとともに終わる。でも言い訳はしない。実戦における南アフリカについて言うと、彼らは勝利に相応しかった。大会はファンタスティックだった。フランス協会とIRBには心からお祝いを言いたい。

ニコラ・サルコジ（フランス共和国大統領、昨日「レキップ・マガジン」で暴露されたベルナール・

ラポルトの税の不正の疑惑についての情報に関係している）：私は試合に勝ったか負けたかでは人間を判断しない。人生は勝利から作られる。でも敗北からも作られる。一歩下がって人間を判断する方法を知っておかなければならない。政治やビジネスの話をしている場合ではない。私が言いたいことは一つだけだ。カーディフの試合の翌日には、今日批判をしている同じ人たちが彼らは天才だと言っていた。

●２４面　大見出し「救世主ロッソウ」

前文「（前略）試合の展開を変えようとしていたクエトーに対するセービング・タックル［ソヴタージュ］以上に、彼は強く印象に残る根気で全戦闘に参加した」

キー・プレイヤー：ロッソウ　7・5

彼は彼のフォワード［パック］に要求されていたすべての力強さを与えた。凶暴どころではなかったスクラムの後ろで傑出したボール・プレイをした。彼はフロント・ライン［リーニュ・ドゥ・フロン］に衝撃の影響を及ぼした。そのディフェンスはイングランドのフォワードのスタートをすれすれでブロックするためにとてもコンパクトだった。そしてとりわけクエトーに対するセービング・タックル［ソヴタージュ］（４３分）は彼がトライをマークするのを防いだ。後半には、キックオフ［アンガジュマン］で、挑戦する美しい誠実さによって、彼は常にさらにしぶとかった。そしていくつかの拮抗したボールで優位だった。７３分にファン・ヒールデンに交代した。

＊以下、両チームの選手の講評と採点が掲載されている。点数のみ紹介する。

南アフリカ：⑮モンゴメリー7／⑭ピーターセン6／⑬フーリー6／⑫ステイン7／⑪ハバナ6・5／

⑩ジェイムズ6・5／⑨デュプレア6・5／⑦スミス7／⑥バーガー6・5／⑤マットフィールド7／④ボタ7／③ファンデルリンデ7／②スミット6／①デュラント6・5

イングランド：⑮ロビンソン5／㉒ヒプキス5・5／⑭サッキー6／⑬テイト6／⑫キャット5／⑪クエトー6／⑩ウィルキンソン6・5／⑨ゴマソール6／⑧イースター6／⑦ムーディ6・5／⑥コリー6／⑤ケイ6／④ショウ6／③ヴィッカリー5・5／⑰スティーヴンス5・5／②リーガン5・5／①シェリダン6

起床時間は覚えていない。日曜の朝。快晴のパリ。そして出発の日。祭りのあと。あれほど楽しみにしていたラグビー・ワールドカップ・フランス大会が終わってしまった。

最後の朝食を取ったあと、ショッピングセンターの売店に新聞を買いに行く。そのあと荷造りに午前中いっぱい掛かってしまった。リミットの正午ちょうどにチェックアウト。荷物をポーターに預けて、12時20分、最後の散策に繰り出した。

この最後の半日をどのように過ごそうかと思案していたのだが、結局、これまでの各日の行動を繋ぎ合わせるように、まだ歩いていなかった空白の箇所を歩いて回ることになった。

ポルト・マイヨから一号線に乗ってシャトレで乗り換え、十一号線でレピュブリックへ。地上に出ると、レピュブリック広場のマリアンヌ像の向こうに虹雲が見えた。リュ・デュ・フォブール・デュ・タンプルを北東に歩いて、サン・マルタン運河へ。「北ホテル」の前を通る。しばらくぶらぶらと歩いたが、適当なカフェもないので、この一帯をあとにする。

ジャック・ボンセルジャンから五号線に乗って、レピュブリックで八号線に乗り換えて、ラ・トゥール・モブールで下りる。そしてアンヴァリッド（廃兵院）へ。中庭の回廊を歩いたが、ナポレオンの墓があるドーム教会には入らなかった。

アンヴァリッドの前の芝生では、ラグビーボールで遊んでいる親子がいた。芝生のもう一方の側にも、ラグビーボールで遊んでいる男女の若者たちがいた。その光景を見て、何だか僕には納得がいった。今回のワールドカップ、フランスは準決勝で負けてしまった。三位決定戦でも勝てなかった。そういう意味ではラグビー・ワールドカップ・フランス大会は決勝を前にして盛り下がってしまった。でも、それはそれだ。ラグビーフットボールの火は、僕などの心配をよそに、ちゃんとフランスで、このパリで、燃えているんだと思った。

セーヌでいちばん華やかなアレクサンドル三世橋を右岸に渡る。橋のたもとに結婚式の衣装を着たカップルがいる。河畔に下りてセーヌの流れをぼんやりと見ながら日向ぼっこ。パリではずっと歩き回ってばかりいたので、こういうふうにのんびりと過ごすのも最初で最後。空は快晴。いっぱいの陽射しが嬉しい。

アヴニュ・ウィンストン・チャーチルを北に。左にグラン・パレ、右にプティ・パレ。グラン・パレはものすごい人。シャンゼリゼに出て西へと歩く。通りの北側にある陽の当たるカフェの屋外席に座る。僕はビール。相方はココア。ビールをもう一杯。さらにもう一杯。17時、集合時間まであと1時間になって席を立つ。フランクラン・デ・ローズヴェルトから一号線でポルト・マイヨに戻る。こうして、僕たちのワールドカップ・フランス大会は、シャンゼリゼで始まって、四つの試合といくつかの美術館といくつかのレストランを挟んで、始まったのと同じシャンゼリゼで終わった。

【著者略歴】

岩切直樹（いわきり　なおき）
1964年東京都生まれ。専門業界誌の編集・出版の仕事のかたわら、音楽・スポーツなどに関する雑多な文章を執筆。著作に「三月の水　アントニオ・カルロス・ジョビン・ブック」(2003年)、「愛と微笑みと花　アントニオ・カルロス・ジョビン・ブック2」(2004年)（ともに彩流社)。新聞記事、雑誌記事、ＣＤ解説など多数。

フィリップ・セラと

「ラグビー・ワールドカップの歩き方」・上

発　　行：2015年9月1日　第1刷
著　　者：岩切直樹
発 行 人：伊藤太文
発 行 元：株式会社 叢文社
112-0014
東京都文京区関口1-47-12
TEL　03-3513-5285
FAX　03-3513-5286
カバーイラスト：岩切順子
編　　集：佐藤公美
印　　刷：モリモト印刷

ISBN978-4-7947-0747-5